新TOEIC® TEST 入門講座

Kazuaki Yamane
山根和明（プール学院大学教授）著
In cooperation with Eli Yonetsugi

語研

この本で勉強する皆さんへ

『新 TOEIC® TEST 入門講座』という本書を手に取られた方は、初めて TOEIC テストを受験しようとしている方か、既に受験して結果が300〜400点前後の方だと思います。そして多分、英語に苦手意識があるか、英語が嫌いだという方が多いと思います。

でも、もう心配はいりません。

この本を選択されたあなたは、間違いなく英語好きになります。そして毎日の英語学習が楽しくなります。本書では、ほかの TOEIC 問題集とまったく違った、次のような学習法を取ります。

① あなたに語りかけるようにお教えます。

付属の CD と Web 音声講義を「聞く勉」するだけで、400点以上600点程度まで伸びることを保証します。（ただし、「聞く勉」をしなければ、保証しませんよ！）

② 模擬テストを「ヒントつき！　模擬問題」と「通常テスト」の2種類用意しています。

これは私が多くの大学で開講した TOEIC 集中講座で試してみて、大変好評かつ効果を上げている方法です。300〜400点前後の実力の場合、2時間に及ぶテストでは、パート1、2以外はほとんど勘で解いていることが多いのです。後半のリーティング・セクションに入ると、分からない問題ばかり出てきて集中できなくなり、すべて適当に解いて「もういいや、これで提出！」となってしまいます。これでは良い点が取れるはずもありま

せん。

　ところが「ヒントつき！　模擬問題」に取り組むと目のつけどころが分かるので、300 〜 400 点前後の受験者でも最後まで集中して問題を解くことができるのです。

　もちろんヒントがついているのですから、真の実力点ではありません。でも、知らず知らずのうちに「この問題は、ここがポイント」という見方をできるようになることに大きな意味があるのです。

　「学ぶ」という言葉は「まねぶ」という言葉が由来です。スポーツや遊びではだれでも「まねる」ことが上達の近道だと知っているのに、どうして英語学習に生かさないのでしょう？　特に言語学習の場合は、「赤ちゃんとお母さん」の例を挙げるまでもなく、「まねる」ことこそ、上達の秘訣なのです。

　つまり本書でいえば、「ヒントつき！　模擬問題」に取り組んだあと、CD を聞いて「聞く勉」し、マーカーや赤ペン書き込み学習を行ってから、まねて「白紙の別冊テスト」をやってみるのです。「ヒントつき！　模擬問題」で 1、2 回すでに解いた問題ですから、ほとんど答えられるでしょう。

　このとき大切なのは「なぜ、この答えになるのか」「ほかの選択肢はなぜバツなのか」を自問することです。特にリーディング・セクションの対策勉強で重要なのは、すべての英文を頭からサッと読んでゆき、分からない語彙には必ず「マーカーのみ」つけることです（白紙の別冊模擬問題には日本語は一切書き込んではいけませんよ！）。

　マーカーをつけてから私の音声講義（CD と Web）を聞くと、自分が分からなくてマーカーを施した部分で、必ず「あぁ、そうか！」と脳が反応

4

するようになります。理解をともなった記憶なので、しっかり脳に定着し、速読力、語彙力も苦痛なく養えます。

　私の教え子たちはこうやって 400 点を超え、600 点、800 点獲得に向けて楽しく学習を続けています。次はあなたの番です！ 私を信じて「聞く勉」を始めてください。

③ 本書の英文は、頭から訳しています。

　英語を英語のまま理解するのに、日本語らしい和訳は必要ないのです。私たち日本人が英語を苦手として、ほとんど「聞けない・話せない・書けない」のは、英語教育が翻訳主義に終始してきたからだと私は考えています。

　英語学習で頭から読んで（あるいは聴いて）、分からなくなったところ、そこがあなたの現時点での弱点といえましょう。そこにマーカーをつけ、次回からそのマーカー部分がすっきり通過できるようにすれば、どんどん実力がついてくるのです。

　とにかくまずは CD と Web 音声講義を聴いてください！ これであなたは長いトンネルを抜けられます！

2011 年 2 月　山根和明

Contents

目　次

第2章　ヒントつき！　模擬問題と解答・解説

別冊模擬問題

本書の構成と使い方

本書は大きく分けて、5つに分かれます。

❖ 導入編①「400点突破大作戦」TOEIC400点突破のための戦術を解説。

❖ 導入編②「英語の二つの木」必須英文法のおさらい。

❖ 第1章「パート別攻略テクニック」ハーフ模擬問題（ヒント付き）を使って、解法のコツをつかむ。

❖ 第2章「ヒントつき！　模擬問題と解答・解説」本番同様の模擬問題（ヒント付き）を使って、解法コツをつかむ。

❖ 別冊「模擬問題」本番同様の模擬問題（ヒントなし）を実力チェックと仕上げ用に活用。

　導入編①「**400点突破大作戦**」では、英語が苦手な方にとっての最初の関門である「TOEIC400点突破」に焦点を合わせました。各パートで何点取ればよいのか、また本番でどんな戦術を取ればよいのか解説しています。

　導入編②「**英語の二つの木**」では、TOEIC問題を解く前に知っておきたい、英文法の基礎を解説しています。どれだけTOEIC問題集に取り組んでも、土台となる英文法の知識がなければ、大幅なスコアアップは望めません。TOEIC問題を解き始める前に英文法のおさらいをしておきましょう。

　第1章「**パート別攻略テクニック**」では、ハーフ模擬問題（本番の半分のボリューム）を素材とし、問題の目のつけどころを学んでいきます。ヒント付きになっているので、英語やTOEICに苦手意識のある方でも取り組みやすくなっています。本章でまずTOEIC各パート別に傾向をつかんでいきましょう。付属CDのDISC1には問題編が、DISC2には私の音声講義が入っています。本書自体にも解答・解説が含まれていますが、DISC2の音声講義を聞くことで、より深い理解を目指しましょう。

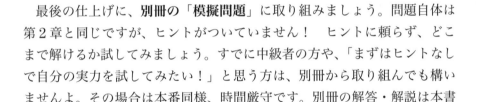

第2章「ヒントつき！　模擬問題と解答・解説」では、本番と同じ 200 問（リスニング 100 問・リーディング 100 問）の模擬問題に取り組みます。ここでもパートごとに分けて勉強していきます。ヒント付きになっているので、問題の目のつけどころを第2章でも学んでください。さらに Web 音声講義もご用意しました！下記サイトにアクセスしてご活用ください。本書の効果が何倍にもなること請け合いです。

➩ http://www.poole.ac.jp/university_eigo/yamane.html

（プール学院大学内の私のページです。上記 URL に直接アクセスする以外に、まず、プール学院大学のウェブサイト　http://www.poole.ac.jp/　にアクセスし、国際文化学部・英語学科 ➩ 教員のプロフィール ➩ 山根和明の順にクリックする方法もあります）

　最後の仕上げに、**別冊の「模擬問題」**に取り組みましょう。問題自体は第2章と同じですが、ヒントがついていません！　ヒントに頼らず、どこまで解けるか試してみましょう。すでに中級者の方や、「まずはヒントなしで自分の実力を試してみたい！」と思う方は、別冊から取り組んでも構いませんよ。その場合は本番同様、時間厳守です。別冊の解答・解説は本書の第2章をご覧ください。

　どんな問題集でも1度解いたきりで投げ出してしまっては、効果は半減します。ぜひ、本書を繰り返し解き、さらに音声講義を聴き、弱点を克服してください！

導入編

① 400 点突破大作戦

② 英語の二つの木

TOEIC 問題を解く前に知って
おきたい！ 英文法の基礎

400点突破大作戦

　TOEIC はリスニング・セクションが 4 つ (45分)、リーディング・セクションが 3 つ (75分)、合計 7 パートで構成され、合計 2 時間の長い戦いです。

　400 点を取れない人の多くがリーディング・セクションの取り組みを間違えているといえます。何も準備しないで受験した人は、試験問題を見て、おそらく目が点になるほどの衝撃を受けるでしょう。難しい、習ったこともないような単語がびっしり続く大量の英文。見ただけで「あぁ、これは無理！」と白旗を掲げてしまうのです。そして Part 7 に入るころにはもうあきらめて、適当にマークして終えてしまうのです。

　まず各パートで何割ずつ取れば 400 点が突破できるのか、その目安を立ててみましょう。

リスニング・セクション

Part 1　　写真描写問題 （10 問）

　写真に対して 4 つの説明文が流れます。ふさわしい 1 文を選ぶ問題です。

→ ここは初心者でも唯一得点できるパートです。5 〜 7 割取れるよう頑張りましょう。私の考案した○×ゲームですぐに可能になります。やり方は第 1 章のパートごとの戦略ページで。

Part 2　応答問題（30 問）

　英語での質問に対して、（A）（B）（C）と選択肢が 3 つ英語で流れます。応答として最もふさわしいものを 1 つ選びます。

➡ ここも初受験でもある程度は得点できるパートです。本書で戦略を学べば、5 ～ 7 割はすぐに取れるようになります。

Part 3　対話問題（30 問）

　二人（主に男女）の会話が流れて、それに対して 3 問ずつ音声と印刷文で質問がなされ、4 択の答えをすばやく読んで答えを 1 つ選ぶ問題です。

➡ 300 点レベルの初級者は事前に対策を講じていなければ、ほとんど手が出ません。本書で攻略法を学べば、5 割狙えます。

Part 4　トーク問題（30 問）

　一人の人のトーク、またはスピーチが流れ、それに対して 3 問ずつ音声と印刷文で質問がなされ、4 択の答えをすばやく読んで、答えを 1 つ選ぶ問題です。

➡ 攻略法はほとんど Part 3 と同じですが、全国の受験者が一番苦手とするパートだといわれています。ですが、本書で攻略法を学べば、現在 300 点レベルであっても、やはり 5 割狙えます。

Part 5　文法、語彙問題（40問）

　短文の中に（カッコ）があって、適切な語彙を下部の（A）（B）（C）（D）の中から選ぶ問題です。

➡ 初級者の人には、とても難しい問題です。何も対策を講ぜずに受験した場合、2割がやっとでしょう。本書の「中学レベル英文法4」を理解し、WEB音声講義を中心に勉強すれば、4〜5割狙えるでしょう。ただし、時間ばかりかかって、あまり実りの少ないパートですから、600点台になるまでは、Part 7 ➡ Part 5 ➡ Part 6 の順序で問題を解いていくのが得策です。

Part 6　文法、語彙ならびに内容把握問題（12問）

　手紙、メール、広告、お知らせなどの資料1つに問題が3つ。4つの英文問題で合計12問出題されます。

➡ 初級者にとって時間ばかりかかり、正答率の低いパートです。6分〜10分で通り抜けなければいけない問題なのに、下手をすると20分くらいかかってしまいます。本書での攻略法に従って、本番では5割を目指しましょう。

Part 7　英文読解力問題（48問）

　手紙、メール、広告、お知らせ、記事などあらゆる英文が出題されます。これを約50分で解答しなければならないのですから、速読力、特にスキミング力（＝重要ポイントをサッと読む力）が要求されます。初級者のほとんどが大嫌いなパートです。ですが、実は一番得点できるパートなのです。本書の「捜し物は何ですかゲーム」「ピンポイント攻撃法」をマスターすれば、初めてでも4〜5割は可能です。

　➡ リーディングのセクションは75分、時間との戦いです。本番では Part 7（50分）➡ Part 5（15分）➡ Part 6（10分）と考えて、自分の実力以上の問題は捨てる！ すなわち「捨てる勇気」をもって受験することです。そうすれば、あなたは必ず目標の点数が取れます！

You can do it!

英語の二つの木

TOEIC 問題を解く前に知っておきたい！ 英文法の基礎

　英語を学ぶ上では、まず英文の組み立て方を知っておくことが大切です。英会話の本などでいろいろとしゃれた言い回しを教えているものもありますが、実際の会話では上級者以外はそんなものほとんど役立ちません。

　自分が相手に何かを伝えようとするとき、単語だけ並べても最低限の意思疎通はできますが、豊かなコミュニケーションは到底できません。また、あなたの教養を疑われることにもなりかねません。やはり、初級者にとって一番大切なのは、基本的な文の組み立て方を知って、それに習熟することです。

　そのためにとっておきの「山根メソッド」をお教えしましょう。「英語は二つの木でできている！」というものです。

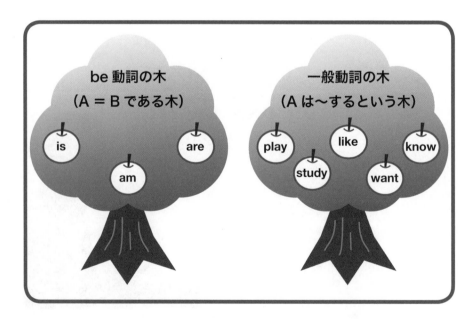

　左の木には「A＝Bである」という果実がなっていて、右の木には「A は〜する」という果実がなっていると想像して下さい。

　まず左の木から、見ていきますよ。

● 現在形（〜は…だ）　　　　➡　is ／ am ／ are

● 過去形（〜は…だった）　　➡　was ／ were

● 未来形（〜は…だろう）　　➡　will be

● 現在完了形（〜はずっと…だ）　➡　have [has] been

　最初にこれだけは丸暗記してください。なぜ will be か、なぜ have been かなどは、現時点では無視してください (やがて分かりますから)。

　すると「私＝幸せだ」と言いたければ、「現在形」なので、I am happy. といえばよいと分かるはずです。同じく「現在形」で「あなた＝先生だ」と言いたければ、You are a teacher. ですね。

　ここで「英文法」がちょっと顔を出します。すなわち英語ではイコール 関係の場合、I は am を、You は are を取ります。また、主語が単数なら is を、複数なら are を取ることも覚えておきましょう。さらに、「数えられるもの （＝名詞）」が最初に登場するときは、名詞の前に冠詞の a、an が必要です。

単数形

　Kenji is a student.（ケンジは生徒だ）

複数形

　Kenji and Tomoko are students. （ケンジとトモコは生徒だ）

次に「現在」以外の時制ではどうなるか、見ていきましょう。

過去形

I was busy yesterday. （私は昨日、忙しかった）
You were a teacher last year. （あなたは昨年、先生だった）

未来形

I will be busy tomorrow. （私は明日、忙しいだろう）
You will be a teacher next year.
（あなたは来年、先生になるだろう）

現在完了形

I have been busy since yesterday. （私は昨日からずっと忙しい）
You have been a teacher since last year.
（あなたは昨年からずっと教師だ）*since ... ：以来

「現在完了」は過去と現在のかかわり合いを表すものです。①継続「ずっと〜だ」②完了・結果「〜した、〜したところ」③経験「〜したことがある」と３種類ありますが、今のところは、①継続「ずっと〜だ」だけ覚えておきましょう。すなわち、have [has] been は２語で、「ずっと〜だ」と丸暗記してしまうのです！　ただし、have been to ... は「〜に行ったことがある」という意味です。

現在完了形（継続）

Kenji has been free for a week.
（ケンジはこの１週間ずっと暇だ）

ここまでで「A＝Bの木」の活用法は大体分かったと思います。これらの文にnotを入れれば、すべてA≠B（AはBではない ➡ 否定文）となります。

現在形の否定文

I <u>am not</u> busy now.（私は今、忙しくない）
You <u>are not</u> a teacher.（あなたは先生ではない）

過去形の否定文

I <u>was not</u> busy yesterday.（昨日は忙しくなかった）
You <u>were not</u> a teacher last year.
（あなたは昨年教師ではなかった）

未来形の否定文

I <u>will not be</u> busy tomorrow.（明日は忙しくないだろう）
*will not be は言いにくいので、会話では won't be と短縮されることが多い。

I <u>have not been</u> busy since last week.（先週からずっと暇だ）
*have not been も言いにくいので、会話では haven't been と短縮されることが多い。

では最後の関門、疑問文ですね。

会話では You are a teacher? ↗と語尾を上がり調子で言うだけでも、十分「あなたは先生ですか？」という疑問の意図は通じます。でも、TOEICでスコアアップを目指す皆さんは、正確な疑問文もぜひ覚えておきましょう。

英語には強調時に倒置する性質があります。疑問文は一種の強調文ですから、次のように倒置が起こります。

現在形の疑問文

<u>Are</u> you a teacher?（あなたは先生ですか）
– Yes, I <u>am</u>.（はい、そうです）

<u>Is</u> Ken a student?（ケンは生徒ですか）
– Yes, he <u>is</u>.（はい、そうです）

<u>Are</u> they students?（彼らは学生ですか）
– No, they <u>aren't</u>.（いいえ、違います）

過去形の疑問文

<u>Were</u> you busy yesterday?（昨日忙しかったですか）
– Yes, I <u>was</u>.（はい、忙しかったです）
– No, I <u>wasn't</u>.（いいえ、忙しくありませんでした）

<u>Were</u> they free yesterday?（昨日彼らは暇でしたか）
– Yes, they <u>were</u>.（ええ、暇でした）
– No, they <u>weren't</u>.（いいえ、暇ではありませんでした）

　未来形と現在完了形も考え方は一緒です。それぞれ will be、have [has] been というように「助動詞＋動詞の原形」でできているので、will や have [has] をひっくり返して倒置するだけでよいのです。

未来形の疑問文

<u>Will</u> you be free tomorrow?（明日、空いていますか？）
– Yes, I <u>will</u>.（はい、空いています）
– No, I <u>won't</u>.（いいえ、空いていません）

現在完了形の疑問文

Have you been busy since yesterday?
（昨日から忙しいですか？）

- Yes, I <u>have</u>. （はい、そうです）
- No, I <u>haven't</u>. （いいえ、そうではないです）

これで「左の木」はほとんど網羅しましたが、TOEIC ではもう一歩進まないといけません。すなわち進行形「〜しているところ」と受身形「〜される／されている」です。

これらも「A ＝ B しているところ」（進行形）と「A ＝ B される／されている状態」（受身形）だといえますから、やはり左の木に実ると考えると英語がずっとわかりやすくなりますよ。

現在進行形

I <u>am playing</u> tennis. （私はテニスをしている）

* 上級者向けの文法ですが、現在進行形で「近い将来の予定」を表すことがあります。上記の英文の場合、「私は（これから）テニスをする」の意味にもなりえます。

You <u>are studying</u> English. （あなたは英語を勉強している）

受け身

I <u>am/was called</u> Big Joe. （私は Big Joe と呼ばれている／いた）

Baseball <u>is/was not played</u> in this country.
（野球はこの国ではプレーされていない／されていなかった）

未来進行形

We <u>will be waiting</u> for you.

（私たちはあなたをお待ちしております）

＊「待っています」の柔らかい表現としてよく使われます。

受け身の未来形

He <u>will be surprised</u> at the news.

（彼はその知らせに驚かされるでしょう）

＊ 普通は「驚くでしょう」と訳します。surprise（驚かす）が、なぜ受け身になっているのか？ それは、人が何も理由なく驚くことはなく、何かが原因でそうなるからです。

現在完了進行形の肯定文

I <u>have been working</u> here for 30 years.

（ここで 30 年間ずっと働いています）

現在完了進行形の疑問文

<u>Have you been studying</u> English for long?

（あなたは長いこと英語を勉強してきましたか）

　もう一つ「進行形」と「受け身」が合体した欲張ったスタイルがあります。TOEIC では Part1 でよく出題されるので、理解しておきましょう。

　まず、A ＝ B の形ですから is、am、are があるのは分かりますね。そして「受け身」でもあるので、be ＋一般動詞の過去分詞形も必要です。さらに状態が「進行形」になっているわけですから、be を being にすると理解してください。

「進行形」と「受け身」が合体した形

The game is being played now.
（今、ゲームが行われているところです）

＊ 現在進行形は「近い未来」を表すこともあるので、注意してください。上記の文
章は「ゲームが今プレイされるところです」の意味にもなりえます。

The hotel is being built. （ホテルが建設中）

Further pressure is being placed on workers.
（さらなるプレッシャーが従業員らにのしかかっている）

それではいよいよ、右の木になる果実を見てみましょう。

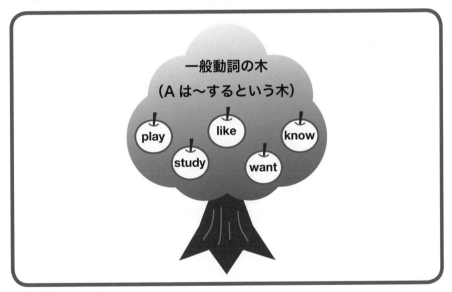

現在形

I play tennis. （私はテニスをする）

この場合は、ただの習慣を述べているだけです。「私はテニスをしている」

（進行中）または「私はテニスをしようとしている」（近い未来の予定）と表現するには、I am playing tennis. と進行形にすることに注意してください。

ところが次のタイプの動詞は、基本的に進行形にできません。

I want hot coffee.（熱いコーヒーが欲しい）
I know Mr. Oka.（私はオカ氏を知っている）
I hear some music.（音楽が聞こえる）

なぜかというと「欲しい」も「知っている」も「聞こえる」も、一瞬の動作ではありません。すなわち、「欲しい」気持ちが一瞬、一瞬変わるわけもないし、今「知っている」のに5秒後には「知らなくなる」なんてこともないし、聴力があれはいつも「聞こえる」からです。

これらの動詞は文法的には、「状態動詞」「知覚動詞」と呼ばれています。これらの動詞は基本的に進行形にはしません。

「進行形」にできる「動作動詞」かどうかを見分けるには、一瞬のちに変わる可能性があるかどうかで判断すればよいのです。

このように一般動詞の文型は「現在形」が意外と複雑なのです。疑問文を作る場合でも、「左の木」のように is、am、are がないので倒置はできません。代わりに、助動詞 do を使います。

一般動詞の疑問文

Do you play tennis?（テニスをしますか）
– Yes, I do.（はい、します）
– No, I don't.（いいえ、しません）

一般動詞の否定文

I <u>don't</u> play tennis.（私はテニスをしません）

また、I と You 以外の単数が主語のときは、動詞に三単現の s がつき、疑問文になると Do を Does にするという点もややこしいですね。

主語に三人称単数（肯定文）

Ken <u>plays</u> tennis.（ケンはテニスをします）

主語に三人称単数（疑問文）

<u>Does</u> Ken <u>play</u> tennis?（ケンはテニスをしますか）
– Yes, he <u>does</u>.（はい、します）
– No, he <u>doesn't</u>.（いいえ、しません）

中学時代に英語を習ったとき、この一般動詞の用法が分からなくて、英語嫌いになってしまった方もいるのでは？ でも 3 人称でも、主語が複数の場合（＝ they など）は簡単ですよ。

主語が三人称複数（肯定文）

They <u>play</u> tennis.（彼らはテニスをする）

主語が三人称複数（疑問文）

<u>Do</u> they <u>play</u> tennis?（彼らはテニスをしますか）
– Yes, they <u>do</u>.（はい、します）
– No, they <u>don't</u>.（いいえ、しません）

次に一般動詞の「過去形」「未来形」「現在完了形」をご説明しましょう。

過去形

肯定形 I play<u>ed</u> tennis.（私はテニスをしました）

疑問形 <u>Did</u> you play tennis?（あなたはテニスをしましたか）
　　　　　＊過去形の疑問文は、助動詞 do の過去形 did を使います。

　　　– Yes, I <u>did</u>.（はい、しました）

　　　– No, I <u>didn't</u>.（いいえ、しませんでした）

否定形 I <u>didn't play</u> tennis.（私はテニスをしなかった）

過去形は通常「動詞＋ ed」形ですが、覚えなければならない「不規則動詞」もあります

不規則動詞の活用 （現在形→過去形）

- go　　➡　went
- come　➡　came
- sit　　➡　sat
- stand　➡　stood

　これら不規則動詞は英語圏の子どもたちも苦労して覚えるのですから、皆さんも焦らずに頑張りましょう。

未来形

肯定形　I <u>will play</u> tennis.（私はテニスをします）

疑問形　<u>Will</u> you <u>play</u> tennis?（あなたはテニスをしますか）

– Yes, I <u>will</u>.（はい、するつもりです）
– No, I <u>won't</u>.（いいえ、しないつもりです）

* Will you ... ?「あなたは〜する意志がありますか」から転じて、「〜なさいますか」「〜なさいませんか」と勧誘の意味になることが多いので、誤解がないように be going to ... という表現が多く使われます。

be going to ... を使った未来形

I <u>will</u> watch TV.
➡ I'm <u>going to</u> watch TV.
（私は TV を見ようと思っているんです） 意志・予定

will は相手との会話の中で刻一刻と変わる自分の意志を述べるとき、be going to ... は相手とは関係なく、自分がもうその行動のエスカレーターに乗って going しているという感じなので、「意志」でもあり「予定」でもあるというわけです。

<u>Will</u> you watch TV here?（ここで TV 見ますか？） 意志
（ここで TV を見ない？） 誘い・提案
<u>Are</u> you <u>going to</u> watch TV here?
（ここで TV を見ますか？） 意志・予定

1人称、2人称はこれですべて OK ですが、3人称の場合はちょっと注意が必要です。

Ken <u>will</u> play tennis tomorrow.
（ケンは明日テニスをしますよ） 意志が感じられる
（ケンは明日テニスをするでしょう） 推測未来
Ken <u>is going to play</u> tennis tomorrow.
（ケンは明日テニスをしようとしている） 意志・予定

いよいよ最後の「現在完了」ですね。これは３つに分かれるので注意して下さい。

完了・結果

動作が完了したことを示します。just ／ already ／ yet が目印です。

We've just/already opened the store.
（店をちょうど／すでに開けたところです）

＊会話では We just ／ already opened ... と過去形で言っても大差ありません。

Have you finished it yet?（もうそれを終えましたか？）
– No, not yet.（いいえ、まだです）

経験

現在からある過去を眺めて、その時点から今までにした経験を表現するスタイルです。ever ... ?（今までに～か）never（今までに～ない）once（一度）twice（2度）three times（3度）などが目印になります。

I've not seen Tom lately.（最近トムに会っていない）

継続

過去のある時点からの動作の継続などを意味します。「for ＋時間、月日、年」や since ／ all day ／ these days などが目印になります。

I've known him for 10 years.
（彼を 10 年間ずっと知っている ➡ 彼を知って 10 年になる）

I've wanted this car since last year.
（昨年からずっとこの車が欲しかったんです）

　実は英語の木も植物と同じで、掛け合わせて新種ができるのです。でも、一度にあまり詰め込むと英語が嫌いになりますから、ほんのさわりだけ紹介しましょう。それは、「be 動詞の味を持った一般動詞」です。例えば、次の動詞です。

- ● 〜になる：**become** ／ **get** ／ **grow** ／ **turn**
- ● 〜のままである：**remain** ／ **stay** ／ **keep**
- ● 〜のように見える：**look** ／ **seem** ／ **appear**
- ● 〜と感じられる：**feel**
- ● 〜と匂う：**smell**
- ● 〜の味がする：**taste**

　これらの動詞は、肯定文ではすべて be 動詞に置き換えても、意味が通じるものです。しかし、be 動詞ではないので、疑問文・否定文の作り方は、「右の木」（＝一般動詞の木）に従います。

They <u>look</u> happy.（彼らは幸せそうだ）
➡ <u>Do</u> they <u>look</u> happy?（彼らは幸せそうですか？）
➡ They <u>don't look</u> happy.（彼らは幸せそうに見えない）

第1章

パート別
攻略テクニック

　Part 1 を私は「ピン、ポン、パンの○×ゲーム」と名付けています。出題者は簡単に正解が出ないよう工夫しています。初級者にとっては、正解（○）を求めるより、間違い（×）を見つけるほうがはるかに簡単です。分からないものは保留（△）にしておけばよいのです。すなわち、「あら？」と迷いが生じたら、即座に△にするのです。そして×を出すことに全力を尽くす！○は絶対に自信のあるときのみにつける！これが「山根メソッド」です。

　また、英語の強弱のリズム「ピン、ポン、パン」を意識するようにしてください。最初に He ／ She ／ They などの代名詞が来る場合は、「ピン」は弱く発音しますが、それ以外の「ピン」は強く発音します。例えば、The <u>dog</u> <u>is</u> <u>running</u> along the <u>river</u>.（犬が川沿いを走っている）のように下線部を強く発音します。では、以上の2点に注意して、5つサンプル問題を解いてみましょう。

◎ DISC 1 ……03

問題編

1.

Ⓐ Ⓑ Ⓒ Ⓓ

二人の動作に注目！

2.

Ⓐ Ⓑ Ⓒ Ⓓ

彼は何をしているかな？

3.

人物は写っていない

Ⓐ Ⓑ Ⓒ Ⓓ

GO ON TO THE NEXT PAGE

4.

車の動きに注目！　　　　　　　　　　　　ⒶⒷⒸⒹ

5.

彼らは何をしているかな？　　　　　　　　ⒶⒷⒸⒹ

解答・解説編

5問とも、「○×ゲーム」「ピン・ポン・パン」を意識して、取り組めましたか？では、解答・解説編で目のつけどころ・重要語彙を解説します。

問題の難易度については、問題番号のうしろに易（易しい）と難（難しい）で示してあります。また、各英文の最後にある、○・△・×は、皆さんに行ってほしい理想の判断です。あなたの判断と同じでしたか？比べてみましょう。さらに「ピン・ポン・パン」のリズムを理解しやすいように、各英文の下に下線を引いてあります。参考にしてみてください。

1から3番の問題は付属CD（DISC 2）の音声講義でより詳しく解説しています。本書の解答・解説編と併せて、ぜひ聞いてみて下さい。

1. 正答 (C)　問題文 ◎ DISC 1 [03]　CD講義 ◎ DISC 2 [01]～[03]　　易

(A) A man is showing a woman something in his hand. △

(B) Men and women are waving to each other. ×

(C) A man and a woman are shaking hands. ○

(D) Men and women are seated together. △～×

(A) 男の人が女の人に手の中の物を見せている。

(B) 男の人達と女の人達が互いに手を振っている。

(C) 男の人が女の人に握手をしている。

(D) 男の人達と女の人達が一緒に座っている。

目のつけどころ
人種を区別するような問題は TOEIC には出ないので、人種に注目する必要はない。この問題では、重要表現 shake hands（握手する）がカギとなる。

重要語彙
□ **seat**：席につける、座らせる

(A) The house is being painted. ○〜△
(B) The ladder is leaning against the fence. △
(C) The man is walking by the window. △
(D) The window is being closed. ×

(A) 家がペンキ塗りされているところだ。
(B) ハシゴが塀に立て掛けられている。
(C) 男の人が窓のそばを歩いている。
(D) 窓が閉められようとしている。

🔍のつけどころ

男の人がペンキを塗っているのは一目瞭然だが、(A) はそれを受動態の進行形で述べている。受動態の進行形（being+...ed）は絶対に聞き取れるようにしておこう。being と聞こえたら、何かの動作が行われている！何の動作もない写真で、being が聞こえたら即×。(C) は頻出の work と walk の発音ひっかけ問題。(D) は being があるので、「窓が閉められているところだ／閉められようとしている」と理解しないと、うっかり○にしてしまう。

重要語彙 🖊

□ **lean**：傾く、寄りかかる
□ **against**：〜に対して
□ **ladder**：ハシゴ

(A) A man is standing on a boat. ×
(B) They're building some hotels. △
(C) The boats are sitting in the harbor. ○
(D) Small boats are lined up on the shore. ×

(A) 男性がボートの上に立っている。
(B) いくつかのホテルが建てられている。
(C) 船は港に停泊している。
(D) 小さな舟が岸辺に並べられている。

🔍のつけどころ

船が港に停泊していて、高層建築が丘まで伸びている。人影はほとんど認識できない写真。(A) は人の姿はどこにもないので明らかに×。(B) の building は初級者だと「ビル、建物」と思ってしまいがち。ここでは動詞 build（建てる）の進行形。(C) の動詞 sit には船が「休んでいる」「停泊している」という意味もあるので注意。

重要語彙 🖊

□ **harbor**：波止場、港
□ **line**：並ぶ、並べる
□ **shore**：岸、岸辺

4. 正答 (A) 問題文 ◎ DISC 1 04 難

(A) Many vehicles are stuck in congestion. △
(B) All the cars are going in one direction. ✕
(C) There's a railing on either side of the road. △
(D) The trucks are passing the tanker. ✕

(A) 多くの車が渋滞にはまり込んでいる。
(B) すべての車が一方向に進んでいる。
(C) 道路のどちら側にもガードレールがある。
(D) トラックがタンク車を追い抜いている。

🎯のつけどころ
手前の車線は込みあっていますが、反対側の車線には数台の車しか見えませんので、all（すべての〜）という言葉には要注意。TOEICでは、all …／every …／nothing/ not … any ／などの強い表現は✕になることが多い。

重要語景 🖊
- □ **vehicle**：車両
- □ **be stuck in …**：〜で身動きができない、詰まる
- □ **congestion**：渋滞
- □ **in … direction**：〜の方向に
- □ **railing**：柵、レール
- □ **pass**：通り過ぎる

5. 正答 (D) 問題文 ◎ DISC 1 04 易

(A) They are examining the materials. ✕
(B) They are looking at the bar graph. ✕
(C) They are installing a computer. ✕
(D) They are engaged in conversation. ◯〜△

(A) 彼らは資料を調べている。
(B) 彼らは棒グラフを見ている。
(C) 彼らはコンピューターを設置している。
(D) 彼らは会話をしている。

🎯のつけどころ
主語がいずれも They（代名詞）なので、ピンは弱く発音する。消去法でやれば、簡単な問題。正解の (D) で出てくる be engaged in … はビジネス英語の重要表現。もし知らなかったら、確実に覚えておこう。

重要語景 🖊
- □ **examine**：調べる
- □ **materials**：資料
- □ **install**：設置する
- □ **be engaged in …**：〜に従事している

それでは、Part 2 の応答問題に入りましょう。質問に対して、(A) (B) (C) の3つの答えが用意されていて、その中から最も適切なものを選ぶというものです。Part 1 で学んだ「○×ゲーム」がここでも威力を発揮します。すなわち、×を出すことに全力を尽くすのです。

Part 2 の出題パターンは大きく分けて6つあります。まずは16問、自力で解いてみましょう。終わったら、解答・解説編に進んでください。出題パターン別に解説します。

◎ DISC 1 ‥‥ 05-12

問題編

11.	Mark your answer on your answer sheet.	Ⓐ Ⓑ Ⓒ
12.	Mark your answer on your answer sheet.	Ⓐ Ⓑ Ⓒ
13.	Mark your answer on your answer sheet.	Ⓐ Ⓑ Ⓒ
14.	Mark your answer on your answer sheet.	Ⓐ Ⓑ Ⓒ
15.	Mark your answer on your answer sheet.	Ⓐ Ⓑ Ⓒ
16.	Mark your answer on your answer sheet.	Ⓐ Ⓑ Ⓒ
17.	Mark your answer on your answer sheet.	Ⓐ Ⓑ Ⓒ
18.	Mark your answer on your answer sheet.	Ⓐ Ⓑ Ⓒ
19.	Mark your answer on your answer sheet.	Ⓐ Ⓑ Ⓒ
20.	Mark your answer on your answer sheet.	Ⓐ Ⓑ Ⓒ
21.	Mark your answer on your answer sheet.	Ⓐ Ⓑ Ⓒ
22.	Mark your answer on your answer sheet.	Ⓐ Ⓑ Ⓒ
23.	Mark your answer on your answer sheet.	Ⓐ Ⓑ Ⓒ
24.	Mark your answer on your answer sheet.	Ⓐ Ⓑ Ⓒ
25.	Mark your answer on your answer sheet.	Ⓐ Ⓑ Ⓒ
26.	Mark your answer on your answer sheet.	Ⓐ Ⓑ Ⓒ

さあ、一気に 16 問解いてくれたと思います。それでは、マーカーと赤ペンを用意して学習を始めましょう。

このパートもポイントは、○×ゲームです。まず×を見つけていくという姿勢は、変わりません。出題形式には 6 つのパターンがあります。それぞれ得点しやすい順に解説していきましょう。

 11・14・16・20・23・26 の問題は付属 CD（DISC 2）の音声講義でより詳しく解説しています。本書の解答・解説編と併せて、ぜひ聞いてみて下さい。

---

① **WH 問題（= 5W1H 問題）**

初級者が絶対に落としてはならないパターンが、WH 問題（一般的には、5W1H 問題と呼ばれています）です。これは When ／ Where ／ Who ／ What ／ Why ／ How などで始まる疑問文です。最初の 2 語に集中し、疑問詞と時制だけはしっかり聞き取れるように練習しましょう。Yes ／ No で答えられないのが大きな特色です。

11.　正答 (B)　問題文 ◎ DISC 1 [05]　CD講義 ◎ DISC 2 [06]

Which car is yours?	どちらの車が君のですか？
(A) I like Toyota. ✕	(A) 私はトヨタ車が好きです。
(B) The small one on the left. ○	(B) 左の小さいほうです。
(C) Yes. Any time you need it. ✕	(C) はい。必要な時にはいつでも。

🔍 のつけどころ

(A) は Which car do you like? などに対する答えだ。(C) は Yes が聞こえた時点で、即×にする習慣を！これは Can I use your car? などに対する答えである。

12. 正答 (A) 問題文 ◎ DISC 1 05

Who is responsible for arranging the meeting?

(A) That's my job. ○〜△

(B) David is from the sales department. ✕

(C) Kenji made no response. ✕

会合の準備は誰が担当ですか？

(A) それは私の仕事です。

(B) デビッドは営業部です。

(C) ケンジは返答しなかった。

のつけどころ

Who ... ?（誰が〜？）の質問文に対して、選択肢３つとも「人」に関係があるので難しい問題。正解 (A)「それは私の仕事です」は、「私の担当だ」と同内容。be responsible for ... = be in charge of ... の言い替えは頻出なので覚えておこう。(B) は Which department is he from? などに対する答え。また、(C) は How was he? / What did he do? などに対する答え。response は、ダブトリ（＝ダブル・サウンド・トリック←同じような音で騙す方法）である。＊この「ダブトリ」は筆者独自の造語です。

13. 正答 (B) 問題文 ◎ DISC 1 06

When will I hear about the job offer?

(A) You are supposed to be there at six. △

(B) By the end of January at the latest. ○

(C) Here we are at the office. ✕

仕事のオファーについてはいつ聞けますか？

(A) あなたは６時にそこへ行くことになっています。

(B) 遅くとも１月末までに。

(C) さあ、事務所に着きましたよ。

のつけどころ

選択肢 (A)(B) 両方に「時」が出てくるので注意。be supposed to ...（〜することになっている）は頻出。(A) の there 、(C) の here が質問文 hear のダブトリ（＝音のひっかけ）！　このような音のひっかけには要注意。

② A or B？問題

　中学1年で学んだ Is this a notebook（↗）or a text book（↘）？（これは
ノートですか、それともテキストですか？）という文を思い出しましょう。答え
は Yes／No では答えられませんね。選択を迫られているのですから、初めのほ
うが聞こえなくても、or の後だけ聞けば、答えの見当がつけられるのが特徴です。
答え方としては、例えば、Do you want A or B?（A が欲しいですか、それとも
B ですか？）と尋ねられたら、① A が欲しい② B が欲しい③ Both 両方欲しい④
Either どちらでもよい⑤ Neither どちらも欲しくない⑥ C が欲しい、の6種類
が考えられます。

14.　正答 (A)　問題文 🎧 DISC 1 06　CD講義 🎧 DISC 2 07

Did the sales go up or down last quarter?

(A) To my surprise, they increased a lot. 〇

(B) No. I didn't go to our headquarters. ✕

(C) They set out at dawn. ✕

この前の四半期、売上は上がりましたか？
それとも、下がりましたか？

(A) 驚いたことに、すごく増加しました。

(B) いえ、本社には行きませんでした。

(C) 彼らは夜明けに出発した。

🔍 のつけどころ

or down だけ聞き取れれば、前は up だろうと推測がつく！ (A) の increase「伸びる、増加する」＝
go up と考える。(B) は No で答えているので即✕！　headquarters は、常に複数形で「本社、本部」
の意味。問題文 quarter とのダブトリにも引っかからないように！ (C) は When did they set out? な
どに対する答え。dawn（夜明け）と down（下へ）のダブトリにも注意。

15.　正答 (A)　問題文 🎧 DISC 1 07

Should we renew our insurance policy
now or wait until tomorrow?

(A) We'd better do it right away. 〇

(B) You should wait and ask that
policeman. △

(C) Yes, you can do it. ✕

保険証券の更新は、今、すべきでしょうか？
それとも明日まで待ちますか？

(A) すぐにしたほうがいいでしょう。

(B) 待ってあの警官に尋ねた方がいいでしょ
う。

(C) はい、それはできます。

🔍 のつけどころ

質問文の policy は「政策」でなくて、「証券」という意味。(A) は、now＝right away の言い換えに注
目。(B) は、wait と policeman がダブトリ！　質問文に出てくる policy と wait にひっかけてある。(C)
は、Yes で答えているので即✕！

③ 依頼、提案、誘い、許可の文

　このパターンを「単純疑問文」に入れる人も多いですが、分けたほうがよい でしょう。Would you ... ? ／ Could you ... ? ／ Won't you ... ? ／ Will you ... ? ／ Can you ... ? ／ Shall I [we] ... ? のスタイルと、How about ... ing? ／ Why don't we [you] ... ? ／ What do you say to ... ing?（〜するのはどうですか？） などがあります。

　これらの質問に対する答え方の基本は、「思いやる心」です。人に頼まれたり、 提案されたり、誘われたり、許可を求められたとき、Yes. ／ No. だけの答えで はあまりに寂しいですね。やはり、心を込めて返答してあげたいものです。Yes なら All right.（いいですよ）、With pleasure.（喜んで）、No problem.（支障あ りません）などが定番表現。No は Sorry, but ...（すみませんが〜）が一般的です。

16.　正答 (A)　問題文 ◎ DISC 1 `07`　CD講義 ◎ DISC 2 `08`

Could you return this shopping cart to the supermarket?

(A) No problem. Anything else? ○
(B) I'd like to go shopping there. ✕
(C) Yes, I'll be back by three. ✕

この買い物用カート、スーパーに返していた だけますか。

(A) お安い御用です。ほかに何かありますか。
(B) そこに買い物に行きたいですね。
(C) はい、3時までに戻ります。

のつけどころ

(B) の go shopping は、質問文 shopping cart とのダブトリ。(C) の back は、質問文 return からの連 想ダブトリ。

17.　正答 (B)　問題文 ◎ DISC 1 `08`

Would you like to eat out tonight?

(A) Yes, tuna is my favorite. ✕
(B) If you don't mind. ○
(C) I've had enough, thank you. ✕

今晩、外食いかがですか？

(A) ええ、マグロが好物です。
(B) もし、あなたが構わなければ。
(C) 十分にいただきました、ありがとう。

のつけどころ

(A) は、Do you like tuna? などに対する答え。(C) は、Another cup? などに対する答え。

Why don't we stay here one more week?	もう1週間ここに滞在するのはどうでしょう？
(A) Because we are very busy. △	(A) なぜなら私たちはとても忙しいのです。
(B) To stay away from her. ×	(B) 彼女に近づかないためにです。
(C) That's a good idea. ○	(C) それはいい考えです。

🔍 のつけどころ

Why don't we ...? が出てきたら、注意する。なお Why ...? の質問に Because で答える問題はあまりに易しいので、出題率は低い。通常の Why の質問には to 不定詞でも答えることができるが、この問題は誘い・提案の Why don't we ...?（～しませんか？）だから、使えない。(B) stay away from ...「～から離れている、近寄らない」は、質問文に stay が出てくることから、ひっかけようとしている選択肢。

単純疑問文

　上がり調子（↗）の終わり方をすることに注意。Yes ／ No で答えるのが原則だが、それだとすぐに正解が分かってしまうため、Yes ／ No を省略して、その次の文が答えになっていることが多い。このパターンの問題では、消去法に徹する（＝すなわち×を出す）のがよい。

19.　正答 (A)　問題文 ◎ DISC 1 09

Are they planning to build a new housing development around here?

彼らはこの辺りに新しい団地を建設しようと計画していますか？

(A) No way. ○

(A) あり得ません。

(B) Yes, they'll move to a new house. ✕

(B) はい、彼らは新しい家に引っ越します。

(C) No, there aren't any buildings here. ✕

(C) いいえ、ここには建物はありません。

⑤のつけどころ

(A) No way.（あり得ない）は口語表現。housing development（団地）にも注目。これは動詞 house（収容する、住む）から転じて、housing（住宅供給、家）となっている。(B) は、house が、(C) は buildings がダブトリ。

20.　正答 (B)　問題文 ◎ DISC 1 09　CD講義 ◎ DISC 2 09

Have you got enough money for the project?

その計画には十分な金がありますか？

(A) I paid 30 dollars. ✕

(A) 30 ドル支払いました。

(B) I'm positive. △～○

(B) はい。

(C) I've got a new projector. ✕

(C) 新しいプロジェクターを買いました。

⑤のつけどころ

特に米語では I have ...（～を持っている）を I've got と言うことが多い。ここでは、それが疑問文になっただけ。つまり、Have you got ... ? ＝ Do you have ... ? と考えられる。(A) は How much ... ? などに対する返答。(B) は、Yes, I do [did/will/have]. の強い言い方。「（肯定に）自信があります」というニュアンス。(C) の projector は、質問文に出てくる project とのダブトリ！

21. 正答 (C)　問題文 🎧 DISC 1 🔟

Did you find out why the shipment arrived so late?

(A) Yes, it arrived after 5:00. ✕
(B) Because I found the ship. △
(C) No, I'm still looking into it. ○

どうして積み荷がそんなに遅れて着いたのか、分かりましたか？

(A) はい、5時過ぎに着きました。
(B) なぜなら、私がその船を発見しました。
(C) いえ、まだ調べているところです。

🎯 のつけどころ

レベルの高い問題。単純疑問文のスタイルをしているが、実は5W1Hの姿を変えた問題である。疑問文whyの答えとして、うっかり (B) を選びたくなるが、それでは出題者の思うツボ！　find out ... (よく調べて〜を知る、分かる) と look into ... (〜をよく調べる) は、ぜひ覚えておこう。ship「船」は中学レベルの基本単語だが、TOEICでは動詞ship（発送する、荷送りする）と名詞shipment（発送、積み荷）が頻出。また、(A) は Did it arrive ...? などに対する答え。(B) は、Why ...? 型の答えとして型は合っているが、内容が対応していない。加えて、found と ship がダブトリ！

22. 正答 (B)　問題文 🎧 DISC 1 🔟

Do you know where the baggage carousel is?

(A) Not in the bag, but in the wallet. △
(B) Just wait here. I'll go and ask. ○
(C) From 9:00 a.m. till 10:00 p.m. ✕

荷物の回転台がどこにあるか知っていますか？

(A) カバンではなく、財布の中です。
(B) ちょっとここで待っていて。行って聞いてくるから。
(C) 午後9時から10時までです。

🎯 のつけどころ

carousel は、空港の荷物受け取り場にある、ベルトコンベアーの回転台のこと。(C) は When ...? などに対する返答。これはすぐ✕が出せるだろう。しかし、(A) が where の答えとしては、一見適切なので、悩むところだろう。

第1章　パート別攻略テクニック　パート2

45

⑤ だよね構文

　私たち日本人が一番苦手な問題は、否定疑問文と付加疑問文です。なぜなら、日本語と英語とでは、Yes と No の感覚が違うからです。例えば、Don't you like English? と尋ねられたとき。英語国民は like English に反応して、好きなら Yes, I do. 嫌いなら No, I don't. と言います。

　でも、日本語では「あなたは英語が好きではありませんか?」と尋ねられたら、「好きではありませんか?」という否定部分に反応するのです。だから、「はい、好きではありません」「いいえ、好きです」となるわけです。でも、これをそのまま英語に直してしまうと、Yes, I don't. ／ No, I do. と変な文章になってしまいます。なぜなら、英語の論理では、No は必ず not とセットになるからです。

　中学・高校の授業では、「はい、好きではありません」は No, I don't. そして、「いいえ、好きです」は Yes, I do. であり、「No がはいで Yes がいいえになるんだよ…」なんて教えます。でも、こんな考え方では、会話でとっさの返答なんてできません!「山根メソッド」では次のように明快に教えます。

　Don't you ... ? ／ Aren't you ... ? ／ Didn't you ... ? ／ Haven't you ... ? など否定疑問文、または付加疑問文は、すべて相手に確認を強く求めている、すなわち「~なんだよね?」に反応するだけでよいのです。だから例文の Don't you like English? は、「英語好きではないのですか?」と日本語に直さないで、「英語好きなんだよね?」と、確認を求められているだけだと単純に反応するのです。そうすると、好きなら Yes, I do. 好きでないなら No, I don't. と即答できます。

　頭の2語で「だよね構文だ!」と気づいたら、日本語に訳してはダメですよ。すぐに「~だよね?」と反応すれば、スッキリ理解できるのです。

23. 正答 (B) 問題文 ◎ DISC 1 **11** CD講義 ◎ DISC 2 **10**～**11**

Haven't you heard about the big merger between SynTec and WeSoft?	SynTec と WeSoft の大合併のこと聞いたんだよね？
(A) Yes, I've had a hard time of it. ✕	(A) はい、とてもつらい目に遭いました。
(B) I saw it in today's newspaper. ○	(B) 今日の新聞で見ました。
(C) No, I've never heard of such a big margin. ✕	(C) いいえ、そんな大きな利幅聞いたことありません。

のつけどころ

(B) が答えになる、と即座に分かる人はそうそういない。(A) (C) が✕であること見抜くのがテク。(C) は、margin（利幅）と merger（合併）のダブトリ！

24. 正答 (A) 問題文 ◎ DISC 1 **11**

This beverage has been tested, hasn't it?	この飲料はテストされたんだよね？
(A) Yes. It's all right. ○	(A) はい。大丈夫です。
(B) Yes, it's been in this village. ✕	(B) はい、それはこの村にあります。
(C) Yes. He passed the exam. ✕	(C) はい。彼は試験にパスしました。

のつけどころ

beverage（飲料）は、キリンビバレッジで覚えよう。(B) は、village は beverage とのダブトリ！ (C) の exam は、質問文に出てくる tested との連想ダブトリ！

⑥ 意見・提案を述べる文

新 TOEIC テストになって初めて登場したスタイル。今後増加しそうだ。質問になっていないので、聞き取れなければ答えようがない！ 初級者にはむずかしい問題。内容が聞き取れなかったら、まずダブトリになっている選択肢を外し、5W1H っぽい解答も捨てること。消去法で攻める！

25.　正答 (C)　問題文 ◎ DISC 1 12

I'd like to know how I can open an account here.

(A) Yes, you can count from ten. ✕

(B) Sorry, but keep it closed. ✕

(C) Just fill out this form. ○

ここでどうやって口座を開くか知りたいのですが。

(A) はい、10 から数えることができますよ。

(B) 申し訳ないが、それは閉じておいてください。

(C) この申込書に書き込むだけですよ。

📖のつけどころ

fill out this form は頻出表現なので、絶対に覚えよう。(A) は account（口座）と count（数を数える）のダブトリ！ (B) の closed は、open の連想ダブトリ！

26.　正答 (A)　問題文 ◎ DISC 1 12　CD講義 ◎ DISC 2 12

I'm afraid we won't be able to attend the meeting.

(A) That's a shame. Everyone will be disappointed. ○

(B) They attained their sales target. ✕

(C) Oh, you can meet him any time. ✕

私たちは会合に出席できないと思います。

(A) それは残念。みんながっかりするだろうね。

(B) 彼らは販売目標を達成した。

(C) おや、彼にはいつでも会えますよ。

📖のつけどころ

shame の意味を取り違えないように！　That's a shame.（それは残念）は定番表現。ここでは「恥」という意味ではない。disappointing（がっかりさせるような）と disappointed（がっかりだ）も混同しないように。(B) は、attend と attain が、(C) は meeting と meet がダブトリ！

　今まで延べ数千人の人を教えてきますと、伸びる人と伸びない人の違いが本当にはっきりしてきます。

　TOEIC対策勉強を例にとり具体的に言いますと、模擬テストを解き、その後解答を見て答えが合っているだけで満足してそれで勉強したと勘違いして終わる人、これは絶対に伸びない人ですね。答え合わせをしたあとのフォローが一番大切なんです。答えが正解なのはいいのですが、なぜ、それが正解でほかが間違いなのかを説明できるかどうかがスコアアップのためにとても大切です。その選択肢すべての意味がわかっているのかも自分に問いかけなければなりません。問題文が頭から読めて意味がすべてわかるようになって、初めてちゃんと勉強したといえるのです。こういったことを実行すれば誰でも伸びるのです。

　ある大学でパート7の問題を講義しているとき、ある学生が「先生、文の解説はされなくてもいいのではありませんか？ここの答えは○○行目の文にヒントがあるのでこの答えが出る、と言うだけでいいのではありませんか？」と言うのです。こういう考え方では100年たっても速読力はつきません。確かに本番ではそれでよい設問もあるでしょう。しかし、問題文にはたまたまそのときに設問になってないだけで、ほかにも大切のところがたくさんあるのです。そこをプロの解説を聞かないでどうしますか！

　解答・解説を聞いたあとで自宅ですべての問題文を頭からスピードを上げて読み下し、できるだけ英語のまま理解する努力を続けることが上級者への唯一の道なのです。これをどうか忘れないで下さい。

Column

第1章 パート別攻略テクニック③ Part 3（会話問題）

　Part 3 は、勢いだけでもある程度得点できた Part 1 や 2 とは少し違います。初級者の人には、ほとんど何を言っているか聞き取れないスピードでしょう。リスニングテストだから「聞いてから答えよう」なんて思っていては、3 割も得点できません。Part 3 で得点できるかは、問題文と答えの選択肢をいかに速く読めるかにかかっているのです。

　本書を手に取って下さった方は、「400 点を突破したい！」と考えている方が多いと思いますので、一つの問題文と選択肢を 4 秒、3 問を 12 秒で読むのは、現時点ではむずかしいと思います。

　本書では「まず、自力でやってみてから、解答解説を見て下さい！」という月並みな学習法は取りません。では、どうするか？　答えは簡単です。①3 つの設問だけを読む②選択肢は、単語・短い文だけをさっと見る③長い文は読まない！—これだけです。

　総合で 400 点獲得するには、Part 3 は 4 割確保すればよいのです。3 問中 1 問を絶対に取れば、ときには 2 問正解することもあるでしょうから、4 割以上得点する可能性が生まれるのです。

　Part 3 の会話問題では通常、男 - 女 - 男 - 女（またはその逆）で聞こえて来ますが、前半の男 - 女（または女 - 男）で最初の 2 問のヒントがあることが多いのです。そして最後の 3 問目は、約 90% は後半の男 - 女（または女 - 男）の部分、それもその発話者の部分にヒントがあるのです。前半と後半の会話の間に、「見えない線（invisible line）」があると想定すると効果的です。

男：セリフ

女：セリフ

前半で問題２つを出題

- -

invisible line

- -

男：セリフ

女：セリフ

後半で３つ目の問題を出題

見えない線がある！

さて、練習です。聞こえてくる英文の指示・質問は一切無視して良いので、とにかく次の問題（大問）に入る前に、必ず設問だけは３つ読んで下さい。設問だけなら 12 秒で読めます。理想をいえば、１問を２度読めたらベストです。そして３問の中２問に狙いを絞ります。２問狙ってまずは１問確実に得点できるようにするのです。

狙いを絞るのは、3W1H（When ／ Where ／ Who ／ How）問題です。What で始まる問題がほとんどですが、その中にも、What is he planning to do tomorrow? (彼は明日何をしようと計画しているか？) など、When...? は使われていないけれども、「時」を問う問題があります。tomorrow の代わりに in the park（公園で）なら、where（つまりは、場所）の問題、with Ms. Lee（リーさんと一緒に）なら、who（つまりは、人）の問題とすり替えるのがコツです。そして狙うキーワードを「待ち伏せ」するのです。

第 1 章　パート別攻略テクニック　パート 3

本章では、絶対に落としてはいけない問題を◎、キーワードを待ち伏せることができれば得点可能な問題に〇をつけておきました。

　問題3問を12秒で読む（＝1問4秒）テンポで、最後まで解いてみて下さい。本番の試験では、Part3の最初にDirections（解き方説明）が2分流れます。そのため、最初の問題41、42、43だけは、選択肢も含めて十分読む時間はあります。その次の問題からは、1問4秒のリズムで設問を事前に読むようにして下さい。

　会話を聞き終わると、ネイティブの質問音声が始まります。41番で8秒の間があります。これと42番の8秒の間の半分の4秒で、41・42・43番の3問をすべてマークしてしまいます。その後、42番の残りの4秒と43番の間の8秒をあわせて、12秒でもう次の44・45・46番の設問を先読みし、2問に絞って「待ち伏せ攻撃」をしないといけません。このタイミングをしっかり練習しましょう。

　それでは通常テストの半分の量である大問5つ（合計15問）を今述べたようにやって下さい。

Questions **41** through **43** refer to the following conversation.

（＊上記の一文は本番の試験では印刷されていません。以下のページも同様です）

41. Which season is it? ◎

　　(A) Winter
　　(B) Spring
　　(C) Summer
　　(D) Fall

Ⓐ Ⓑ Ⓒ Ⓓ

「時」だから、待ち
伏せれば簡単

42. Why did the man not buy anything at the sales?

　　(A) He wasn't satisfied with the quality of the goods.
　　(B) The prices were almost the same as usual.
　　(C) The stores were all packed with people.
　　(D) He could not find any good boots.

Ⓐ Ⓑ Ⓒ Ⓓ

しっかり聞かないと
できない

43. What does the man want to know? ○

　　(A) The reason why the boots were so cheap
　　(B) Whether the woman got something for her husband
　　(C) How her husband is
　　(D) Why the woman bought boots

Ⓐ Ⓑ Ⓒ Ⓓ

最後の男性のセリフを
待ち伏せる

第1章　パート別攻略テクニック　パート3

GO ON TO THE NEXT PAGE

Questions **44** through **46** refer to the following conversation.

44. What does the woman want the man to do?

(A) Pick up some visitors
(B) Call a client in Tokyo
(C) Take her to the airport
(D) Take her clients to dinner

Ⓐ Ⓑ Ⓒ Ⓓ

最初の女性のセリフで
「お願い！」を聞け

45. How did she feel when she heard his reply? ◎

(A) Uncomfortable
(B) Disappointed
(C) Tired
(D) Relieved

Ⓐ Ⓑ Ⓒ Ⓓ

How だから簡単。
feel はムードが良いか
悪いか

46. What will the man most likely do next? ○

(A) Send a fax to the clients in Tokyo
(B) Give her a call
(C) See the doctor
(D) Confirm the next flight

Ⓐ Ⓑ Ⓒ Ⓓ

最後の男性のセリフを
待ち伏せてみよ

Questions **47** through **49** refer to the following conversation.

47. When did the man and the woman last meet? ◎

(A) Last month
(B) A year ago
(C) A couple of days ago
(D) Last Saturday

Ⓐ Ⓑ Ⓒ Ⓓ

最初のセリフの「時」
のみ集中

48. Why is Margaret staying at the Wesleyan Inn?

(A) Because it's near the conference center.
(B) Because she'd like to ride on a shuttle bus.
(C) Because there were no rooms available at the Regents.
(D) Because the hotel rates are reasonable.

Ⓐ Ⓑ Ⓒ Ⓓ

前半の女性のセリフで
ホテルの名前に集中

49. What is going to happen on Saturday? ○

(A) Margaret will do the sights of the city.
(B) A convenience store will open near the airport.
(C) The conference will finish.
(D) The Regents will have rooms available.

Ⓐ Ⓑ Ⓒ Ⓓ

Saturday を待ち伏せ、
未来の文を聞け

GO ON TO THE NEXT PAGE

Questions **50** through **52** refer to the following conversation.

50. What's the purpose of the man's visit to Ms. Francis?

(A) To show her their February issue
(B) To interview her
(C) To invite her to visit his new office
(D) To know when she'll be away

Ⓐ Ⓑ Ⓒ Ⓓ

「目的は？」という
問題は難問！

51. What type of establishment employs the man? ○

(A) A broadcasting service
(B) A photo studio
(C) A periodical company
(D) A construction firm

Ⓐ Ⓑ Ⓒ Ⓓ

×を出す消去法で
やれば、意外と簡単

52. When will the man most likely come and see her? ◎

(A) On Monday
(B) On Tuesday
(C) On Wednesday
(D) On Thursday

Ⓐ Ⓑ Ⓒ Ⓓ

「時」だから、確実に
得点できる問題

Questions **53** through **55** refer to the following conversation.

53. Where does this conversation take place? ◎

    (A) At a train ticket counter
    (B) At a security checkpoint
    (C) At an airport counter
    (D) In a plane
                   Ⓐ Ⓑ Ⓒ Ⓓ

「場所」の問題は、ヒントが３つくらいある

54. What is the problem?

    (A) He has to wait too long.
    (B) His bag is too large.
    (C) He has too many papers to check in.
    (D) His trip will take too long.
                   Ⓐ Ⓑ Ⓒ Ⓓ

「何がマズイか？」を聞き取れたら解ける

55. What does he want to do while on board? ○

    (A) Take a nap
    (B) Call for a drink
    (C) Look over some papers
    (D) Enjoy some conversation
                   Ⓐ Ⓑ Ⓒ Ⓓ

later に注目。最後の男性のセリフに答えがある！

　さあ、どうでしたか？　狙いを定めて「待ち伏せ」すれば、聞き取れる！という感触がつかめたでしょうか？　このコツがつかめてくると、TOEIC学習が楽しくなるんです。5割獲得を目指して練習してください。本番ではもちろん◎、〇はついていませんよ。自分でとっさに判断するのです。

　💻 41 ～ 46 番の問題は付属 CD（DISC 2）の音声講義でより詳しく解説しています。本書の解答・解説編と併せて、ぜひ聞いてみて下さい。

41-43　スクリプトと訳

スクリプト　　⊙ DISC 1　**13**

Questions 41 through 43 refer to the following conversation.

W: Did you buy anything at the Year-end sales?

M: No, nothing. There didn't seem to be much difference / between the sales prices and normal prices.

W: Well, unlike you / I found some great bargains. Look at these boots — they were only $20!

M: Only $20 ? Incredible! I should've looked harder. By the way, did you buy anything for your husband?

訳

女：何か買いましたか、年末セールで？

男：いいえ、何も。それほど差異があるようには思えなかったんだ、セール価格と平常価格との間に。

女：そうね、あなたとは違って私はいくつか掘り出し物見つけたわ。このブーツ見てよ。たったの 20 ドルだったのよ。

男：たったの 20 ドル？　信じられないね。もっとよく見るべきだったな。ところでさ、ご主人に何か買ったかい？

重要語彙 ✏️

□ **seem to ～**：～するように見える［思える］　　□ **like**：～のような ⟷ **unlike**：～と違って

□ **bargain**：掘り出し物、有利な買い物
➡「安物」という意味はない。have［find］a good bargain などと使う。

□ **these boots**：このブーツ
➡ this boots とは言わない。右と左、2 つで一揃いのものは、名詞は複数形。

□ **incredible**：（ウソみたいだ、途方もない、という意味の）信じられない
➡ unbelievable は文字通り「信じられない」

41.　正答 (A)　問題文 ◎ DISC 1 **14**　CD講義 ◎ DISC 2 **13**と**14**　◎

Which season is it?	季節は何ですか？
(A) Winter ○	(A) 冬
(B) Spring	(B) 春
(C) Summer	(C) 夏
(D) Fall	(D) 秋

目のつけどころ

初級者（400点を狙うレベル）は、各大問中、1問は絶対に取らなければならない。それがこの問題。なぜなら「時」を尋ねられているから。「時」を尋ねる問題はなにも When ... ? What time ... ? で始まるとは限らない。二人の最初の会話部分にヒントがあると「待ち伏せて」聞くこと！　そうしたとき初めて、year-end という英語が聞こえてくる。これを CD を繰り返して、体験すること。

42.　正答 (B)　問題文 ◎ DISC 1 **14**　CD講義 ◎ DISC 2 **13**と**15**

Why did the man not buy anything at the sales?	なぜ男性はセールで何も買わなかったのか？
(A) He wasn't satisfied with the quality of the goods.	(A) 彼は商品の品質に満足できなかった。
(B) The prices were almost the same as usual. ○	(B) 価格がほとんど通常と同じだった。
(C) The stores were all packed with people.	(C) 店は人でぎっしりだった。
(D) He could not find any good boots.	(D) 彼は良いブーツを見つけられなかった。

目のつけどころ

これは初級者にはむずかしい問題。最初の男性のセリフが聞き取れなければ、お手上げだからだ。本番ならこのように選択肢の英文も長い問題は、初級者は捨てるべき。しかし、これは 41、42、43 という Part 3 最初の問題で選択肢まで十分読める時間があるので、トライしてみよう。

43.　正答 (B)　問題文 ◎ DISC 1 **14**　CD講義 ◎ DISC 2 **13**と**16**　○

What does the man want to know?	男性は何を知りたがっているか？
(A) The reason why the boots were so cheap	(A) ブーツがどうしてそんなに安かったのか
(B) Whether the woman got something for her husband ○	(B) 女性がその夫に何か買ったかどうか
(C) How her husband is	(C) 彼女の夫はどうしているのか
(D) Why the woman bought boots	(D) なぜ女性はブーツを買ったのか

目のつけどころ

「何を知りたいのか？」という問題は、ほとんど最後のその人（＝ここでは the man）のセリフに集中すれば、聞き取れる。buy anything ... husband? が聞こえれば、正解にたどりつけるはず。実際の会話でも、大事なところは強く言う。ここでは anything と husband だけが強く聞こえるはず。

スクリプト　⊙ DISC 1 🔢

Questions 44 through 46 refer to the following conversation.

W: Thomas, I'd like to ask you a favor. Do you have time to spare on Monday morning? Our clients from Tokyo / are arriving at the airport, / so I'd really like someone to go and meet them.

M: Well, actually I have an appointment with Dr. Chen then, / but I think I can reschedule it.

W: Oh, can you? It's very kind of you to do that! Please call me and confirm that later.

M: No problem. I'll do that as soon as possible.

訳

女：トーマス、お願いがあるの。月曜の朝、時間取れる？　東京からの（取引先の）お客様が空港に着くのよ。それでぜひ誰かにお出迎えに行ってほしいのよ。

男：そうだね。実はそのときチェン先生との診察予約があるんだ。でも、変更できると思うな。

女：まあ、できる？　それはご親切にありがとう。あとで確認の電話くださいね。

男：お安い御用さ。できるだけ早く電話するよ。

重要語彙

□ **ask you a favor**：お願いがある

□ **spare**：とっておく
   ➡ 日本語では「スペアタイヤ」などとして使い「予備の」という意味が一般的。混同しないように。

□ **client**：クライアント、取引の客

□ **appointment**：（診察の）予約

□ **It's [That's] very kind of you.**：ご親切にありがとう
   ➡ 決まり文句。Thank you very much のニュアンスで使う。

□ **confirm**：～を確認［確証］する

44. 正答 (A)　問題文 🎧 DISC 1 16　CD講義 🎧 DISC 2 13と17

What does the woman want the man to do?	女性は男性に何をしてほしいのか？
(A) Pick up some visitors ○	(A) 訪問客を迎えに行く
(B) Call a client in Tokyo	(B) 東京の顧客に電話する
(C) Take her to the airport	(C) 空港へ彼女を連れて行く
(D) Take her clients to dinner	(D) 彼女の顧客を夕食へ連れて行く

📖のつけどころ

初級者にはむずかしい問題。いつも「何の話かな？」と考えて最初の対話を聞く姿勢を身につけよう。ここでは女性が男性に頼んで（want A to ... ）いるのだから、前半の女性のセリフで「質問文」「Please 命令文」などを「待ち伏せる」。だが、初級者は次の45番を確実に取るほうが、本番では得策。

45. 正答 (D)　問題文 🎧 DISC 1 16　CD講義 🎧 DISC 2 13と18　◎

How did she feel when she heard his reply?	彼の返答を聞いたときに、彼女はどう感じたか？
(A) Uncomfortable	(A) 心地よくない
(B) Disappointed	(B) がっかり
(C) Tired	(C) 疲れて
(D) Relieved ○	(D) ほっとして

📖のつけどころ

やさしめのHow ...？問題だから、トライすべき。特にHow did he [she] feel? という問題は狙い目！ セリフを言う人の声色をしっかり聴いて、ポジティブかネガティブかで判断すれば、たいていできる。ここでは (A)(B)(C) がすべてネガティブな単語だ。そのため (D)Relieved の意味がわからなくても消去法で答えが出せる。

46. 正答 (B)　問題文 🎧 DISC 1 16　CD講義 🎧 DISC 2 13と19　○

What will the man most likely do next?	男性は次に何をするだろうか？
(A) Send a fax to the clients in Tokyo	(A) 東京の顧客にファックスする
(B) Give her a call ○	(B) 彼女に電話する
(C) See the doctor	(C) 医者の診察を受ける
(D) Confirm the next flight	(D) 次の便の確約を取る

📖のつけどころ

初級者でも解ける問題。most likely や probably と問題文にあれば、すべて「多分〜しそうだ、するだろう」という問題と考えてよい。そして最後に later, や next などが来ていれば、「おいしい問題」だ。すなわち、最後の男性のセリフ（未来形 I will ... ）を待ち伏せれば、必ず解ける。ただし今回は男性のセリフが I'll do that ... なので、この do が直前の女性のセリフにある call だと理解できないといけない。このような出題パターンは多い。

スクリプト ◎ DISC 1 **17**

Questions 47 through 49 refer to the following conversation.

M: Hi, Margaret! It's good to see you. I haven't seen you / since last year's conference. Where did you make reservations this year? Here at the Regents?

W: No, the Regents was already full. I'm at the Wesleyan Inn.

M: That's a bit far from the conference center, isn't it?

W: They have a shuttle bus / that makes regular runs to the city center. Also, it is pretty close to the airport, / so it'll be convenient for me on Saturday / when the conference is over.

訳

男：やあ、マーガレット。会えて嬉しいな。昨年の会議以来会ってなかったね。今年はどこに予約したんだい？　ここリージェント・ホテルかい？

女：いいえ、リージェントはすでに満室だったの。私はウェスリアン・インにいるわ。

男：会議場から少し遠いんじゃない？

女：バスがあるのよ。中心街に定期的に走っているの。また、空港にもかなり近いのよ。だから、私には都合がいいのよ、会議の終わる土曜日にね。

重要語彙

□ **conference**：会議
□ **make a reservation:** 予約をする
□ **a bit =**：少し（= **a little**）
[以下は設問に出てくる語彙]
□ **run**：運行
□ **available**：役立つ、有用である、利用できる
□ **charge**：料金
□ **reasonable price**：納得できる価格
□ **do the sights**：観光をする

47.　正答 (B)　問題文 🎧 DISC 1 🔢 ◎

When did the man and the woman last meet?	男性と女性はこの前いつ会ったか？
(A) Last month	(A) 先月
(B) A year ago ○	(B) 1年前
(C) A couple of days ago	(C) 2、3日前
(D) Last Saturday	(D) 先週の土曜日

📖のつけどころ

初級者は確実にこの問題を取ること！　最初の対話で「いつ出会ったのか？」に集中すれば、last year は必ず聞き取れるはず。また、選択肢で ago が2つ出てくるが、こんな場合はそのどちらかが正解であるケースが多い。全く歯が立たない人は、どちらかにマークして次へ進む。

48.　正答 (C)　問題文 🎧 DISC 1 🔢

Why is Margaret staying at the Wesleyan Inn?	なぜマーガレットはウェスリアン・インに滞在しているのか？
(A) Because it's near the conference center.	(A) 会議場に近いから。
(B) Because she'd like to ride on a shuttle bus.	(B) 彼女はシャトルバスに乗りたいから。
(C) Because there were no rooms available at the Regents. ○	(C) Regents には空き部屋がないから。
(D) Because the hotel rates are reasonable.	(D) ホテル代金が安いから。

📖のつけどころ

この問題は、「何の話かな？」と聞くだけでよい。何も聞かないでデタラメに解く人は、想像で (A) か (D) を選ぶだろう。このように、出題者はいかにも常識的な答えをわざと出して、受験者をひっかける。要注意！

49.　正答 (C)　問題文 🎧 DISC 1 🔢 ○

What is going to happen on Saturday?	土曜日には何があるだろうか？
(A) Margaret will do the sights of the city.	(A) マーガレットが市の観光をする
(B) A convenience store will open near the airport.	(B) コンビニが空港の近くに開店する。
(C) The conference will finish. ○	(C) 会議が終わる。
(D) The Regents will have rooms available.	(D) リージェント・ホテルの部屋が取れる。

📖のつけどころ

初級者はこの問題は絶対に取る！　Saturday という「時」のキーワードがある。後半部を Saturday だけ「待ち伏せ」して集中して聞けば、the conference is over. が聞き取れるはず。適当にしか聞いてないと、(A) などいかにも答えになりそうな選択肢を選んでしまう！

スクリプト ⊚ DISC 1 **19**

Questions 50 through 52 refer to the following conversation.

M: Ms. Francis, / we'd like to write a story about you / and I was wondering if I could come and ask you some questions. It would take about half an hour/ and I could come at a time / that fits your schedule.

W: What kind of story are you working on?

M: Just a profile of you and your career / to appear in our February issue. I can come over to your office next Wednesday / if you don't mind.

W: I'm afraid I don't have time to talk with you on Wednesday / because I'll be out of town on business. If you could come on Thursday, / I'd be happy to see you.

訳

男: フランシスさん、あなたについての記事を書きたいのです。お邪魔して少し質問させていただけないかと思っております。所用時間は 30 分くらいになるかと。あなたのスケジュールに合うお時間に伺うことができます。

女: どんな記事に取り組まれているんですか?

男: あなたのプロフィールとお仕事についてです、弊誌の 2 月号掲載で。来週の水曜日オフィスへ伺えます。もしよろしければ。

女: 水曜日はお話しする時間がないと思うわ、仕事でここにいないのよ。もし木曜日にいらっしゃるのなら、喜んでお会いするわ。

重要語彙

□ **wonder if ...** : ~かどうかなと思う

□ **fit** : 合う、フィットする

□ **appear** : ~に載る

□ **issue** : (発行物の) 号

50. 正答 (B) 問題文 🔘 DISC 1 20

What's the purpose of the man's visit to Ms. Francis?

(A) To show her their February issue
(B) To interview her
(C) To invite her to visit his new office
(D) To know when she'll be away

男性のフランシスさんへの訪問の目的は？

(A) 彼女に2月号を見せること
(B) インタビューすること　○
(C) 彼女を自分の新しいオフィスへ誘うこと
(D) 彼女がいつ不在なのかを知ること

🎯 のつけどころ

「会話の目的は何か？」という問題は定番だが、初級者には難しい。この問題に深入りすると、あとの2問が全くできなくなることがある。だから、「何の話かな？」くらいの楽な気持ちで聞き、51番か52番のどちらかは取る、という戦略が大切。ただし、「目的」だから、まず前半の会話に答えはある！

51. 正答 (C) 問題文 🔘 DISC 1 20　　○

What type of establishment employs the man?

(A) A broadcasting service
(B) A photo studio
(C) A periodical company　○
(D) A construction firm

どんなタイプの事業所が男性を雇用しているか？

(A) 放送事業
(B) 写真スタジオ
(C) 雑誌社（定期刊行物の会社）
(D) 建設会社

🎯 のつけどころ

この問題も結局は Where ... ? のパターンと同じ。「場所」ならヒントが3つくらいは、ちりばめられている。write a story や February issue などだ。設問の establishment（事業所）という単語が難しいが、選択肢を見れば「会社」だと想像がつく。periodical（定期刊行物）という単語も難しいが、(B) と (D) が×だと分かれば、消去法で解ける。

52. 正答 (D) 問題文 🔘 DISC 1 20　　◎

When will the man most likely come and see her?

(A) On Monday
(B) On Tuesday
(C) On Wednesday
(D) On Thursday　○

いつ男性は彼女に会いに来そうか？

(A) 月曜日に
(B) 火曜日に
(C) 水曜日に
(D) 木曜日に

🎯 のつけどころ

「時」を尋ねる問題だから簡単。しかも後半部分の「曜日」だけに集中すればよい。Wednesday がひっかけ。男性は「水曜日はどうか？」と尋ねているが、女性が「水曜はだめ、木曜ならよい」という内容を述べているのを、大体でよいので聞き取らないといけない。この種の問題は簡単なので、本番でも必ずといってよいほど、「ひっかけの曜日」が出る。

Questions 53 through 55 refer to the following conversation.

W: Excuse me, sir. You should check in that bag here.

M: Is that really necessary? You see, I was planning to carry it with me. It's really not that heavy.

W: Oh, it's not the weight / that I'm worrying about. It looks to me / as if it won't fit in the overhead compartment.

M: But it contains a lot of important papers I want to review / during the flight. You know, it's a long trip to Singapore.

訳

女： 失礼ですが、お客様。そのバッグ、こちらに預けられたほうが。

男： それって本当に必要ですか？ あのね、一緒に持っていこうと考えていたんです。本当にそんなに重くないんです。

女： あっ、重さではありません、私が心配しているのは。お客様の頭上戸棚に入らないように見えまして。

男： でもね、たくさんの重要書類が入っているんです、フライト中に見直したいものが。シンガポールへの長旅ですからね。

重要語景

□ **that heavy**：そんなに重い ➡ ここでの **that** は副詞で「そんなに～」の意味。

□ **weight**：重さ、重量

□ **fit in ...**：～にフィットする、きちんと収まる

□ **overhead compartment**：機内にある頭上戸棚

□ **contain**：含む

□ **paper**：書類、新聞、答案
　　➡ 通常だと「紙」で不可算名詞だが、papers と複数になると上記の意味になる。

53.　正答 (C)　問題文 🔘 DISC 1 22　　　　　◎

Where does this conversation take place? | 会話はどこで行われているか？

(A) At a train ticket counter | (A) 列車の切符売り場で
(B) At a security checkpoint | (B) 保安検問で
(C) At an airport counter ○ | (C) 空港のカウンターで
(D) In a plane | (D) 機内で

📖のつけどころ

いつも出題されるパターン。Where is this conversation taking place?　と現在進行形で尋ねる場合も同じ意味。この種の問題は、会話の中に「場所」のヒントがちりばめられている。ここでは、check in / overhead compartment / flight / trip to Singapore と４つもヒントがある。同時に、出題者は (D)（飛行機の）機内と混同することも狙っている。初級者はこの問題だけは死守！

54.　正答 (B)　問題文 🔘 DISC 1 22

What is the problem? | 問題は何か？

(A) He has to wait too long. | (A) 彼はあまりに長いこと待たなければならない。
(B) His bag is too large. ○ | (B) 彼のバッグが大きすぎる。
(C) He has too many papers to check in. | (C) チェックイン（預け入れ）の書類が多すぎる。
(D) His trip will take too long. | (D) 彼の旅はあまりにも長くかかる。

📖のつけどころ

前半の会話の中で「まずいことは何か？」と待ち伏せれば、取れる！　(C) はひっかけ。

55.　正答 (C)　問題文 🔘 DISC 1 22　　　　　○

What does he want to do while on board? | 彼は搭乗中に何をしたがっているか？

(A) Take a nap | (A) 仮眠をとる
(B) Call for a drink | (B) 飲み物を求める
(C) Look over some papers ○ | (C) 書類に目を通す
(D) Enjoy some conversation | (D) 会話を楽しむ

📖のつけどころ

最後の男性のセリフに集中すれば、「書類を見直したい」という内容が聞こえるはず。何も聞き取れずに、カンで解こうとすると間違える。

第1章 パート別攻略テクニック Part 4（説明文問題）

このパートは基本的に Part 3 の戦略を踏襲します。ただ一人の人のかなり長い、しかもナチュラルスピードのトークを聞き取らなければいけないので、正解率は Part 3 より落ちるといわれています。しかし、本書で攻略法をマスターすれば、トライすることが楽しくなりますよ。

最も重要なのはトークを下記のように前半、中盤、後半と３つに分けて聞くようにすることです。そして最初の２問はほとんど前半に、最後の問題はまず 100％後半、それも最後のほうに答えがあると予想するのです。それではヒントを参考に Part 3 の攻め方を踏襲して解いてみてください。

本章でも、絶対落としてはいけない問題を◎、キーワードを待ち伏せることができれば得点可能な問題に〇をつけておきました。

前半	1 問目と 2 問目の答えが出てくる！
中盤	（2 問目がくることとも）
後半	3 問目の答えが出てくる！

説明文は前半・中盤・後半と分けて聞く！

問題編

Questions **71** through **73** refer to the following speech.

（＊上記の一文は本番の試験では印刷されていません。以下のページも同様です）

71. Where is the speaker talking? ◎

    (A) At a retirement party

    (B) At a welcoming party

    (C) At a meeting including lunch

    (D) At a marketing conference   Ⓐ Ⓑ Ⓒ Ⓓ

luncheon が聞き取れ
れば簡単な問題。

72. In what aspect of the company has Mr. Taylor been very influential?

    (A) Recruitment

    (B) Charitable contributions

    (C) Overseas expansion

    (D) Research and development   Ⓐ Ⓑ Ⓒ Ⓓ

難しい。初級者は本番
でパスするのも戦略。

73. What will Mr. Taylor probably do after his speech? ○

    (A) Take part in charity work

    (B) Eat lunch

    (C) Go to the airport

    (D) Enjoy conversation with his colleagues   Ⓐ Ⓑ Ⓒ Ⓓ

これを絶対に取る。after
his speech に関連する
ことを待ち伏せるだけ。

第１章 パート別攻略テクニック　パート4

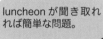

Questions **74** through **76** refer to the following announcement.

74. How much does it cost for a boy of 12 to ride the bus? ◎

(A) 1.25 dollars
(B) 75 cents
(C) 25 cents
(D) 17 cents   Ⓐ Ⓑ Ⓒ Ⓓ

12歳を待てば値段が聞こえる。

75. What do all bus passengers have to do?

(A) Change buses at the next stop
(B) Use only the correct change
(C) Pay the fare at the front of the bus
(D) Ask the driver to make change   Ⓐ Ⓑ Ⓒ Ⓓ

have to 〜に注目。

76. Which of the following is a rule that must be followed by passengers? ○

(A) Beverages are not allowed on the bus.
(B) Bills are not accepted.
(C) Children under 10 must be accompanied by an adult.
(D) The bus must be washed and cleaned.   Ⓐ Ⓑ Ⓒ Ⓓ

rule とは must 〜というこ と。

Questions **77** through **79** refer to the following radio advisory.

77. How long will the construction work probably continue? ◎

(A) A couple of months
(B) A week
(C) Several days
(D) Six weeks

Ⓐ Ⓑ Ⓒ Ⓓ

「期間」を待つだけ。
前半に必ずあるはず。

78. What does this advisory tell people to expect?

(A) Temporary closure of the road
(B) Bad weather
(C) Traffic jams
(D) Additional charges

Ⓐ Ⓑ Ⓒ Ⓓ

難しそうだが、常識で
予測できるはず。

79. What should drivers do to get to the waterfront? ○

(A) Use an additional eastbound lane
(B) Take a different way
(C) Walk from the Brown Interchange
(D) Use a ferry

Ⓐ Ⓑ Ⓒ Ⓓ

waterfront を待てば
よい。

GO ON TO THE NEXT PAGE

Questions **80** through **82** refer to the following telephone message.

80. What kind of company is being called? ○

    (A) An automobile manufacturer
    (B) An airline
    (C) A travel agency
    (D) A delivery service   Ⓐ Ⓑ Ⓒ Ⓓ

結局 where の問題。

81. How can a caller talk with a customer representative?

    (A) By hanging up
    (B) By punching in his flight number
    (C) Waiting a few moments
    (D) By asking the operator   Ⓐ Ⓑ Ⓒ Ⓓ

talk に注目。そのやり方は？

82. What time is it recommended for people to be at the check-in counter? ◎

    (A) 2:20
    (B) 3:20
    (C) 4:20
    (D) 5:20   Ⓐ Ⓑ Ⓒ Ⓓ

check-in counter を待ち伏せる。

Questions **83** through **85** refer to the following speech.

83. How has the new model been received by the users? ○

    (A) Critically
    (B) Favorably
    (C) Disappointedly
    (D) Negatively   Ⓐ Ⓑ Ⓒ Ⓓ

ムードを感じ取れ。
プラスムードかマイナ
スか？

84. What type of establishment does the speaker work for? ◎

    (A) An electronics company
    (B) An automobile manufacturer
    (C) A car parts supplier
    (D) A home builder   Ⓐ Ⓑ Ⓒ Ⓓ

選択肢を見れば「場所」
だとわかる。

85. What is the purpose of this speech?

    (A) To produce better electronic parts
    (B) To drive carefully
    (C) To bear quality control in mind
    (D) To get at the immediate cause   Ⓐ Ⓑ Ⓒ Ⓓ

文意が取れなければ
出来ない。初級者は
パス。

第1章 パート別攻略テクニック パート4

さあ、前もって設問だけでも先読みして、どの2問を「待ち伏せ」するか決められましたか？　それができていれば、多分5~8問くらい解答できたはずです。

 71 ～ 76番の問題は付属CD（DISC 2）の音声講義でより詳しく解説しています。本書の解答・解説編と併せて、ぜひ聞いてみて下さい。

71-73　スクリプトと訳

スクリプト　◎ DISC 1 23

Questions 71 through 73 refer to the following speech.

It is time for me / to present to all of you / our luncheon speaker for this week, / Mr. Thomas Taylor, / Chief Executive Officer of KempStar Corporation / and formerly Director of its Marketing Division. Mr. Taylor was among the founders of KempStar / and is now primarily responsible / for the opening of branches / outside of the United States / and its recent penetration into the South American market. He is still closely involved in our South American operations / and, / as a matter of fact, / he will be catching a plane to head down there / as soon as his speech is finished. Also, / I would like to tell you / that he has always found time / to get involved in charity work, / especially the Cancer Research Society.

訳　＊「英語頭」養成のため、読み下し訳としています。

（私が）皆様にご紹介するときです、今週の昼食会のお話しされる方、トーマス・テーラーさん、ケンプスター社のC.E.O. で、前マーケティング部長です。テーラーさんはケンプスターの創始者の一人でした、そして現在主に責任を持っておられます、米国外の支店開設、南米市場への近年の進出に。氏は今もなお、私共の南米での事業にかかわっておられ、そして、実はですね、飛行機に乗ってそちらを向かわれるのです、このスピーチ終了後とすぐに。また、皆様にお伝えしたいのですが、氏はいつも時間を見つけて関与してくださるのです、慈善活動、特にガン研究協会にかかわる活動に。

重要語彙

□ **luncheon**：昼食会　□ **formerly**：以前は
□ **founder**：創設者　□ **penetration**：浸透、侵入
□ **as a matter of fact**：実は　□ **get involved in ...**：～に関与する

71. 正答 (C)　問題文 ◎ DISC 1 **24**　CD講義 ◎ DISC 2 **20**と**21**　◎

Where is the speaker talking?

(A) At a retirement party

(B) At a welcoming party

(C) At a meeting including lunch ○

(D) At a marketing conference

話し手はどこで話しているか？

(A) 退職記念パーティーで

(B) 歓迎パーティーで

(C) 昼食付きの会合で

(D) マーケッティング会議で

◉のつけどころ

3W1H問題なので初級者用。Part3と同様に、前半にヒントがちりばめられている。speakerが聞こえればOK。ただし、退職記念パーティーだと勘違いする人がいるだろう。現在形に注意。

---

72. 正答 (C)　問題文 ◎ DISC 1 **24**　CD講義 ◎ DISC 2 **20**と**22**

In what aspect of the company has Mr. Taylor been very influential?

(A) Recruitment

(B) Charitable contributions

(C) Overseas expansion ○

(D) Research and development

会社のどの面においてテーラー氏はとても影響力を持って来たか？

(A) 社員採用

(B) 慈善貢献活動

(C) 海外進出

(D) 研究開発

◉のつけどころ

「米国外、南米進出に」というあたりが聞き取れれば、解ける問題。初級者には難しい。本番で捨てるなら、この問題。

---

73. 正答 (C)　問題文 ◎ DISC 1 **24**　CD講義 ◎ DISC 2 **20**と**23**　○

What will Mr. Taylor probably do after his speech?

(A) Take part in charity work

(B) Eat lunch

(C) Go to the airport ○

(D) Enjoy conversation with his colleagues

テーラー氏はスピーチのあと何をするだろうか？

(A) 慈善活動に参加する

(B) 昼食を食べる

(C) 空港へ行く

(D) 同僚と会話を楽しむ

◉のつけどころ

狙うなら71番とこの73番。後半で「スピーチを終えると…」(as soon as his speech is finished) の部分を待ち伏せれば、planeが聞こえるはず。

スクリプト　◎ DISC 1　25

Questions 74 through 76 refer to the following announcement..

Attention, / all Metropolitan Bus passengers! Please be ready to board / when your bus arrives / and have the exact change prepared. The fare is a dollar and twenty-five cents for adults, / seventy-five cents for senior citizens and those aged 11 to 17, / while children 10 and under / pay only twenty-five cents. Bills and coins are accepted, / but please have exact change only, / for our drivers are not allowed to make change for you. And to keep our bus clean, / please, no eating or drinking on the bus. This will be enforced by the bus driver. Thank you very much / and enjoy your journey.

訳　＊「英語頭」養成のため、読み下し訳としています。

メトロポリタンバスご乗車の皆様へお知らせします。バスが到着いたしましたら、どうぞ乗車のご準備ください、そしてお釣りのいらない小銭をご用意ください。運賃は大人1ドル25セント、ご年配者と11〜17歳の方は75セントです。一方10歳以下のお子さんは、25セントだけはお支払いいただきます。紙幣・コインはお受け取りできますが、どうぞきっかりの小銭のみお持ちください。と申しますのは、わが社の運転手は皆様へお釣りを出すことを許されておりません。また、バスを清潔に保つため、車内でのご飲食はなさらないでください。この件はバス運転手からも強くお願い申し上げます。どうもありがとうございます。楽しい旅を。

重要語彙 🖊

□ **Attention.**：どうぞお聞きください。

□ **be ready to ...**：〜する準備ができている

□ **have the exact change prepared**：正確な小銭を用意する

□ **fare**：運賃（料金）

□ **senior citizen**：年長者（65歳以上の人）

□ **while:**　〜である一方で（接続詞）

□ **children 10 and under**：10歳そしてそれ以下の子ども

□ **bill**：紙幣 ➡ （英）**note**

□ **accept**：受け入れる

□ **enforce**：強要する、強硬に主張する

74. 正答 (B)　問題文 ◎ DISC 1 26　CD講義 ◎ DISC 2 20と24　◎

How much does it cost for a boy of 12 to ride the bus?

(A) 1.25 dollars
(B) 75 cents ○
(C) 25 cents
(D) 17 cents

12歳の少年がバスに乗るにはいくらかかるか？

(A) 1.25 ドル
(B) 75 セント
(C) 25 セント
(D) 17 セント

目のつけどころ

前半の運賃のところで、年齢分類を待ち伏せれば簡単。17 セントなど音声にないが、ひっかけの「17 歳」が出てくる。

75. 正答 (B)　問題文 ◎ DISC 1 26　CD講義 ◎ DISC 2 20と25

What do all bus passengers have to do?

(A) Change buses at the next stop
(B) Use only the correct change ○
(C) Pay the fare at the front of the bus
(D) Ask the driver to make change

バスに乗車する人達は何をしなければいけないか？

(A) 次の停留所でバスを乗り換える
(B) 正確な小銭をのみ使用する
(C) バスの前方で運賃を払う
(D) 運転者にお釣りを出すよう求める

目のつけどころ

Please 命令形など、人にお願いする文を待てば簡単。change を「お釣り」と覚えていると、間違う。「小銭」のことだ。Keep the change.（その小銭はとっておきなさい ➡ お釣りは取っておきなさい）は定番表現。

76. 正答 (A)　問題文 ◎ DISC 1 26　CD講義 ◎ DISC 2 20と26　○

Which of the following is a rule that must be followed by passengers?

(A) Beverages are not allowed on the bus. ○
(B) Bills are not accepted.
(C) Children under 10 must be accompanied by an adult.
(D) The bus must be washed and cleaned.

次のどの規則か、乗客が従わなければいけないのは？

(A) 飲み物は車内で許されてない。
(B) 紙幣は受け取られない。
(C) 10 歳以下の子供は大人と同伴でないといけない。
(D) バスは洗車され、きれいにされなければいけない。

目のつけどころ

「キリン ビバレッジ」などの会社名を知っていたら、beverages = drinks（飲み物）とピン！ときて、(A) をマークできるはず。

Questions 77 through 79 refer to the following radio advisory.

Be aware / that construction has begun on Morrice Avenue / from Beneton Bridge / all the way to the Brown Interchange. One additional eastbound lane is to be added. Construction crews will be working around the clock / on this main road into the business district and waterfront, / and repairs are expected to be finished within eight or nine weeks. Delays will be inevitable. The road will not be completely closed off, / but traffic will be restricted / so it is advisable to find alternate routes / to and from the business district and waterfront / while construction is in progress.

訳　＊「英語頭」養成のため、読み下し訳としています。

that 以下をご承知おきください（that 以下 ➡ モーリス通り、ベネトン橋からブラウンインターチェンジまでの間で工事が始まりました）。東回りレーンが１つ追加されます。工事班はこの幹線道路で昼夜作業を致します、商業地区、ウオーターフロントへと。そして、修理は８または９週間以内に終了すると予測されます。遅延は避けられないでしょう。道路は完全には閉鎖されませんが、交通は制限されます。そこで代替のルートを見つけるのが望ましいです、while 以下で商業地区、ウオーターフロントへ行き来するには（while 以下 ➡ 工事が進行中の間）。

重要語彙

□ **be aware of ...** : 〜に気づく

□ **all the way to ...** : 〜へずっと

□ **additional** : 付加的な、増加の

□ **eastbound** : 東回りの ⟷ **westbound** : 西回りの

□ **crew:** クルー、乗員、（作業員の）一団

□ **work around the clock** : 四六時中働く

□ **district** : 地区

□ **waterfront** : 海岸、河岸通り［地区］

□ **delay** : 遅延

□ **inevitable** : 不可避の

□ **restrict** : 制限する

□ **advisable** : 望ましい

□ **in progress** : 進行中

77. 正答 (A)　問題文 ◎ DISC 1 28　◎

How long will the construction work probably continue?

(A) A couple of months ○

(B) A week

(C) Almost a day

(D) Six weeks

工事作業はどのくらい続くだろうか？

(A) 2、3 カ月

(B) 1 週間

(C) 約 1 日

(D) 6 週間

国のつけどころ

トーク前半に必ず工事期間が出てくるはず、と集中！　すると中盤に、eight or nine weeks が聞こえる。400 点を目指す人は、まずこの問題だけを狙う。あとは後半に答えが出てくる、79 番を待ち伏せる。

78. 正答 (C)　問題文 ◎ DISC 1 28

What does this advisory tell people to expect?

(A) Temporary closure of the road

(B) Bad weather

(C) Traffic jams ○

(D) Additional charges

この勧告は人々に何を予測するよう言っているか？

(A) 道路の一時的閉鎖

(B) 悪天候

(C) 交通渋滞

(D) 増加料金

国のつけどころ

「〜をしたほうがよいでしょう」という内容を待てば解けるが、初級者はパスしたほうがよい問題。advisory は advice から来ているので類推できるはず。expect を「期待する」と良いほうに考えるとダメ！「予測する、予期する」の意味もある。traffic jam は、traffic congestion や Traffic is heavy. などとも言える。temporary（一時的な）や charge（料金）も覚えておこう！

79. 正答 (B)　問題文 ◎ DISC 1 28　○

What should drivers do to get to the waterfront?

(A) Use an additional eastbound lane

(B) Take a different way ○

(C) Walk from the Brown Interchange

(D) Use a ferry

ドライバーはウオーターフロントへ行くにはどうするか？

(A) 増設の東回りレーンを使う

(B) 違う道を利用する

(C) ブラウンインターチェンジから歩く

(D) フェリーを使う

国のつけどころ

トーク最後に waterfront と述べるところがあると予測し、そこを待ち伏せ。すると、find alternate routes と出てくる。alternate（代替の）という語彙が難しいが、find と routes という単語が聞き取れれば、「別のルートを取る」ことだと推測できる。

Questions 80 through 82 refer to the following telephone message.

Thank you for calling Frontenac's automatic confirmation hotline. If you are using a touch tone telephone, / please punch in your flight number. All others, / please hold on the line / and a customer representative will soon speak with you, thank you. ... Frontenac flight number 328 bound for Memphis / is scheduled to leave on-time, at 4:20 p.m. / from gate number 23 in terminal 2. Please arrive at the check-in counter / two hours before your flight is scheduled to depart. Thank you for choosing to travel by Frontenac.

訳　＊「英語頭」養成のため、読み下し訳としています。

お電話ありがとうございます、フロンティナック自動予約確認直通電話へ。もしプッシュボタン式電話機をお使いでしたら、搭乗便番号を打ち込んでください。そのほかの場合は、このままお待ちください、そうしますとお客様係の者がまもなく対応いたします。ありがとうございました。フロンティナック 328 便メンフィス行きは、時間通り午後 4 時 20 分に予定されております、2 番ターミナルの 23 番ゲイトから。どうぞ 2 時間前に搭乗手続きカウンターにお越しください、あなたのフライト離陸が予定されている前の。フロンティナックでの旅の選んで下さり、ありがとうございます。

重要語彙

□ **hotline**：直通電話

□ **punch in**：打ち込む

□ **hold on (the line)**：（電話で）そのままお待ち下さい

□ **(be) bound for ...**：～行きである

□ **depart**：出発する

80. 正答 (B) 問題文 ◎ DISC 1 [30]

What kind of company is being called?	どんな種類の会社が電話を受けているか？
(A) An automobile manufacturer	(A) 自動車メーカー
(B) An airline ○	(B) 航空会社
(C) A travel agency	(C) 旅行社
(D) A delivery service	(D) 配送会社

目のつけどころ

これは超簡単なサービス問題。flight number と聞こえた時点で分かるはず。選択肢 (A) の automobile manufacturer（自動車製造会社）は本書で2度目の出題だが、車（car）を automobile で言い換えるのは頻出。車両一般を vehicle というのも頻出！

81. 正答 (C) 問題文 ◎ DISC 1 [30]

How can a caller talk with a customer representative?	電話をしている人はどうやってお客様係と話せるか？
(A) By hanging up	(A) 受話器を切ることで
(B) By punching in his flight number	(B) 搭乗便の番号を打ち込むことで
(C) By waiting a few moments ○	(C) 少し待つことで
(D) By asking the operator	(D) 電話交換手に頼むことで

目のつけどころ

How ...？の質問なのでトライしてほしいが、初級者には少し難しい。ただし、hold on ... が「受話器をそのまま持ったままでいる、電話を切らないでそのまま待つ」という慣用句だと知っていれば、すぐ解ける。

82. 正答 (A) 問題文 ◎ DISC 1 [30]

What time is it recommended for people to be at the check-in counter?	何時に搭乗手続きカウンターにくるよう勧められているか？
(A) 2:20 ○	(A) 2 時 20 分
(B) 3:20	(B) 3 時 20 分
(C) 4:20	(C) 4 時 20 分
(D) 5:20	(D) 5 時 20 分

目のつけどころ

What time ...？問題なので絶対に取りたい。計算をしなければいけないので、多少難しい。ただし出発時間が4時20分だと聞き取れれば、常識的に答えは (A) か (B) のどちらかだ。two hours before ... さえ聞き取れれば楽勝！

スクリプト　◎ DISC 1　**31**

Questions 83 through 85 refer to the following speech.

There is a matter of quality control / that I would like to address here / at our monthly factory manager's meeting. Comments about our new model / have been overwhelmingly positive, / but there is a concern with the electronic system. About five percent of the automatic windows / have been found to be faulty. The immediate cause has not been found, / but we should all know / quality control is very important in all areas. So, / stay on the alert, everyone! We want our customers to drive our vehicles / without having to worry about anything.

訳　＊「英語頭」養成のため、読み下し訳としています。

that 以下という品質管理に関する事柄がございます（that 以下 ➡ 私がここで、当社の月例工場管理者会議でお話したい）。当社のニューモデルに関しての意見は、これまで圧倒的に肯定的なものです、しかし、電子システムに関して懸念がございます。自動開閉窓の約 5% に欠陥があると分かりました。直接の原因はまだ分かっておりません、しかし、われわれは皆、品質管理はあらゆる領域で非常に重要だと知っておくべきです。そこで、皆様、油断なさらないでください。お客様に私たちの車を運転していただきたいのです、何の心配もなく。

重要語彙

□ **matter**：事柄
□ **address**：呼びかける、（問題に）対処する
　➡ address（住所）がよく知られた意味だが、TOEIC では「問題に対処する」という意味で頻出！
□ **comment**：意見
□ **overwhelming**：圧倒的な
□ **positive**：肯定的な ←→ **negative**：否定的な
□ **concern**：懸念、心配事
□ **faulty**：欠陥のある
□ **immediate**：直接の
□ **stay on the alert**：油断しない
□ **without**：～なしで
□ **have to ...**：～しなければならない
　➡ 問題文中では without が否定の意味をもっているので、without having to .... で「～する必要なく」と考えること。

83. 正答 (B) 問題文 ◎ DISC 1 32 ○

How has the new model been received by the users?

(A) Critically
(B) Favorably ○
(C) Disappointedly
(D) Negatively

新型はどのようにユーザーに受け入れられてきたか？

(A) 批判的に
(B) 好意的に
(C) がっかりして
(D) 否定的に

国のつけどころ

How（どのように）？の質問なので、全体の話の「ムード」から、判断がつきやすい。前半部を「何の話かな？」と肩を張らずに軽く聞いて、ムードをつかむ。positive（前向き、積極的）が聞き取れれば、すぐに (B) が答えだと分かるはず。

84. 正答 (B) 問題文 ◎ DISC 1 32 ◎

What type of establishment does the speaker work for?

(A) An electronics company
(B) An automobile manufacturer ○
(C) A car-parts supplier
(D) A home builder

どのようなタイプの事業所で話し手は働いているか？

(A) 電子機器の会社
(B) 自動車メーカー
(C) 自動車部品業者
(D) 住宅建設業者

国のつけどころ

この問題は結局 Where ...？型だ。だから簡単。絶対に取るべき！ establishment（事業所、会社、病院、学校）は頻出。自動車のメーカーであることは new model, automatic window と来て、最後の drive で決定的。

85. 正答 (C) 問題文 ◎ DISC 1 32

What is the purpose of this speech?

(A) To produce better electronic parts
(B) To drive carefully
(C) To bear quality control in mind ○
(D) To get at the immediate cause

このスピーチの目的は？

(A) より良い電子部品を生産すること
(B) 注意深く運転すること
(C) 品質管理を念頭に置くこと
(D) 直接の原因を見つけること

国のつけどころ

purpose（目的）を問う問題は中・上級者のためのものなので、初級者はできなくても気にしない。ただし、このスピーチでは quality control（品質管理）という言葉がやけに耳につく！　それでこのスピーチは quality control について話しているな、と気づくはず。

第1章 パート別攻略テクニック Part5（文法語彙問題）

　Part5 は基本文法力と語彙力を試す問題が、半々に出題されます。初級者はなかなか得点できないパートです。攻略法としてはまず、「中学レベルの文法問題は必ず取る！」という決意が必要です。私はこの中学レベルの文法問題を 10 項目に分類して「中学レベル文法 10」として、これまで出版した問題集に収めています。それらは次のようになります。

① 中学基本ボキャブラ問題（教科書に出てきた単語・熟語）
② 動詞の変化（態・分詞・動名詞など）と時制
③ 品詞の選択（名詞か動詞か形容詞か副詞か？）
④ 主語と動詞の呼応と文型問題
⑤ 名詞・代名詞の知識
⑥ 前置詞か接続詞か？
⑦ 比較
⑧ 関係詞
⑨ 仮定法
⑩ 倒置

　本書ではこれをさらに簡素化し、簡単に取れるものから順番に「中学レベル文法4」としました。
① 代名詞の格変化の問題
② 前置詞、接続詞の高校初級レベルまでの問題
③ 動詞の時制の問題と準動詞の使い方の問題
④ 品詞の選択（特に形容詞・副詞の選択）

　これらわずか4つです。それでは、ヒントを参考にしつつ、項目別に1問30秒で解いていきましょう。

① 代名詞の格変化の問題

101. If the chairman is unable to attend, then one of ------- will have to lead the meeting.

(A) our

(B) ourselves

(C) us

(D) we　　　　Ⓐ Ⓑ Ⓒ Ⓓ

of など前置詞の後あとには名詞が来るが、代名詞の場合は？

102. Our registration forms have to arrive at the principal's office by tomorrow, so I want you to send ------- by express mail.

(A) him

(B) it

(C) them

(D) us　　　　Ⓐ Ⓑ Ⓒ Ⓓ

forms をうける代名詞はどれだろう？

103. Those new computers are arriving at the receiving dock tomorrow afternoon, so you need to check ------- payment slips with Mr. Chen.

(A) theirs

(B) they

(C) them

(D) their　　　　Ⓐ Ⓑ Ⓒ Ⓓ

はじめの文の「何」を代用しているか考える。

104. Ms. Goldman will be in charge of the upcoming project, and all department heads will report back to -------.

(A) she

(B) herself

(C) hers

(D) her　　　　Ⓐ Ⓑ Ⓒ Ⓓ

her と herself のどちらかが答えだ！

105. Teaching these children is sometimes difficult to do on -------, so you can use this teacher's manual.

(A) yours

(B) yourself

(C) your own

(D) you　　　　Ⓐ Ⓑ Ⓒ Ⓓ

これは on とセットで慣用句になる！

②前置詞、接続詞の高校初級レベルまでの問題

106. In the summer I usually play tennis with my friends ------- Saturday mornings.

(A) every

(B) last

(C) on

(D) in   Ⓐ Ⓑ Ⓒ Ⓓ

誰もが落ちるワナがしかけられている。要注意！

107. This travel insurance policy will cover you, either in the event of damage, ------- if you lose your luggage.

(A) and

(B) but

(C) nor

(D) or   Ⓐ Ⓑ Ⓒ Ⓓ

これがいわゆるサービス問題。either ... と来たら？

108. Neither taking photographs ------- eating is allowed in the theater.

(A) or

(B) nor

(C) and

(D) not   Ⓐ Ⓑ Ⓒ Ⓓ

これもサービス問題。neither ... と来たら？

109. If you put that plant ------- the television we won't be able to see anything!

(A) behind

(B) in front of

(C) next to

(D) on top of   Ⓐ Ⓑ Ⓒ Ⓓ

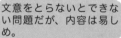
文意をとらないとできない問題だが、内容は易しめ。

110. I'd like you to look ------- this problem, since we need more information about the cause.

(A) after

(B) for

(C) into

(D) with   Ⓐ Ⓑ Ⓒ Ⓓ

look after ... ／ look for ... ／ look into ... はすべて熟語。

111. Of all the applicants we have interviewed so far, he ------- fits our requirements.

(A) better

(B) best

(C) good

(D) well ⒶⒷⒸⒹ

he は主語、すると fits は動詞で、3単現の s がついている。ならば副詞が来る！

112. ------- our client is a strict vegetarian, we can not serve meat or fish during the luncheon.

(A) As

(B) Even

(C) So

(D) Although ⒶⒷⒸⒹ

S（主語）＋ V（動詞）の後にカンマがあるから、接続詞が入る。

113. I have ------- free time this afternoon, so we could reschedule our appointment for 3 p.m.

(A) any

(B) many

(C) much

(D) some ⒶⒷⒸⒹ

time に s が付いてない！数えられないぞ！

114. The receptionist probably knows ------- is the best time to catch Dr. Robinson in his office.

(A) when

(B) where

(C) who

(D) why ⒶⒷⒸⒹ

time に注目すれば、簡単なはず。

115. Physical Education is a compulsory subject ------- for those with documented health problems.

(A) also

(B) except

(C) unless

(D) nor ⒶⒷⒸⒹ

意味がとれなければ難しいが、実際には高校で習うレベル！

③ 動詞の時制の問題と準動詞の使い方の問題

116. We went to see the property several times before ------- the contract.

    (A) sign

    (B) signed

    (C) signing

    (D) signature   Ⓐ Ⓑ Ⓒ Ⓓ

> before が前置詞だと分かるなら、答えの選択肢は広い意味では、「名詞」になる。

117. The teams were ------- by Mr. Smith, who did a lot of the administrative tasks for them.

    (A) facilitate

    (B) facilitator

    (C) facilitated

    (D) facilitative   Ⓐ Ⓑ Ⓒ Ⓓ

> 単語の意味が分からなくても、受け身だと気づけば、解ける！

118. This medicine may cause drowsiness, so you shouldn't drive when ------- it.

    (A) will take

    (B) take

    (C) taken

    (D) taking   Ⓐ Ⓑ Ⓒ Ⓓ

> you が分かりきっているので、when 以下では省略されている！

119. If the rental car is ------- at all, then we will charge the cost of repairs to your credit card.

    (A) damage

    (B) damaged

    (C) damages

    (D) damaging   Ⓐ Ⓑ Ⓒ Ⓓ

> is のあとなら、まずは「進行形」か「受け身」を考えよう。

④ 品詞の選択（特に形容詞・副詞の選択）

120. The drop in temperature from twenty years ago is ------- small, but it is still concerning.

(A) compare

(B) comparative

(C) comparatively

(D) comparison   Ⓐ Ⓑ Ⓒ Ⓓ

small を修飾する品詞は？

121. Before -------, all research papers must be proofread by a member of the department.

(A) completely

(B) completion

(C) completing

(D) completed   Ⓐ Ⓑ Ⓒ Ⓓ

before のあとは名詞だが、all research papers との兼ね合いもチェック！

122. Mr. Garcia called earlier today for ------- that the package he sent on Monday had been received.

(A) confirm

(B) confirming

(C) confirmation

(D) confirmed   Ⓐ Ⓑ Ⓒ Ⓓ

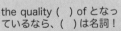

for の後は名詞だが、that 以下との兼ね合いはどうなるか？

123. Unfortunately, the newly manufactured electronic components do not meet the quality ------- of Gem Associations.

(A) requires

(B) requirements

(C) require

(D) requiring   Ⓐ Ⓑ Ⓒ Ⓓ

the quality (　) of となっているなら、(　) は名詞！

124. Under more ------- circumstances, the board of trustees would have approved the budget increase.

(A) favorable

(B) favorably

(C) favor

(D) favorite   Ⓐ Ⓑ Ⓒ Ⓓ

名詞 circumstances を修飾していることに注目！

125. Mr. Bowers hired a lawyer to help with future contract -------.

(A) negotiate

(B) negotiations

(C) negotiator

(D) negotiable   Ⓐ Ⓑ Ⓒ Ⓓ

単純に with のうしろだと
考えれば、名詞がくる。

126. Central Hospital has temporary employment ------- for certified clinical technicians.

(A) opens

(B) openings

(C) openness

(D) opener   Ⓐ Ⓑ Ⓒ Ⓓ

他動詞 has .... となってい
るので、下線部は名詞

127. After ------- requests by senior citizens, the public bath was reopened to the public.

(A) repeated

(B) repeating

(C) repetition

(D) repeatedly   Ⓐ Ⓑ Ⓒ Ⓓ

repeat、ここでは「繰り
返している」か「繰り返さ
れている」か？

💻 パート 5 の音声講義は WEB 上で聴講することができます。著者の大学サイト（http://www.poole.ac.jp/university_eigo/yamane.html）にアクセスしてご活用ください。

（もしくはプール学院大学　http://www.pool.ac.jp　を検索 ⇨

「国際文化学部・英語学科」をクリック ⇨ 教員のプロフィール ⇨ 山根利明、でも可）

解答・解説編

　さあ、ヒントを頼りにどのくらいできましたか？ おそらく半分以上は正解したのではありませんか？ ただし、本番はこんなにやさしい問題ばかりではありませんよ。半分の 20 問は初級者には太刀打ちできない語彙力を試す問題（本書では Ⅴ と呼びます）です！ でも、心配はいりません。中学レベル問題（本書では 中 と呼びます）をしっかり確保していけば、5 割は取れるのです。本章では、まずこの 5 割確保のための技術を身につけましょう。

101. 正答 (C) 🖥 Web音声講座

If the chairman is unable to attend, / then one of ------ will have to lead the meeting.

(A) our
(B) ourselves
(C) us ○
(D) we

もし議長が出席できないなら、その場合はわれわれの一人が会議を主導しなければならないだろう。

のつけどころ

of は前置詞なので名詞をとる。代名詞の場合は目的格をとる。「われわれの」だからといって our にしない。目的格 us が答え。our は「所有格」で、「our ＋名詞」の形で使う。【例】 our house：私たちの（持っている）家。本文の of は、「〜の中の」という意味の前置詞。

重要語彙 □ **be able to ...**：〜できる ⇆ **be unable to ...** □ **attend**：出席する

102. 正答 (C) 🖥 Web音声講座

Our registration forms have to arrive at the principal's office by tomorrow, / so I want you to send ------ by express mail.

(A) him
(B) it
(C) them ○
(D) us

登録用紙は明日までに校長のオフィスに届かないといけません。それであなたにそれらを速達便で送っていただきたいのです。

のつけどころ

send（送る）とは、「何を送るのか？」を考える。第1文の主語か目的語を見る。主語が our registration forms（私たちの登録用紙）と複数形になっている。ゆえに them が正解。

重要語彙 □ **registration**：登録、登記 □ **form**：書式、用紙 □ **principal**：校長 □ **express mail**：速達便

103. 正答 (D)

Those new computers are arriving at the receiving dock tomorrow afternoon, / so you need to check ------ payment slips with Mr. Chen.

(A) theirs
(B) they
(C) them
(D) their ○

それらのパソコンは明日午後、荷物積み降ろし場に到着します。そこで支払い伝票をチェン氏に確認する必要があります。

のつけどころ

payment slips（支払い伝票）が分からなくても、they / them / theirs は来ないと分からないといけない。所有格 their（それらの）しかない。

重要語彙 □ **receiving dock**：荷物積み降ろし場 □ **check A with ＋人**：A を〜に確認する

91

104.　正答 (D)

Ms. Goldman will be in charge of the upcoming project, / and all department heads will report back to -------.

(A) she
(B) herself
(C) hers
(D) her ○

ゴールドマンさんが次の企画の担当です。そしてすべての部門長は彼女に報告することになる。

のつけどころ

her か herself で迷う人もいるだろう。「彼女に報告する」は、report to her となる。

重要語彙　□ **be in charge of ...**：〜を担当している　(= **be responsible for ...**)
　　　　　　□ **project**：プロジェクト

105.　正答 (C)

Teaching these children / is sometimes difficult to do on -------, / so you can use this teacher's manual.

(A) yours
(B) yourself
(C) your own ○
(D) you

これらの子どもたちを教えるのを独力でやるのは難しいこともある。それでこの教師の手引きを使ってよい。

のつけどころ

on one's own：独力で (= independently) を知らないと出来ない。知らなかったら、ぜひ覚えておこう。

重要語彙　□ **manual**：手引き

106.　正答 (C)　💻 Web音声講座

In the summer / I usually play tennis with my friends / ------- Saturday mornings.

(A) every
(B) last
(C) on ○
(D) in

夏には、たいてい土曜の朝に友人とテニスをする。

のつけどころ

ほとんどの人が every にするかも！ every なら morning に s がつかない。every ＋単数名詞。特定の日にちを表すには on。

重要語彙　□ **play tennis**：テニスをする

107. 正答 (D)

This travel insurance policy will cover you, / either in the event of damage, / ------ if you lose your luggage.

(A) and
(B) but
(C) nor
(D) or ○

この旅行保険証券は、あなたを補償します。損害を受けた場合でも、もし荷物を紛失した場合でも。

目のつけどころ
いわゆるサービス問題。either と来たら or と反応する。訳し方に注意。「A か B のどちらか」「A でも B でもどちらでも」の 2 つある。やたら難しい語彙が出ているが、それらに怖じけづかないように！

重要語彙 □ **insurance**：保険　□ **policy**：証券　□ **cover**：補填する、カバーする
　　　　　　□ **in the event of ...**：〜の場合には　□ **luggage**（英）＝ **baggage**（米）

108. 正答 (B)

Neither taking photographs ------ eating / is allowed in the theater.

(A) or
(B) nor ○
(C) and
(D) not

劇場内では写真撮影も食べることも許されてない。

目のつけどころ
いわゆるサービス問題。neither ときたら、nor と反応する。

重要語彙 □ **photograph**：写真　□ **allow**：〜を許可する

109. 正答 (B)

If you put that plant ------ the television, / we won't be able to see anything!

(A) behind　〜の背後に
(B) in front of　〜の前に ○
(C) next to　〜の隣に
(D) on top of　〜の上に、〜のて

もしあなたがその植物をテレビの前に置いたら、私たちは何も見えなくなります。

目のつけどころ
中学レベルの熟語を知っているかどうかだけ！

重要語彙 □ **won't** ＝ **will not** の短縮形

110. 正答 (C)

I'd like you to look ------ this problem /, since we need more information about the cause.

(A) after　～の世話をする
(B) for　～を探す
(C) into　～を詳しく調べる　○
(D) with

この問題を詳しく調べていただきたい。私たちは原因についてもっと情報が必要なのです。

(目)のつけどころ

look のあとに at ／ for ／ after ／ into ／ to が来ると熟語になる。

重要語彙　□ **look into ...**：～をのぞき込む、詳しく調べる　□ **since ...**：～なので
□ **information**：情報（不加算名詞＝数えられない名詞）
　➡ 数えるには a piece of information を使う。ほかには advice ／ equipment ／ furniture ／ baggage ／ luggage なども不可算名詞。
□ **cause**：原因 ⟷ **effect**：結果

111. 正答 (B)　💻 Web音声講座

Of all the applicants we have interviewed so far, / he ------ fits our requirements.

(A) better
(B) best　○
(C) good
(D) well

われわれがこれまで面接したすべての応募者の中で、必要とする要件に彼が最も適合する。

(目)のつけどころ

of ＋数、all などの場合、of は「～の」でなくて「～の中で」の意味。また、この問題のように最上級と離れたところにあることが多いので注意！

重要語彙　□ **applicant**：応募者　□ **interview**：～を面接する
□ **so far**：これまでのところ　□ **fit**：～に適合する　□ **requirement**：要求

112. 正答 (A)　💻 Web音声講座

------ our client is a strict vegetarian, / we can not serve meat or fish during the luncheon.

(A) As　～なので　○
(B) Even　～でさえも（副詞）
(C) So　だから
(D) Although　～だけれど

私どものお客様は厳格なベジタリアンなので，昼食会では肉も魚も出せません。

(目)のつけどころ

接続詞を問う問題はこのように全文を読まないと選べないので、初級者には時間がかかって、難しい。

重要語彙　□ **client**：（訴訟などの）依頼人、お客様

113.　正答 (D)　　Web 音声講座

I have ------ free time this afternoon, / so we could reschedule our appointment for 3 p.m.

(A) any
(B) many
(C) much
(D) some ○

今日の午後少し自由時間がある。だから、約束の時間を3時に変更できるだろう。

のつけどころ

time（時）は数えられない（times は「回数」のこと）。したがって、many は×。肯定文での any は「いかなる、どんな〜」という強意なので、これも×。much と some が適合するが、肯定文なので much が落ちる。a lot of ... なら可。some をすぐに「いくつかの〜」と数えられる意味にとる人がいるので注意！

重要語彙 □ **appointment**：(会合、診察、面接などの) 約束

114.　正答 (A)

The receptionist probably knows / ------ is the best time / to catch Dr. Robinson in his office.

(A) when ○
(B) where
(C) who
(D) why

受付の人はロビンソン先生にオフィスでお会いできる、一番良い時間を多分知っているだろう。

のつけどころ

the best time とあるので、間違う人はいないはず。本来は the best time 以下全部が主語なので、is は一番うしろに来るべきだが、長いので is を前に出して、リズムを重視しすっきりした形にしている。

重要語彙 □ **probably**：多分　□ **catch**：捕まえる

115.　正答 (B)

Physical Education is a compulsory subject / ------ for those with documented health problems.

(A) also
(B) except 〜を除いて ○
(C) unless もし〜でなければ
(D) nor

体育は必修科目です。健康に問題があるとの証明書を持つ人達は除きます。

のつけどころ

文意が取れなければ、できない問題。except for ... (〜を除いて) は頻出表現。必ず覚えておこう。

重要語彙 □ **physical**：身体の　□ **compulsory**：強制的な、義務の　□ **those**：人々
□ **document**：(書面により) 記録 [証明] する

We went to see the property several times / before ------ the contract.

(A) sign
(B) signed
(C) signing ○
(D) signs

私たちは数度その物件を見に行った、契約書にサインする前に。

📖のつけどころ

この before は「接続詞」でなく、「前置詞」だと気づくことが重要。接続詞なら、主語と動詞がある。したがって、sign the contract（契約書にサインする）を名詞にしないといけないので、動詞を名詞にする必要がある。つまり、動名詞にする。

重要語彙 🖋 □ **property**：物件　□ **sign**：サインする　□ **contract**：契約

The teams were ------ by Mr. Smith, / who did a lot of the administrative tasks for them.

(A) facilitate　　助長する
(B) facilitator
(C) facilitated ○
(D) facilitative

チームはスミス氏の手助けを受けた。スミス氏はチームに代わって、多くの管理業務を行った。

📖のつけどころ

典型的な受動態の文型になっているから（be ＋過去分詞形＋ by ...）。facilitate の意味は分からなくても、解けるはず。

重要語彙 🖋 □ **facilitate**：促進する、助長する、手助けする
　　　　　　　 □ **administration**：経営、管理、行政　□ **task**：業務、任務

This medicine may cause drowsiness, / so you shouldn't drive when ------ it.

(A) will take
(B) take
(C) taken
(D) taking ○

この薬は眠気を引き起こすかもしれません、そこで服用するときは運転しないように。

📖のつけどころ

when が接続詞なので主語と動詞が必要だが、主文の主語（ここでは you）と同じ場合、省略されることが多い。特に「主語＋ be 動詞」の場合だ。そこで you are を補って考えるとよい。

重要語彙 🖋 □ **medicine**：薬、医学 ➡ 英語では drink medicine とは言わない。
　　　　　　　 □ **drowsiness**：眠気 ➡ 形容詞は drowsy = sleepy

119. 正答 (B)

If the rental car is ------- at all, / then we will charge the cost of repairs to your credit card.

(A) damage
(B) damaged ○
(C) damages
(D) damaging

もしレンタカーが少しでも損害を被ったら、その場合はあなたのクレジットカードに修理費用を請求します。

のつけどころ

damage は「〜に損害・被害を与える」と他動詞なので、当然「受動態」になる。(D)damaging だと「〜に損害を与えつつある」の意味になってしまう。

重要語彙
□ **rental**：お金を出して借りている、貸している
□ **at all**：少しでも ➡ if の中での at all は強調で「少しでも、いやしくも」
□ **charge**：課す　□ **repair**：图 修理

120. 正答 (C)　🖥 Web 音声講座

The drop in temperature from twenty years ago / is ------- small, / but it is still concerning.

(A) compare　比較する
(B) comparative　比較的な
(C) comparatively　比較的に ○
(D) comparison　比較

20 年前から（比べて）の気温低下は比較的小さいが、いまだ気がかりである。

のつけどころ

副詞を選ぶ問題は受験者が苦手とするタイプ。ここでは small という「形容詞」を修飾しているので副詞。このように副詞は名詞以外なら何でも修飾できることを覚える。ただし、ほとんどの場合、「動詞」か「形容詞」を修飾する。

重要語彙　□ **temperature**：気温　□ **still**：依然として　□ **concern**：〜を心配させる

121. 正答 (B)　🖥 Web 音声講座

Before ------- / all research papers must be proofread / by a member of the department.

(A) completely
(B) completion　完成 ○
(C) completing
(D) completed

完了前にすべての研究論文は校正されなければならない、その部署［学部］の者によって。

のつけどころ

慌て者は all research papers を目的語と思って、(C) を選んでしまう。しかしよく見ると all research papers のあとに must be ... となっているので、これは must be 以下の主語だとわかる。つまり、all の前で意味は切れる。だから、名詞 completion が正解。

重要語彙　□ **completion**：完成　□ **research**：研究、調査　□ **paper**：論文、書類、答案
□ **proofread**：校正する

Mr. Garcia called earlier today / for ------- that the package he sent on Monday had been received.

(A) confirm

(B) confirming

(C) confirmation 確認、確証 ◯

(D) confirmed

ガルシア氏は for 以下のために、今日早い時間に電話した（for 以下 ➡ 彼が月曜日に送った小包が受領されていることを確認するために）。

🔍 のつけどころ

「that 以下を confirm するために」と考えられれば、解ける。for の後は名詞が来る。that は同格の接続詞。had been received と過去完了になっているのは、called の時点よりも前であること（➡ 時制のずれ）を強調しているから。

重要語彙 🖊 □ **package**：包み、荷物
➡ ひとまとめになった資料のセット、一括セットになった旅行も package

Unfortunately, / the newly manufactured electronic components / do not meet the quality ------- of Gem Associations.

(A) requires

(B) requirements （必要）要件 ◯

(C) require 要求する

(D) requiring

残念なことに新しく製造された電子部品は、Gem Associations の品質基準要件に見合わない。

🔍 のつけどころ

the quality ... of となっている。... のところには「名詞」が来る。この文では quality が形容詞の働きをしている。

重要語彙 🖊 □ **unfortunately**：残念なことに　□ **manufacture**：〜を製造する
□ **components**：部品　□ **quality**：品質、高品質 ➡ 形容詞も同じ形なので注意。
□ **associations**：協会、団体

Under more ------- circumstances, / the board of trustees would have approved the budget increase.

(A) favorable 好意的な ◯

(B) favorably 好意的に、有利に

(C) favor 好意

(D) favorite 好みの

もっと（経営的に）順調な状況なら、理事会は予算の増額を認めたであろう。

🔍 のつけどころ

favorite と favorable の違いは、繰り返し TOEIC に出ている。絶対に理解しておくこと！ would have+ 過去分詞（〜していたであろう）は仮定法過去完了の帰結文。

重要語彙 🖊 □ **favorable**：好意的な、有利な　□ **circumstance**：環境、状況
□ **the board**：委員会　□ **trustee**：理事　□ **approve** 承認する
□ **increase**：图 増加

125. 正答 (B)

Mr. Bowers hired a lawyer / to help with future contract -------.

(A) negotiate　交渉する
(B) negotiations　交渉　○
(C) negotiator　交渉人
(D) negotiable　交渉できる

パワーズ氏は将来の契約交渉の手助けをしてくれる弁護士を雇った。

目のつけどころ

前置詞 with のあとに出てくる点がポイント。前置詞のうしろには名詞がくる。help with ... は「〜に関して手助けする」の意味。

重要語彙　□ **hire**：雇う（= **employ**）　□ **lawyer**：弁護士

126. 正答 (B)

Central Hospital has temporary employment ------- / for certified clinical technicians.

(A) opens
(B) openings　職の空き口　○
(C) openness　寛大さ
(D) opener　缶切り

Central Hospital（中央病院）は免許を持った臨床技師を臨時に求人している。

目のつけどころ

open の名詞が来ると考えるのは正解だが、かと言って openness はだめ！ an opening / openings（就職口、仕事の空き口、求人）は TOEIC 必修単語！

重要語彙　□ **temporary**：一時的な、臨時の　□ **employment**：雇用
□ **certified**：資格をもっている　□ **clinical technician**：臨床技師

127. 正答 (A)　💻 Web音声講座

After ------- requests by senior citizens, / the public bath was reopened to the public.

(A) repeated　○
(B) repeating
(C) repetition　繰り返し
(D) repeatedly

高齢者からのたび重なる要望を受け、その公衆浴場は再び一般に開場された。

目のつけどころ

after が前置詞だから、次に名詞が来ると単純に考えると repetition にしてしまいがち！ requests（要求）が名詞なので、これを修飾する「形容詞」が答えだ。次に「〜される」「〜する」のどちらになるか見分ける。「要求」から見れば、「繰り返される要求」であるはずだから、repeated だ。

重要語彙　□ **request**：要求　□ **senior**：年配の　**citizen**：市民、一般人、住民
□ **reopen**：再開場する　□ **the public**：一般

第1章 第1章 パート別攻略テクニック Part 6（長文穴埋め問題）

Part 6 は Part 5（文法・語彙）と Part 7（英文速読理解）のハーフ＆ハーフ問題です。まず問題を見て、Part 5 で学ぶ「中学レベル文法 10」問題 中 か、語彙力問題 V かに、すぐ分類しましょう。そして、中 に集中します。

やり方は下線部の前後（特に主語と述語）を見ます。Part 5 と違って前後合わせて 3 センテンスくらいのスキミング（ひろい読み）が求められます。特にうしろの 1 センテンスにヒントが隠されていることが圧倒的に多いのです。

狙い目は時制（現在、過去、現在完了、未来）、代名詞（we, they, you, it などの主格、所有格、目的格）、接続詞（順接か逆接か）を問う問題です。

V の問題はビジネス英語特有の単語が出ることが圧倒的に多いので、本番では知らなければパスします。模擬テストであれば、あとで勉強し覚えるようにします。

それではヒントを参考に 6 問だけやってみましょう。目安の制限時間は 5 分です。なお、400 点以上を狙う場合、本番では Part 6 の全 12 問を 10 分で通過し、5 割獲得を目指します。

パッセージ① Questions **141-143** refer to the following notice.

OFFICE HOURS

We would like you to post your office hours / on the Universal Passport EX website. Office hours refers to the time / that you are ------- to

V 141. (A) convenient
(B) imperative
(C) useful
(D) available   Ⓐ Ⓑ Ⓒ Ⓓ

ボキャブラ問題なので
知らなければ捨てる

answer questions / and counsel students.
------- your office hours on the College Box EX, / please read the

中 142. (A) To register
(B) Registering
(C) Register
(D) Registration   Ⓐ Ⓑ Ⓒ Ⓓ

うしろの主文にヒントが
ある。単語の意味は分から
なくてもできる問題

explanation on the next page / and post them by Friday, / March 26th.
Please set as many time slots as possible / ------- your office hours,

中 143. (A) for
(B) during
(C) to
(D) in   Ⓐ Ⓑ Ⓒ Ⓓ

簡単な前置詞ほど、それで
ないといけない理由があ
る前後をしっかり見る

including lunchtime, / for the 1st and 2nd semesters in 2011.

Thank you for your cooperation.
Ken Minami

To: Meghan Jones
From: Tammy Hauser
Re: Travel Arrangements

Hi Meghan,

Thank you for making arrangements for my visit to your facility in Bangkok / later this month. I received the itinerary / and it looks good. I am glad / that you will be meeting me at the airport, / for I know very little about the city / since this will be my first visit there, / ------- I have

中 **144.** (A) despite
(B) in case
(C) although
(D) because   Ⓐ Ⓑ Ⓒ Ⓓ

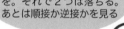

まず前置詞か接続詞の判別
を。それで２つは落ちる。
あとは順接か逆接かを見る

traveled a lot through South East Asia.
The hotel arrangements that you have made / sound fine, / but I am ------- / that the hotel is too far away from your office.

V **145.** (A) concerned
(B) content
(C) disappointing
(D) convinced   Ⓐ Ⓑ Ⓒ Ⓓ

知らない単語ならあきらめ
る。ただ絶対にだめな選択
肢には気がつけるように

If possible, / could you arrange to make a reservation at a different hotel, / ------- one within walking distance of your office. Sorry to trouble

中 **146.** (A) preferring
(B) preferable
(C) preferably
(D) to prefer   Ⓐ Ⓑ Ⓒ Ⓓ

品詞の選択だが、難問。
何か省略されていると気
づくことが大切

you.

T Hauser

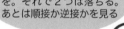

　パッセージ①と②の英文を頭から読み下して行き、英語のまま意味が取れるようになるまで何十回でも繰り返し読んでください。英文が頭からさっと読めるようになれば、確実に 500 点、600 点へと得点を伸ばすことができます。

🖥 パート 6 の音声講義は WEB 上で聴講することができます。著者の大学サイト（http://www.poole.ac.jp/university_eigo/yamane.html）にアクセスしてご活用ください。

（もしくはプール学院大学　http://www.pool.ac.jp　を検索 ⇨）
（「国際文化学部・英語学科」をクリック ⇨ 教員のプロフィール ⇨ 山根利明、でも可）

141-143 パッセージ①

Questions 141-143 refer to the following notice.

OFFICE HOURS

We would like you to post your office hours / on the College Box EX website. Office hours refers to the time / that you are available to answer questions / and counsel students. To register your office hours on the College Box EX, / please read the explanation on the next page / and post them by Friday, / March 26th. Please set as many time slots as possible / for your office hours, including lunchtime, / for the 1st and 2nd semesters in 2011.

Thank you for your cooperation.
Ken Minami

訳

オフィスアワー

皆様に皆様のオフィスアワーを掲示（入力）していただきたい、ウェブ上の College Box EX に。オフィスアワーとは that 以下の時間を指します。（that 以下 ➡ 質問に答え、学生の相談を受けられる）College Box EX にあなたのオフィスアワーを登録するためには、次頁の説明をお読みください。そして 3 月 26 日（金）までに入力ください。できるだけ多くの時間枠を for 以下に対して当ててください。（for 以下 ➡ ランチタイムを含むあなたのオフィスアワーに対して）、2011 年度の前後期に対して。

ご協力感謝します。
ケン・ミナミ

重要語景 🖋

□ **office hours**：オフィスアワー
　➡ 教師が自分の研究室に在室して、学生たちからの質問や相談を受ける時間。

□ **post**：掲示する、郵送する ➡ 文中では「ウェブに入力する」の意味。

□ **refer to** … : ~に言及する、参照する　□ **as** … **as possible**：できるだけ~

□ **time slot**：時間枠　□ **semester**：学期

141.　正答 (D)　🖥 Web音声講座　Ｖ

(A) convenient	(A) 便利な
(B) imperative	(B) 絶対に必要な、避けられない
(C) useful	(C) 役立つ
(D) available ◯	(D) 都合がつく、応対できる

目のつけどころ

(A) convenient は、通常、人には使えない。It's convenient to/for you to... なら可。(B) imperative は難しい語彙だが、TOEIC で頻出。(D) available は、非常に重要な多義語。ここでは教師として「応対できる、相談に乗れるくらい」の意味。the time that の that は関係副詞 when の代わり。関係詞 that はこのように when, where の代わりに使われること多い。

142.　正答 (A)　🖥 Web音声講座　中

(A) To register ◯	(A) 動詞 register の to 不定詞形
(B) Registering	(B) 動詞 register の ing 形
(C) Register	(C) 登録する
(D) Registration	(D) 登録（名詞）

目のつけどころ

この手の問題は必ず出る。もし (B) を入れれば、分詞構文となるはず。すると「登録すれば…」という意味になってしまう。(C) を選択すれば命令形となるので、あとには and、または、or が来ないと変。(D) は名詞だから主語にならないとおかしい。

143.　正答 (A)　🖥 Web音声講座　Ｖ

(A) for ◯	(A) 〜に対して
(B) during	(B) 〜の間
(C) to	(C) 〜へ
(D) in	(D) 〜の中に

目のつけどころ

この形の問題もよく出題される。前後をよく見ないとだめ。慌て者はすぐ (B) をマークするだろう。「オフィスアワーの間」に、なんとなく座りがよいからだ。ここでは set A for B（B に対して A をセットする）という関係に気が付かないといけない。

英文

Questions 144-146 refer to the following notice.

To: Meghan Jones
From: Tammy Hauser
Re: Travel Arrangements

Hi Meghan,

Thank you for making arrangements for my visit to your facility in Bangkok / later this month. I received the itinerary / and it looks good. I am glad / that you will be meeting me at the airport, / for I know very little about the city / since this will be my first visit there, / although I have traveled a lot through South East Asia.

The hotel arrangements that you have made / sound fine, / but I am concerned / that the hotel is too far away from your office.

If possible, / could you arrange to make a reservation at a different hotel, / preferably one within walking distance of your office. Sorry to trouble you.

T Hauser

訳

メーガン・ジョーンズさんへ
タミー・ハウザーより
返信：旅行の手配

こんにちは、メーガンさん。

for 以下に対して手配してくださってありがとう。(for 以下 ➡ 今月末のバンコクのお宅の工場への訪問)。旅程表受け取りました。いい感じです。that 以下でうれしいですね。(that 以下 ➡ あなたが空港に出迎えてくださること)、といいますのは since 以下ですから、私はバンコク市のことをほとんど知らないのです。(since 以下 ➡ そちらへは初めてですので)、東南アジアはいたるところ旅して参りましたが。

that 以下のホテルの手配はすばらしい (that 以下 ➡ あなたがして下さった)。でも私は that 以下が心配です (that 以下 ➡ ホテルが御社から遠すぎるのが)。

もしできれば、違うホテルに予約の手配をしていただけないだろうか、なるべくなら、御社に歩いて行ける距離に。ご迷惑をおかけして申し訳ない。

T ハウザー

重要語彙 🖋

□ **sound**：〜のように聞こえる　□ **make a reservation**：（ホテルの）予約をする
□ **arrange**：手配する
□ **within walking distance of ...**：〜へ歩いて行ける距離
□ **preferably**：むしろ

144.　正答 (C)　💻 Web音声講座　　　　中

(A) despite	(A) 〜にもかかわらず
(B) in case	(B) 万一〜の場合
(C) although ○	(C) 〜だけれども
(D) because	(D) 〜なので

🔍 のつけどころ

定番問題。「順接」か「逆接」かだけを見る問題。前部分に「初めてなので、ほとんど知らない」とマイナス表現があり、後半部には「東南アジアはたくさん旅して来た」とプラス表現がある。だから逆接の接続詞 although。(A)despite（〜にもかかわらず）は、前置詞だから使えない。(B) in case S+V（〜に備えて）も覚えておこう。

145.　正答 (A)　💻 Web音声講座　　　　V

(A) concerned ○	(A) 心配して
(B) content	(B) 満足して
(C) disappointing	(C) がっかりさせるような
(D) convinced	(D) 納得して、確信して

🔍 のつけどころ

(C) を選んでしまう人が多い。disappointed なら○だ。… ing 形と… ed 形の意味の違いに注意しよう。

146.　正答 (C)　💻 Web音声講座　　　　中

(A) preferring	(A) prefer の ing 形
(B) preferable	(B) むしろ好ましい
(C) preferably ○	(C) むしろ、なるべくなら
(D) to prefer	(D) prefer の to 不定詞形

🔍 のつけどころ

少し難しい。prefer A to B（B よりむしろ A を好む）は、学校でも習ったことがあるはず。ここでは動詞ではなくて、文章全体にかかる副詞を選ぶべき。

第1章 パート別攻略テクニック Part 7（読解問題）

「Part 7は難しい」という印象を持つ受験者も多いでしょう。しかし、ヒント付きだと、「えっ、こんなに簡単になるの？」と驚くはずです。本番ではもちろんヒントなど出ませんが、本書独自の「ヒント付きテスト」をやり続けることで、皆さんはやがて自分でヒントを生み出せるようになります。まずはヒントを参考にして、1問1分間平均のスピードで15問解いてみてください。

* 本章では、ハーフ問題として、153番-162番と181番-185番のみ出題しています。

Questions 153-154 refers to the following advertisement.

Pet Parlor
"Pamper Your Pet"
Grand Reopening
(Same central location, even more services)

We still provide:
- Dog walking service from Monday to Friday.
- Dog grooming (hair cuts starting from $5.00).
- Dog and cat training (both morning and evening sessions available).
- Food and accessories for all kinds of animals.

Now we also offer:
- Weekend dog walking services.
- Small pet advice corner – easy-to-understand pamphlets for children.
- Pet photos – have a studio photo taken with your pet.

Plus -we have started selling clothes for pets
(www.petparlor.clothes.com)

153. What is this store advertising?

   (A) It has moved to a new location.
   (B) It has started selling animals.
   (C) It has increased its services.
   (D) It has changed its name.

Ⓐ Ⓑ Ⓒ Ⓓ

> 宣伝では、大切なことは文頭にある！

154. What service does this store have?

   (A) Cat training in the afternoon.
   (B) Dog walking on Saturday.
   (C) Clothes for children.
   (D) Haircuts for small pets.

Ⓐ Ⓑ Ⓒ Ⓓ

> サービスが書かれているところは？

Breakthrough

Tired of the usual vacation spots? Seen enough beaches / to last a lifetime? Want to do something / to make a difference?

Then **Breakthrough** is for you!!!

Breakthrough is a company / that lets you combine a vacation / with a chance to help those from poorer communities. You can visit some beautiful countries / and see sights that tourists never see.

Why not work side by side with doctors / and build a hospital in Niger? Deliver books to children / in remote schools in Cambodia. Teach people / how to grow potatoes / and other basic foods in Haiti. Or even bring clean water to the people / in the mountains of Pakistan.

For more information / visit our website **www.breakthrough.com** or call 555-1356 for a brochure.

155. What is Breakthrough?

    (A) An education company
    (B) A food selling company
    (C) A medical company
    (D) A travel company

Ⓐ Ⓑ Ⓒ Ⓓ

キーワード breakthrough を探す。

156. What can you do if you go to Haiti?

    (A) Go mountain climbing
    (B) Help to grow vegetables
    (C) Look after sick people
    (D) Take textbooks to schools

Ⓐ Ⓑ Ⓒ Ⓓ

Haiti がキーワード。これを文中から探す！

From:	inquiries@communitycollege.edu
To:	KChalmers@eol.com
Subject:	Computer Course Information

Dear Mr. Chalmers,

Thank you for your interest in our beginner computer classes. I have copied the details for our 2010/11 semester below. Please note / that you must sign up for the course / one month before the start date.

Computer Courses	Start date	Course Length	Tutor
Beginner	June 18th	5 weeks	F. Buchan
Intermediate	June 12th	7 weeks	R. Barnett
Advanced	June 15th	6 weeks	M. Jameson

There are computers / which are free for the students to use / in the classrooms, / so there is no need to bring your own laptop. There is no extra charge for textbooks / because all course material will be sent via e-mail. You should, however, / remember to bring money / to pay for the use of the printer during the lesson.

If you have any questions about the course content / please call Mr. Jameson, / the head of our IT Department. You can call him directly on 555-3489.

Yours sincerely

Aileen Reaper

157. When should students apply for the course?

    (A) 4 weeks before it starts
    (B) 5 weeks before it starts
    (C) 6 weeks before it starts
    (D) 7 weeks before it starts   Ⓐ Ⓑ Ⓒ Ⓓ

When の問題は簡単！ apply for に関連する部分を探す。

158. What do students need money for?

    (A) To buy the textbooks
    (B) To pay to use the printer
    (C) To rent the computers
    (D) To use the telephone   Ⓐ Ⓑ Ⓒ Ⓓ

当然 money がキーワード。これを探す。

159. Who will teach Mr. Chalmers' course?

    (A) R. Barnett
    (B) F. Buchan
    (C) M. Jameson
    (D) A. Reaper   Ⓐ Ⓑ Ⓒ Ⓓ

Mr. Chalmers とは誰か？ このメールの受信者だ！

Questions 160-162 refers to the following Information.

This week's TV Highlights – Critics Pick

Monday – Channel 4 - 8 p.m.
Chef's Challenge
Every week / this show takes a famous chef / and asks him / to try cooking a totally different kind of cuisine. This week / the show is in the UK / where one of the country's best Italian chefs is challenged / to make a gourmet French meal for the 5 guest judges.

Tuesday - Channel 9 – 9 p.m.
Hartford Hotel
This weekly drama is getting really exciting. In this week's episode / we will find out / who has been stealing from the hotel cash register / and the police are called / – but, of course, / it is not as simple as it seems at first.

Wednesday – Channel 8 – 9 p.m.
Nature World
Follow a family of wild bears / who live in the forests of Eastern Europe. Watch the bear cubs being born in spring / and then see / as they grow and learn to hunt for fish / in the freezing rivers of Poland.

Thursday – Channel 12 – 9 p.m.
Late Night at the Movies
The film this week comes from China. This love story tells the tale of two people / from different backgrounds. He is a poor farmer, / she is a beautiful rich princess. Starring Li Ming Na / and Chan Kwok, / directed by Jing Mae Lee

160. When is the animal documentary showing?

    (A) Wednesday at 8 p.m.
    (B) Wednesday at 9 p.m.
    (C) Thursday at 8 p.m.
    (D) Thursday at 9 p.m.

Ⓐ Ⓑ Ⓒ Ⓓ

the animal のことはどこに書かれているか？

161. What kind of movie will be shown this week?

    (A) An action film
    (B) A horror film
    (C) A romance movie
    (D) A mystery movie

Ⓐ Ⓑ Ⓒ Ⓓ

キーワード movie を探せ！

162. Where is the cooking show being held?

    (A) On a farm in China
    (B) At a hotel in Italy
    (C) In the east of Europe
    (D) In a restaurant in Britain

Ⓐ Ⓑ Ⓒ Ⓓ

the cooking show とある。料理番組の欄を見るだけだ！

Questions 181-185 refer to the following e-mail and salary document.

From:	LBuchanan@HR.Bristow.com
To:	GWilson@email.net
Subject:	Confirmation of job offer

Dear Ms Wilson,

It is our pleasure to welcome you to Bristow. As part of the team at the world's leading furniture manufacturer / we hope / you will take advantage of the great many opportunities for advancement, / both personal and professional, / that we offer.

We would like to confirm the details of our job offer. You will be starting in the European sales department / where your job will entail coordinating with staff / in both design and marketing / as we look to expand into the Eastern European market. You will be employed to work full time.

Your starting date was scheduled for April 15th but, / following our telephone conversation, / we will move that back to May 1st / to accommodate your planned holiday. As you will be starting in the middle of our pay period / your first month's salary / (which will actually only be two weeks work) / will be calculated / according to the part time pay scale / and not the full time pay scale. I have attached the most current pay rates for your information.

If you come to the reception area by 9 a.m. / on your first day of work / someone from the Human Resources Department / will meet you / and take you through your initial training schedule.

Once more / I would like to welcome you to the company / and we look forward to a long and fruitful partnership.

Yours sincerely
Liz Buchanan
Director of Human Resources.

Bristow Corp – Pay Information – Confidential

Pay Scale

Year of employment	Part-Time	Full-Time
1st	$1200 / semi-monthly	$2600 / monthly
2nd	$1300 / semi-monthly	$2750 / monthly
3rd	$1400 / semi-monthly	$3000 / monthly
4th	$1500 / semi-monthly	$3300 / monthly
5th	$1600 / semi-monthly	$3800 / monthly
6-9th	$1800 / semi-monthly	$4000 / monthly
10th-14th	$2000 / semi-monthly	$4200 / monthly
15th-20th	$2200 / semi-monthly	$4500 / monthly
20+	$2300 / semi-monthly	$4750 / monthly

1. *Part-time workers are paid twice a month. The salary is calculated from the 15th to the 30th / and from the 1st to the 14th. Salary is paid on the 1st and the 25th of every month.*

2. *Full time workers are paid monthly. The salary is calculated from the 15th to the 14th, / the salary is paid on the 25th of every month.*

3. *Salary will be paid / directly into the employee's bank account. If an employee wishes to change the bank account we pay into / then an application must be made in writing / to the Accounting Department. We require one month notice. You must include the original bank book, / copies are not acceptable.*

4. *Salary advances are only available in exceptional circumstances / and will be made at the discretion of the company. Employees should fill out a salary advancement form / and submit it to their department manager.*

181. What is the reason given for postponing her starting date?

(A) She didn't give them her bank details.
(B) She is moving to Eastern Europe.
(C) She has to do the initial training.
(D) She will be away on vacation.

Ⓐ Ⓑ Ⓒ Ⓓ

メール、手紙文で言いたいことは第 2、第 3 段落に来ることが多い！

182. What department will she NOT work with?

(A) The Design Department
(B) The Manufacturing Department
(C) The Marketing Department
(D) The Sales Department

Ⓐ Ⓑ Ⓒ Ⓓ

部署 （department） が出てくるところをスキャン

183. How can an employee get their salary early?

(A) It is impossible to get a salary advancement.
(B) It has to be done through their bank.
(C) They have to complete a request form.
(D) They have to meet with their manager.

Ⓐ Ⓑ Ⓒ Ⓓ

給料 （salary） と早く （early） に着目し、本文をスキャン

184. What is needed to change the bank account into which salary is paid?

(A) Notification to the company one month in advance
(B) A copy of the new bank account details
(C) Permission from the HR Department
(D) Confirmation in writing from the bank manager

Ⓐ Ⓑ Ⓒ Ⓓ

into which = where だ。資料②にあたりをつけて、銀行 （bank） をスキャン

185. What will be her first month's salary?

(A) $600
(B) $1200
(C) $1300
(D) $2600

Ⓐ Ⓑ Ⓒ Ⓓ

正社員は月額 2600 ドルと早とちりしないように！ 資料①に戻って、彼女の salary のところをスキャン

さて、この Part 7 は受験生のほとんどが嫌がるパートですね。読まないと答えが出せないパートだから、面倒に感じるわけです。高得点を上げるにはさっと問題文を読んで（skimming）、設問に入りキーワードのある箇所を検索読み（scanning）して解答するというのが王道ですが、初級者はなかなかそういうわけにもいきません。速読力が不足しているのですから。

お勧めのやり方は、まず設問と選択肢を見てキーワードらしきものを見つけ、それを本文で「探し物は何ですか？」ゲームにして、そのキーワードがある前後2、3行をさっと読む、という戦略です。

181 番以降は資料が2つ（ダブルパッセージ）になっている問題です。初めの2問はだいたい最初の資料からだけ、次の2問は残りの資料からだけ、最後の1問が両方から、と当たりをつけることが重要です。初級者が狙うべきは、短い英文の資料＋グラフ、図表、使用説明書、広告、案内文、プログラムなど英語力がなくても読み取れる内容のもの。初級者でも、「捜し物は何ですか？　ゲーム」に徹すれば、20問中10問位は狙えます。

＊ダブル・パッセージ問題は、本番では、181 番から出題されるため、本書でも、181 番から始めています。前ページの問題番号（162 番）とは連番にしてありませんので、あらかじめご了承ください。

🖥 Part 7 の音声講義は WEB 上で聴講することができます。
著者の大学サイト（http://www.poole.ac.jp/university_eigo/yamane.html）にアクセスしてご活用ください。

もしくはプール学院大学　http://www.pool.ac.jp　を検索 ⇨
「国際文化学部・英語学科」をクリック ⇨ 教員のプロフィール ⇨ 山根利明、でも可

ペットパーラー
「ペットを大切に」
再開店
（同じく市街中心地に、さらにサービスを充実）

これまでどおりご提供します：
・月曜日から金曜日まで、犬のお散歩。
・犬の毛繕い（ヘアカットは 5 ドルから）。
・犬猫トレーニング（朝夕ともクラスあり）。
・あらゆる種類の動物用食物とアクセサリー。

今回からは次のご提供もいたします：
・ 週末の犬の散歩サービス。
・ 小さなペットのアドバイスコーナー　－　子どもたちにも簡単に分かるパンフレット。
・ ペット写真　－　ペットと一緒にスタジオ写真を。

　さらに　－　ペット用の洋服販売を始めました
(www.petparlor.clothes.com)

重要語彙

□ **pamper**：大切にする（＝ **take good care of ...**）

□ **grand**：立派な、堂々とした、重要な

□ **location**：位置（の選定）、場所、所在地

□ **still**：依然として、まだ～

□ **provide**：供給する
➡ provide *A* with *B*：A に B を与える（＝ provide B for A）

□ **groom**：身の回りの世話をする

□ **session**：セッション、会期、授業

□ **available**：役立つ、有効である、手に入る、都合がつく

□ **offer**：申し出る

□ **easy-to-understand**：理解の簡単な　➡ ハイフンでつないで一つの形容詞を作る。

□ **have a studio photo taken**：スタジオ写真を撮ってもらう

□ **clothes**：（常に複数形で）服、衣服

153.　正答 (C)　🖥 Web音声講座　　　　　　　　　　　　　易

この店は何を宣伝しているか？

(A) 新しいところに移った。

(B) 動物の販売を始めた。

(C) サービスを向上させた。○

(D) 店名を変更した。

🔍 のつけどころ

この種の質問は、常に最初の3行目くらいまでに答えがあると考えてよい。なぜなら広告宣伝チラシだから。広告したい大切なことは3行目の「再開店」と、次の「店の場所は同じく街の中心地、さらなるサービス」だから。

154.　正答 (B)　🖥 Web音声講座　　　　　　　　　　　　　易

この店はどんなサービスをしているか？

(A) 午後の猫のトレーニング

(B) 日曜の犬の散歩 ○

(C) 子どもたちの洋服

(D) 小さなペットのヘアカット

🔍 のつけどころ

「どんなサービス？」と問われているのだから、サービスがキーワード。本文でサービスについて述べている部分をさっと読む。(B)は本文に「日曜日」とは書いてないが、代わりに weekend（週末）とある。週末なら土日のことだ！　このように TOEIC では同じ内容を違う表現で言い換えてあるものが答えである可能性が高い！

ブレイクスルー

いつもの休暇のスポットには飽き飽き？　一生涯分のビーチは見た？　差をつける何か
をしたい？

そのような場合、ブレイクスルーが皆様のお役に !!!

ブレイクスルーは that 以下の会社です（that 以下 ➡ 皆が休暇と貧しい地域の人々
を助ける機会とを兼ね合わせる）。皆様はいくつかの美しい国々を訪れ、that 以下の景
色を見ることができます（that 以下 ➡ 旅行者が決して目にすることのない）

ニジェールでお医者さんたちとともに働き、病院を建設するというのはどうでしょう？
カンボジア僻地の学校で、子どもたちへ本を配る。ハイチでポテトやほかの基本的な食
物の栽培法を人々に教える。または、パキスタン山岳地の人々へ、きれいな水をもたら
すことさえ。

詳しく知りたい方は、私どものウェブサイト www.breakthrough.com また は
555-1356 へお電話の上、パンフレットをお求め下さい。

重要語彙 ✏️

□ **breakthrough**：打破、目覚ましい発見、進歩

□ **be tired of ...**：～に飽きて

□ **last**：続ける

□ **lifetime**：人生、生涯

□ **make a difference**：差異をつける、重要である

□ **let** *A* 動詞の原形：A に～させる（許可）

□ **combine** *A* **with** *B*：A と B を結び付ける

□ **those**：文中では、**people** のこと。

□ **community**：共同体、社会、地域

□ **sight**：風景、景色（**see** の名詞形）

□ **deliver**：配達する

□ **remote**：遠隔の

□ **foods**：食品 ➡ 通常 food に s はつかないが、種類をいうときは s がつく。

□ **information**：情報（不加算名詞）

□ **brochure**：パンフレット

155. 正答 (D) 🖥 Web音声講座   易

ブレイクスルーとは何か？

(A) 教育機構

(B) 食品会社

(C) 医療会社

(D) 旅行社 ○

🔍のつけどころ

153番と同様、宣伝・広告なら大切なことは最初の3行にある、と心得よ。ただし、ここでは2段落目にあるが。この2段落目をできるだけさっとスキミング（ひろい読み）して、間違った選択肢を消去していく。文中の tourists という単語でピンとくるはず。

156. 正答 (B) 🖥 Web音声講座   易

もしハイチへ行けば何ができるか？

(A) 山登りに行ける

(B) 野菜の栽培を手伝える ○

(C) 病人の世話ができる

(D) 学校へ教科書を持って行く

🔍のつけどころ

「ハイチ」とキーワードが出ているので、本文にハイチを探せば、すぐにわかるはず。初級者でも vegetable（野菜）の単語は知っているはずだが、たとえわからなくても、ほかの3つの選択肢を消去法で簡単に消せるはず。

– From と To の項目は省略–
件名：コンピューター・コース情報

チャルマーズ様、

私どものパソコン初級クラスに興味を持ってくださり、ありがとうございます。2010 ～ 11 年度セメスターの詳細を下記にコピー致しました。that 以下にどうぞご留意ください（that 以下 ➡ 開講日 1 カ月前に講座への申し込みをしなければなりません）。

パソコン講座	開講日	講座期間	講師
初級	6/18	5 週間	F. ブッチャン
中級	6/12	7 週間	R. バーネット
上級	6/15	6 週間	M. ジェームスン

which 以下のパソコンが教室にあります (which 以下 ➡ 受講生が使用無料の)。ですから、ご自分のノートブックパソコンを持ってくる必要はありません。because 以下ですので、テキストには余分の料金はかかりません（because 以下 ➡ すべての講座資料は e- メールで送られるので）。しかしながら、to 以下するお金を持ってくることをお忘れにならないように（to 以下 ➡ レッスン期間中のプリンター使用に対して支払う）。

もし講座内容について何かご質問がございましたら、当方の IT 部長 Mr. ジェームスンにお電話ください。555-3489 番にお電話いただけると直通です。

敬具
アイリーン・リーパー

重要語彙 ✏️

□ **detail**：詳細

□ **semester**：セメスター、学期

□ **below**：下に

□ **note**：心に留め置く、留意する

□ **sign up for ...**：（自分の名前をサインして）～に申し込む

□ **length**：長さ（**long** の名詞形）

□ **tutor**：チューター、教師、講師

□ **laptop**：ラップトップ型パソコン、ノートパソコン ➡ 「膝の上」という意味もある。

□ **extra**：特別の、余分の、臨時の

□ **charge**：料金

□ **material**：資料

□ **via**：～を通じて（= **by ...**）

□ **remember to ...**：～するのを忘れない、覚えている

□ **during**：〜の間、期間
□ **content**：中身、内容
□ **IT department**：情報技術部、IT 部
□ **directly**：直接に
□ **Yours sincerely**：敬具（手紙の結びに使う）

157.　正答 (A)　💻 Web音声講座　　　　易

受講生は講座にいつ申し込んだら良い
か？

(A) 開講 4 週間前 ○
(B) 開講 5 週間前
(C) 開講 6 週間前
(D) 開講 7 週間前

🔍 のつけどころ

when / where / who / how（山根式では 3W1H）問題だから絶対取る！　しかも、これは TOEIC の典型的な問題。「1 カ月＝約 4 週間」である。また、「6 カ月＝半年」「30 分＝半時間」の言い換えも、基礎中の基礎。

158.　正答 (B)　💻 Web音声講座　　　　易

受講生は何のためにお金が必要か？

(A) テキストを買うため
(B) プリンター使用料支払いのため ○
(C) パソコンを借りるため
(D) 電話を使用するため

🔍 のつけどころ

この問題も極めて簡単。本文を読まないで適当に解く人を間違わせるだけの問題。キーワード、お金（money）を探せばすぐに分かる。

159.　正答 (B)　💻 Web音声講座　　　　易

だれがチャルマーズさんの講座を指導
するか？

(A) R. バーネット
(B) F. ブッチャン ○
(C) M. ジェームスン
(D) A. リーパー

🔍 のつけどころ

易しいけれど良問。本文 1 行目に Thank you ... beginner computer classes. とある。担当を見ると F. Buchan だ。

160-162（テレビ番組表）　訳

今週のテレビ番組ハイライト　–　批評家選

月曜日 - 4 チャンネル - 午後 8 時
料理長の挑戦
毎週この番組は有名シェフを取り上げ、彼に to 以下 するようにお願いします（to 以下 ➡ まったく異なった料理にトライしてみるように）。今週、番組は英国で行われます、そこで英国ベストのイタリア料理シェフが to 以下 するよう挑戦を受けます（to 以下 ➡ 5 人のゲスト審査員に対して、美食フランス料理を作るよう）。

火曜日 - 9 チャンネル - 午後 9 時
ハートフォードホテル
この毎週連続のドラマは本当に面白くなってきています。今週のエピードで、私たちは who 以下 を知ることになります（who 以下 ➡ 誰がホテルのレジからお金を盗んでいたのか）、そして警察が呼ばれ — しかし、もちろん、最初の見かけほど単純ではありません。

水曜日 - 8 チャンネル - 午後 9 時
自然の世界
who 以下 の野生熊の一家を追ってみましょう（who 以下 ➡ 東ヨーロッパの森に住む）、子熊が春に生まれてくるのを見守りましょう、そして彼らが成長し、in 以下 で魚を捕獲するようになるのを観察してみましょう（in 以下 ➡ ポーランドの凍りつくような川で）

木曜日 - 12 チャンネル - 午後 9 時
深夜映画
今週の映画は中国からです。このラブストーリーは異なるバックグラウンドを持つ二人のお話です。彼は貧しい農夫、彼女は美しいお金持ちのお姫さま。主役は Li Ming Na と Chank Kwok、監督は Jing Mae Lee です。

重要語彙

☐ **cuisine**：料理（フォーマルな言い方）

☐ **gourmet**：グルメ、美食（家）

☐ **cub**：クマ、ライオンなどの子ども

☐ **learn to ...**：習う、知るようになる

☐ **freezing**：凍えるほどの

☐ **tale**：寓話、お話し（= **story**）

☐ **star**：〜を主役（スター）に起用する

☐ **direct**：指揮する、映画の監督をする

160.　正答 (B)　　💻 Web 音声講座　　　　　　　　　　　易

動物のドキュメンタリーはいつ上映さ
れるか？

(A) 水曜午後 8 時

(B) 水曜午後 9 時 ○

(C) 木曜午後 8 時

(D) 木曜午後 9 時

🔍のつけどころ

When と animal がキーワード。簡単な問題だから、必ず得点したい。動物は「熊」の言い換えと分か
れば OK ！

161.　正答 (C)　　💻 Web 音声講座　　　　　　　　　　　易

今週はどんな種類の映画が上映される
だろうか？

(A) アクション映画

(B) ホラー映画

(C) 恋愛映画 ○

(D) ミステリー映画

🔍のつけどころ

movie ＝ film / picture がキーワード。love story ＝ romance なので簡単！

162.　正答 (D)　　💻 Web 音声講座

料理番組はどこで行われているか？

(A) 中国の農場で

(B) イタリアのホテルで

(C) ヨーロッパの東部で

(D) イギリスのレストランで ○

🔍のつけどころ

この問題も簡単なサービス問題。cooking show がキーワード。問題文で「料理」に関するものを探す。
一番上の資料に in the UK と chef というヒントが見つかる。

資料 1-訳

From と To の項目は省略
件名：仕事のオファーについての確認

拝啓　ウィルソン様、

あなたをブリストウ社にお迎えできて光栄です。あなたが世界一流家具メーカーのチームの一員として、for 以下に対して、当社が提供する多大なる機会を活用されるよう希望いたします（for 以下 ➡ 一個人ならびに専門家としての向上）。

当社の仕事のオファー詳細について、確認させていただきたいと思います。あなたは where 以下の欧州営業部で仕事を始めることになります（where 以下 ➡ あなたの仕事はデザイン部とマーケティング部双方の職員の意見調整を伴います）当社は東ヨーロッパ市場進出に期待を寄せていますので。あなたは常勤として雇用されることになります。

あなたの仕事始めは 4 月 15 日に予定されていましたが、電話でのお話しにより、5 月 1 日へずらしましょう、あなたが計画されていた休暇に合わせて。あなたは給与支払い対象期間の中程から仕事を開始するので、最初の月の給与（実際 2 週間のみの勤務になりますが）は非常勤の給与基準のよって計算されます、常勤の基準によってではありません。ここにあなたへのお知らせのため、最近の賃金率を添付しておきました。

もし仕事始めの日に午前 9 時までに受付のところにおいでいただければ、人事部の者がお出迎えし、あなたに最初の訓練スケジュールのご案内を致します。

改めて当社への歓迎の意を表します、そして末長く、実りある提携関係を期待いたします。

敬具
リズ・ブキャナン
人事部長

重要語彙

- □ **manufacturer**：メーカー　□ **take advantage of ...**：〜をうまく利用する
- □ **opportunity**：機会 ➡ chance は「可能性」という意味で使うことが多い。
- □ **advancement**：発展、進展　□ **confirm**：確証をとる
- □ **detail**：詳細　□ **entail**：〜を伴う　□ **coordinate**：調整する
- □ **look to ...**：〜を期待する、〜を心掛ける　□ **expand**：拡張する
- □ **work full time**：常勤で働く　□ **move A back to ...**：A を〜へ引っ込める
- □ **accommodate**：〜のために便宜を図る　□ **calculate**：計算する
- □ **according to ...**：〜に従って　□ **attach**：添付する　□ **current**：今の現在の
- □ **initial**：初めの　□ **fruitful**：実りある

ブリストウ社　－　給与情報　－　極秘

給与体系

雇用年	パート（非常勤）	常勤
1 年	$1200/ 半月毎	$2600/ 月毎
2 年目	$1300/ 半月毎	$2750/ 月毎
3 年目	$1400/ 半月毎	$3000/ 月毎
4 年目	$1500/ 半月毎	$3300/ 月毎
5 年目	$1600/ 半月毎	$3800/ 月毎
6-9 年目	$1800/ 半月毎	$4000/ 月毎
10-14 年目	$2000/ 半月毎	$4200/ 月毎
15-20 年目	$2200/ 半月毎	$4500/ 月毎
20 年以上	$2300/ 半月毎	$4750/ 月毎

1. パート勤務者は月に2回支払われる。給与は15日～30日、1日～14日で計算される。給与は毎月1日と25日に支払われる。

2. 常勤者は月毎に支払われる。給与は15日～14日で計算され、給与は毎月25日に支払われる。

3. 給与は従業員の銀行口座に直接振り込まれる。もし従業員が振り込み銀行口座を変更したいならば、経理部へ書面による申請が必要。一月前に申告する必要がある。元の銀行通帳を同封のこと。コピー不可。

4. 給与前払いは例外的な場合にのみ受け取れる。そしてそれは会社の判断によってなされる。社員は給料前受け用紙に書き込み、それを所属の部門長に提出する。

重要語彙

□ **semi-monthly**：半月ごとに
□ **make an application**：申し込む
□ **notice**：通告
□ **fill out a form**：書式に書き込む
□ **at the discretion of ...**：～の自由裁量で
□ **submit**：提出する

181. 正答 (D)　📺 Web音声講座　　　　　　　　　　　　易

彼女が仕事開始日を延期する理由は何か？

(A) 彼女は彼ら（＝会社）に自分の銀行について詳細を知らせなかった。

(B) 彼女は東ヨーロッパに移る。

(C) 彼女は初期トレーニングをしなければならない。

(D) 彼女は休暇で不在となる。○

🔍 のつけどころ

本文に starting date またはそれに類するものを捜す。3段落目にすぐに見つかる。そこを読めば、彼女の holiday にあわせて5月1日に変更、ということが分かるはず。move ... back / accommodate などの単語がたとえ分からなくても、大体の内容をつかむ（＝スキミング）だけで解ける。

182. 正答 (B)　📺 Web音声講座　　　　　　　　　　　　易

どの部署で彼女は仕事をすることにならないのか？

(A) デザイン部

(B) 製造部 ○

(C) マーケティング部

(D) 営業部

🔍 のつけどころ

NOT があっても選択肢が単語だけ。その単語を本文に捜すだけ。この種の問題が一番簡単なので、絶対に得点できるように！「山根メソッド」では、このタイプの問題の解き方を「柳の下にドジョウが3匹」作戦と呼んでいる。4つの選択肢のうち、3つがたいてい同じところにつらなっているからだ。まずは選択肢4つをしっかり見て、問題英文の中で「柳の下にドジョウが3匹」作戦を開始。すると2段落目に sales / design / marketing と3匹潜んでいるのが分かる！

183. 正答 (C)　📺 Web音声講座

社員はどうやって給料を早く得ることができるか？

(A) 前もって給料をもらうことは不可能だ。

(B) 銀行を通じてなされなければならない。

(C) 請求書類を書かなければならない。○

(D) 所属部門の部長に会わなければならない。

🔍 のつけどころ

get their salary early は、資料②の4に出てくる salary advances のことだ。1から4までの注意事項にはむずかしい単語が出てくるが、なんとなくでも注意事項4に答えがあると気づいただろうか？ 本文中の fill out a salary advancement form が、問題文の選択肢 complete a request form に近いとわかれば解けるはず。

184. 正答 (A) 🖥 Web音声講座

給料が支払われる銀行口座を変えるに は何が必要か？

(A) 1カ月前の会社への通知 ○

(B) 新しい銀行口座詳細の写し

(C) 人事部の許可

(D) 銀行支配人の書面による確認

🔍 目のつけどころ

bank account なので資料②をスキャンすることは、わかるはず。イタリック体になっている、注意書き3の文を読めばよい。ただし、ひっかけがある。(B) は copy、(C) は HR、(D) は confirmation（確認）がそれぞれ間違い。

185. 正答 (D) 🖥 Web音声講座

彼女の最初の月の給料はいくらだろう か？

(A) 600 ドル

(B) 1200 ドル ○

(C) 1300 ドル

(D) 2600 ドル

🔍 目のつけどころ

「彼女の」とあるので、資料②だけでなく①も見ないといけないと気づくことが大切。最初の月に彼女はどうするのか読み取れば、パートの給与方式だとわかるはず。

第２章

ヒントつき！
模擬問題と解答・解説

第２章の音声講義は WEB 上で聴講することができます。
著者の大学サイト（http://www.poole.ac.jp/university_eigo/yamane.html）
にアクセスしてご活用ください。

もしくはプール学院大学　http://www.pool.ac.jp　を検索 ⇨
「国際文化学部・英語学科」をクリック ⇨ 教員のプロフィール ⇨ 山根利明、でも可

第2章　ヒントつき！模擬問題と解答・解説 Part1（写真描写問題）

　第1章でも説明したように、ピン・ポン・パンのリズムを重視して、大きく聞こえるところをしっかりと聞き、×（バツ）を出すようにします。○（マル）はカモフラージュされていることが多いので、「あら？」と疑問に思ったらすぐに△（三角）として、次の問題文に集中し、×を出すように訓練します。驚くほど正解率が上がりますよ。

　理想的な学習法としては、各問題の4つの説明文をそれぞれの場面がイメージできるよう何度も聞き、さらにシャドーイング（shadowing）して言えるようにすることです。そうすることで40の説明文がすべてイメージできることになり、400点クリアの大きな自信となります。

💻 第2章の音声講義は WEB 上で聴講することができます。
著者の大学サイト（http://www.poole.ac.jp/university_eigo/yamane.html）にアクセスしてご活用ください。

（もしくはプール学院大学　http://www.pool.ac.jp　を検索 ⇨
「国際文化学部・英語学科」をクリック ⇨ 教員のプロフィール ⇨ 山根利明、でも可）

◎ 第2章は、別冊と同じ問題を「ヒントつき」で取り上げています。CDでは DISC 1 の track 33 から、第2章が始まります。Directions の箇所（track 34）は別冊には含まれていますが、第2章には載せていません。あらかじめご了承下さい。

問題編

1.

動作だけにとらわれない　　　　　　　　　Ⓐ Ⓑ Ⓒ Ⓓ

2.

何をしているところかな？　　　　　　　　Ⓐ Ⓑ Ⓒ Ⓓ

第2章　ヒントつき！模擬問題と解答・解説　パート1

GO ON TO THE NEXT PAGE

3.

何をしているところかな？ Ⓐ Ⓑ Ⓒ Ⓓ

4.

進行形に注意！ Ⓐ Ⓑ Ⓒ Ⓓ

5.

進行形に注意！   Ⓐ Ⓑ Ⓒ Ⓓ

6.

場所はどこ？   Ⓐ Ⓑ Ⓒ Ⓓ

GO ON TO THE NEXT PAGE

第２章　ヒントつき！模擬問題と解答・解説　パート１

7.

人物は写っていない   Ⓐ Ⓑ Ⓒ Ⓓ

8.

2人の女性は何をしているかな？   Ⓐ Ⓑ Ⓒ Ⓓ

9.

女性の動作に注目！　　　　　　　　　　Ⓐ Ⓑ Ⓒ Ⓓ

10.

進行形に注目！　　　　　　　　　　Ⓐ Ⓑ Ⓒ Ⓓ

第２章　ヒントつき！　模擬問題と解答・解説　パート１

GO ON TO THE NEXT PAGE

139

解答・解説編

1. 正答 (B) 問題文 ◎ DISC 1 35 🖥 Web 音声講座 普

(A) They are walking to the construction site. △

(B) They are wearing work clothes. ○

(C) They are putting up the scaffolds. ×

(D) They are outside painting the roof. ×

(A) 彼らは工事現場に歩いて行っている。
(B) 彼らは作業衣を着ている。
(C) 彼らは足場を組んで [立てて] いる。
(D) 彼らは外で屋根のペンキ塗りをしている。

(昼)のつけどころ

They は主語でも「代名詞」なので強くは発音しない。(A) walking は、working のひっかけ。(B) wearing（身につけている）に対して、putting on は「身につけようとしている」という動作。(C) putting up（立てている、立てようとしている）という意味なので、この時点で×を出せるように。(D) outside が聞こえた時点ですぐに×。painting the roof は are にかかる分詞の副詞的用法。

重要語彙

□ **construction**：建設、工事
□ **site**：現場、現地　□ **clothes**：衣服
□ **scaffold**：足場
□ **roof**：屋根

2. 正答 (A) 問題文 ◎ DISC 1 35 🖥 Web 音声講座 易

(A) A man is seated in a carriage. ○～△

(B) A man is looking at the screen. ×
(C) A man is getting on a train. ×
(D) A man is enjoying the view outside. ×

(A) 男の人が列車の客室に座っている。
(B) 男の人がスクリーンを見ている。
(C) 男の人が列車に乗ろうとしている。
(D) 男の人が外の景色を楽しんでいる。

(昼)のつけどころ

man is は［マンイズ］［マンズ］とはならず、［マニズ］のように発音する。(A) is sitting なら誰でも○にできるが、seat は他動詞で「座らせる」で、受け身で使うと「座っている」となるのがミソ。(C) getting on は「乗ろうとしている」という動作で、「乗っている」状態ではない。注意！

重要語彙

□ **carriage**：客室、車両
□ **view**：眺め、景色

(A) Waiters are busy taking orders. ✕

(B) People are chatting happily at the table. ◯

(C) Dishes have been placed on a shelf. ✕

(D) Some food is being put into the dishes. ✕

(A)	給仕は注文を取るのに忙しい
(B)	人々はテーブルで楽しそうにおしゃべりしている
(C)	皿は棚にずっと置いてある。
(D)	食べ物がお皿に盛られようとしている。

👁のつけどころ

(A) waiters が聞こえた時点で即✕。(B) chat = talk のことだ。(C) shelf（棚）で✕。また、have は弱く発音することに注意。(D) food は無い！being put にも注目。これは「受け身の進行形」なので、人が何かの動作をしている写真でないとすべて✕と考える。

重要語彙 🖉

□ **busy ...ing**：～するのに忙しい

□ **take an order**：注文を取る ⬌ **place an order**：注文をする

□ **be + being** +過去分詞：～されているところだ、～されようとしている

(A) Two men are being named in the report. △

(B) Two men are looking at the monitor screen. ✕

(C) Two men are staring seriously at the file. ◯～△

(D) One of the men is putting on his tie. ✕

(A)	二人の男の人が報告書に名前を挙げられようとしている。
(B)	二人の男の人がモニター画面を見ている。
(C)	2 人の男性が真剣にファイルを見つめている。
(D)	男の人の一人がネクタイを締めようとしている。

👁のつけどころ

(A) named が分からなくても being が聞こえれば✕が出せる。(B) monitor が聞き取れれば、✕が出せる。(C) staring seriously を聞き取るのは難しいが、消去法で最終的に残る選択肢はこれ。(D) put on は「身につける」という動作。進行形だと「身につけようとしている」の意味になるので✕。これは頻出！

重要語彙 🖉

□ **name**：指名する、名前を挙げる

□ **stare**：じっと見る

□ **seriously**：真剣に

(A) The woman in the middle is wearing glasses. △	(A) 真ん中の女の人はメガネをかけている。
(B) The women are enjoying talking over coffee. ○	(B) 女の人達がコーヒーを飲みながら楽しく話をしている。
(C) Coffee is being served for the women. ×	(C) コーヒーが女の人達に出されているところだ。
(D) The women are waiting in line for beverages. ×	(D) 女の人達が飲み物を求めて並んでいる。

📗のつけどころ

(B) talk over coffee は「コーヒーの上で話す」(直訳) ➡「コーヒーを飲みながら話す」の意味に。(C) being が聞こえたら、何かの動作をしているところ！ (D) wait in line「並んで待つ」は頻出表現。

重要語彙 ✏

□ **wait in line**：並んで待つ

□ **beverage**：飲み物（= **drink**）

(A) They are waiting for their meals. ×	(A) 彼らは食事を待っている。
(B) They are lining up at the check-in counter for a flight. ○	(B) 彼らは飛行便を待って搭乗手続きカウンターで列を作っている。
(C) They are attending a job fair. △	(C) 彼らは就職説明会に出席している。
(D) They are buying tickets for the next performance. △	(D) 彼らは次の公演の切符を買おうとしている。

📗のつけどころ

(B) line up は前問の wait in line でも言い換えられる。(C) job fair が聞き取れればすぐ×が出せる。(D) は難問。だが、場面が劇場でないと気がつけば、×が出せる。

重要語彙 ✏

□ **flight**：フライト、飛行機の便

□ **attend ...**：～に出席する

□ **job fair**：就職説明会

□ **performance**：公演、演奏
　　➡ ビジネス英語では「業績、成果」

(A) There's an urban skyline in the background. △

(B) Sailboats are being towed into the port. ✕

(C) They are having a sale on swimwear. ✕

(D) There are a lot of people swimming in the sea. ✕

(A) 背景に都市のシルエットが浮かんでいる。

(B) ヨットが港の中へ曳航されている。

(C) 水着の売り出し中だ。

(D) たくさんの人々が海で泳いでいる。

のつけどころ

There's, There are は強く発音しないので注意。(A) いきなり難しい表現が出た。こういう場合、すぐに△を。(B) tow（引く）が分からなくても、being で✕を出せる。(C) sale と sail を引っかけている。頻出！また、They are は訳出しない、英語特有の表現。(D)は誰でも✕だと分かるはず。

重要語彙

□ **urban**：都会の ⟷ **rural**：田園の

□ **skyline**：スカイライン（空を背景にした、都市のシルエット）

□ **tow**：（船や車を）引く、曳く（= **draw**）

(A) The women are shopping at a supermarket. ✕

(B) The women are taking care of the baby. ✕

(C) One of the women is handing a plastic bag to the other. 〇

(D) The woman holding a baby is waiting for a taxi. ✕

(A) 女の人達がスーパーで買い物をしている。

(B) 女の人達が赤ちゃんの世話をしている。

(C) 女の人の一人が他の一人にプラスティックの袋を手渡している。

(D) 赤ちゃんを抱いた女の人がタクシーを待っている。

のつけどころ

(A) 一人は明らかに買い物客ではない。women と複数であることに注意。(B) も同じく複数なので✕。(C) one と the other（一つともう一方）の関係は中学 2 年で習うはず。(D) は taxi が聞こえれば、即✕にできる。

重要語彙

□ **take care of ...**：〜の世話をする（= **look after ...**）

□ **hand**：手渡しする

□ **plastic bag**：プラスティック袋、ビニール袋

第 2 章　ヒントつき！ 模擬問題と解答・解説　パート 1

143

9. 正答 (B)　問題文 ⊙ DISC 1 **39** 🖥 Web 音声講座　　　　難

(A) The woman is offering something to a shopper. ✕

(B) The woman is looking over fruits at a market. △

(C) The woman is smiling at a shop clerk. ✕

(D) The woman is chatting with the man. ✕

(A) 女の人が買い物客に何かを差し出している。

(B) 女の人が市場で果物をあれこれ見ている。

(C) 女の人が店員にほほ笑みかけている。

(D) 女の人が男性とおしゃべりをしている。

📋のつけどころ

写真に店員は出てこない。(A) と (C) が✕なのは、すぐに分かるはず。写真には男性も出ているが、おしゃべりしているわけではないので (D) も✕。

重要語彙 ✏

□ **offer** *A* **to** *B*：A を B へ差し出す

□ **shopper**：買い物客

□ **look over ...**：〜にざっと目を通す、〜を見渡す

□ **shop clerk**：店員

10. 正答 (D)　問題文 ⊙ DISC 1 **39** 🖥 Web 音声講座　　　　易

(A) The man is having lunch with his colleague. △

(B) The window is being cleaned. ✕

(C) The man is reaching for a newspaper while eating. ✕

(D) The man is sitting at the table by the window. ○

(A) 男の人が同僚と昼食を取っている。

(B) 窓が清掃されているところだ。

(C) 男の人が食べながら新聞を手に取ろうとしている。

(D) 男の人は窓側のテーブルに座っている。

📋のつけどころ

(A) は、lunch かどうかも、colleague（同僚）がいるかどうかも、写真からはよく分からない。よって△。(B) being cleaned の動作はない。(C) holding なら○。(D) は簡単に○がつくはず。

重要語彙 ✏

□ **colleague**：同僚

144

Part 1 は初めて TOEIC に取り組む人にとっても、入りやすいパートです。ただ、それだけに答えがわかっただけで簡単に通過してしまう人が多いようです。しかし、Part 1 は野球でたとえればキャッチボールやトスバッティングにあたる基本技術のパートですから、これから述べる勉強法をぜひ徹底してほしいものです。

まず 1 問 1 問解答を見て、わからない単語にはマーカーをほどこし、意味を確実に理解すること。そして、今後は聞いただけでも意味がきちんとわかるようにします。その上で、各問題の (A) (B) (C) (D) の英文を聞いて、状況がイメージできるようにします。たとえば、The boy is seated on the bench in the park なら、少年が公園でベンチに座っている映像を思い描くわけです。

こうして 10 問全部を徹底的に理解すれば、10 問× 4 つの選択肢で合計 40 の英文を頭の中に映像化できるはずです。

次のステップとして、これら 40 の英文をネイティブスピーカーのあとについて、シャドーイング (shadowing) します。これが Part 1 の理想的な勉強法です。

Column

第2章 ヒントつき！ 予想問題と解答・解説 Part 2（応答問題）

　第1章で述べたように、Part 2 には6つの質問パターンがあります。「5W1H」「A or B」「単純疑問文」「だよね構文」「提案・誘い・依頼・許可などの疑問文」「意見・感想を述べるだけの文」の6つです。コツとしては、①頭の2語を絶対に聞き逃さないこと、②違うと確信できるものを×、自信がないものを△として、すぐ次を聞く姿勢を貫くことです。これだけで15問（5割）はいけますよ。本番では解答用紙にマークしていくのですが、ここでは○△×ゲーム感覚で練習して下さい。

　💻 第2章の音声講義は WEB 上で聴講することができます。
著者の大学サイト（http://www.poole.ac.jp/university_eigo/yamane.html）
にアクセスしてご活用ください。

（もしくはプール学院大学　http://www.pool.ac.jp　を検索 ⇨
「国際文化学部・英語学科」をクリック ⇨ 教員のプロフィール ⇨ 山根利明、でも可）

　◎ Directions の箇所（track 40）は別冊には含まれていますが、第2章には載せていません。あらかじめご了承下さい。

問題編

11. Mark your answer on your answer sheet.
尻上がりを聞く　　　　Ⓐ Ⓑ Ⓒ

12. Mark your answer on your answer sheet.
疑問詞を聞く　　　　Ⓐ Ⓑ Ⓒ

13. Mark your answer on your answer sheet.
疑問詞を聞く　　　　Ⓐ Ⓑ Ⓒ

14. Mark your answer on your answer sheet.
疑問詞を聞く　　　　Ⓐ Ⓑ Ⓒ

15. Mark your answer on your answer sheet.
上がって（↗）下がる（↘）　Ⓐ Ⓑ Ⓒ

16. Mark your answer on your answer sheet.
丁寧な誘い　　　　Ⓐ Ⓑ Ⓒ

17. Mark your answer on your answer sheet.
だよね構文　　　　Ⓐ Ⓑ Ⓒ

18. Mark your answer on your answer sheet.
わからなければ、ダブトリで　Ⓐ Ⓑ Ⓒ

19. Mark your answer on your answer sheet.
上がり調子だ　　　　Ⓐ Ⓑ Ⓒ

20. Mark your answer on your answer sheet.
上がって（↗）下がる（↘）　Ⓐ Ⓑ Ⓒ

21. Mark your answer on your answer sheet.
禁じ手が答えになることも　Ⓐ Ⓑ Ⓒ

22. Mark your answer on your answer sheet.
5W1H が隠れている　Ⓐ Ⓑ Ⓒ

23. Mark your answer on your answer sheet.
疑問詞に注目！　　　Ⓐ Ⓑ Ⓒ

24. Mark your answer on your answer sheet.
丁寧な依頼　　　　Ⓐ Ⓑ Ⓒ

25. Mark your answer on your answer sheet.
尻上がりの質問だが要注意！　Ⓐ Ⓑ Ⓒ

26. Mark your answer on your answer sheet.
疑問詞に注目！　　　Ⓐ Ⓑ Ⓒ

27. Mark your answer on your answer sheet.
how に注目！　　　Ⓐ Ⓑ Ⓒ

28. Mark your answer on your answer sheet.
依頼文だ　　　　Ⓐ Ⓑ Ⓒ

29. Mark your answer on your answer sheet.
疑問詞に注目！　　　Ⓐ Ⓑ Ⓒ

30. Mark your answer on your answer sheet.
だよね構文　　　　Ⓐ Ⓑ Ⓒ

31. Mark your answer on your answer sheet.
心の中で because と唱える　Ⓐ Ⓑ Ⓒ

32. Mark your answer on your answer sheet.
ダブトリ活用　　　　Ⓐ Ⓑ Ⓒ

33. Mark your answer on your answer sheet.
mind に注目！　　　Ⓐ Ⓑ Ⓒ

34. Mark your answer on your answer sheet.
Can I ...? に注目！　　Ⓐ Ⓑ Ⓒ

35. Mark your answer on your answer sheet.
ダブトリに注意！　　　Ⓐ Ⓑ Ⓒ

36. Mark your answer on your answer sheet.
ダブトリに注意！　　　Ⓐ Ⓑ Ⓒ

37. Mark your answer on your answer sheet.
疑問詞に注目！　　　Ⓐ Ⓑ Ⓒ

38. Mark your answer on your answer sheet.
上がり調子の質問文　Ⓐ Ⓑ Ⓒ

39. Mark your answer on your answer sheet.
上がって（↗）下がる（↘）　Ⓐ Ⓑ Ⓒ

40. Mark your answer on your answer sheet.
だよね構文　　　　Ⓐ Ⓑ Ⓒ

第2章　ヒントつき！模擬問題と解答・解説　パート2

11. 正答 (C)　問題文 ◎ DISC 1 **41**　💻 Web音声講座　易（提案・依頼・許可型）

May I ask you a question?	質問していいですか？
(A) No, I never have. ✕	(A) いいえ、ありません。
(B) Last June. ✕	(B) 昨年の6月です。
(C) Yes. How can I help you? ○	(C) ええ、なんでしょうか？

のつけどころ

May I 〜? Can I 〜? は「許可」を求める定番表現だ。選択肢 (C) の文は、直訳だと「私はどのように あなたを助けることができるでしょうか？」。また、問題文の May を「5月」と勘違いしないように！　(B) の June（6月）にひっかかってしまう。

重要語彙

□ **ask** + *A*（人）+ *B*（事柄）：AにBを尋ねる

12. 正答 (C)　問題文 ◎ DISC 1 **41**　💻 Web音声講座　易（5W1H型）

What's the climate like here?	こちらの気候はどんなですか？
(A) Yes, I like it here. ✕	(A) はい、ここが気に入っています。
(B) He was crying like a baby. ✕	(B) 彼は赤子のように泣いていた。
(C) It's milder than that of Tokyo. ○	(C) 東京より温暖ですよ。

のつけどころ

問題文の like に気をつけよう。ここでは動詞「〜が好き」ではない。「〜のような」という形容詞。前 置詞のような働きをするので、前置詞と位置付ける人もいる。いずれにせよ like は what にかかる。 How is the weather here? と同じ意味。(A) の like と here、そして (B) の cry は climate とのひっかけ。 また、(A)「ここが好き」は I like here. とはいえないので、I like it here. と it を入れることに注意。

重要語彙

□ **climate**：気候　□ **mild**：穏やかな、温暖な

13. 正答 (B)　問題文 ◎ DISC 1 **42**　💻 Web音声講座　易（5W1H型）

Where's our alumni get-together being held?	私たちの同窓会はどこで催されていますか？
(A) Yes, many times. ✕	(A) はい、何度も。
(B) At the Lyon Hotel. ○	(B) リヨンホテルで。
(C) In December, I think. ✕	(C) 12月だと思います。

のつけどころ

Where's ... ? だけ聞き取れれば、答えは出る。難しい語彙に惑わされないこと。being held は受け身 の進行形。

重要語彙

□ **alumni**：アラムナイ、同窓生　□ **get-together**：集まり

14. 正答 (A) 問題文 ◎ DISC 1 **42** 💻 Web音声講座　　易（5W1H型）

When is the next payment due?

(A) In five days. ○
(B) Due to the recession. ✕
(C) Until Friday. ✕

次の支払い期日は？

(A) 5日したらです。
(B) 不景気のせいです。
(C) 金曜日まで（ずっと）です。

📖 のつけどころ

(A) と (C) で悩むはず。in five days は「5日の中で ➡ 5日で；5日したら」という意味。until は継続を表して「〜までずっと」となるので不適切。(B) の due は、音のひっかけ。

重要語彙

□ **payment**：支払い　□ **due**：期日が来て　□ **due to ...**：〜のせいで
□ **recession**：不景気

---

15. 正答 (C) 問題文 ◎ DISC 1 **43** 💻 Web音声講座　　普（A or B型）

Are you going to watch TV (↗) or play video games? (↘)

(A) No, I'm not going there. ✕
(B) My watch is five minutes slow. ✕
(C) Neither. I'm too sleepy. ○

テレビ見るつもり？　それともテレビゲームするつもり？

(A) いいえ、そこには行きません。
(B) 私の時計は5分遅れています。
(C) どちらもしません。あまりにも眠いのです。

📖 のつけどころ

or のあとだけ聞いても、できる問題。going と watch がダブトリになっている。設問は文末まで上がり調子（↗）で言うと「テレビを見るとか TV ゲームするとか、するつもり？」の意味になるので注意。

重要語彙

□ **neither**：どちらも〜でない

---

16. 正答 (A) 問題文 ◎ DISC 1 **43** 💻 Web音声講座　　易（提案型）

Would you like to go out for dinner tonight? (↗)

(A) Why not? ○
(B) With my clients. ✕
(C) I'll stay here for two nights. ✕

今晩夕食に出かけませんか？

(A) 喜んで。
(B) 私の顧客と一緒に。
(C) ここに2泊します。

📖 のつけどころ

人を丁寧に誘う定番のセリフ。「〜なさりたいですか？」と解釈してはダメ。Why not? は相手の提案・誘いを喜んで受けるときの表現。Why don't I like to go ... ?「なぜ私が〜するのを嫌がるでしょうか？」などの省略形と考え、「嫌がるわけないでしょう ➡ 喜んで」となる。(B) は質問の would が who'd などに聞こえる人をひっかける選択肢。(C) は、tonight と two nights がダブトリ。

重要語彙

□ **client**：顧客、（訴訟などの）依頼人

17. 正答 (B) 問題文 ◎ DISC 1 44 💻 Web音声講座 普（だよね構文型）

We need to fill out this form soon, don't we? (↗) または (↘)	この書式すぐに書き込む必要がありますよね？
(A) Yes, please fill it with water. ✕	(A) ええ、水でいっぱいにして下さい。
(B) Yes, within 24 hours. 〇	(B) はい、24 時間以内にです。
(C) No, not at home. ✕	(C) いいえ、家にはいません。

📖 のつけどころ

付加疑問の don't we? はそのまま訳してはダメ。「だよね？」と Yes ／ No を迫られていると解釈するべき。Yes が当然と思って言うなら (↘)、尋ねる気持ちなら (↗) になるので注意。本書の音声では (↗) と上がり調子になっている。本問のような付加疑問文の場合は「だよね？」と比較的納得できるのだが、これが否定疑問文になると途端に正解率が落ちる。たとえ本問が Don't we need to fill out ...？となっても「私たちは～する必要があるんだよね？」と解釈する。form と (C) の home がダブトリ。

重要語彙 ✏️

□ **fill out**：（申込書など）に書き込む

---

18. 正答 (A) 問題文 ◎ DISC 1 44 💻 Web音声講座 普（意見、感想型）

There were no rooms available in the Forest Inn.	フォレストインは満室だった。
(A) So, where did you stay? 〇	(A) で、どこに滞在したの？
(B) There's enough room for it here. ✕	(B) ここにはそれに対しての十分なスペースがある。
(C) Tickets are available for a week. ✕	(C) 切符は 1 週間有効だ。

📖 のつけどころ

no rooms available（利用できる部屋はない ➡ 満室）が分かれば簡単。(B) はダブトリ。数えられない room は、space（空き、余地）の意味。(C) available がダブトリ。

重要語彙 ✏️

□ **available**：有効な、使用できる、手に入る（TOEIC 頻出単語！）

---

19. 正答 (B) 問題文 ◎ DISC 1 45 💻 Web音声講座 易（単疑型）

Do you know my business partner?	あなたは私の共同経営者を知っていますか？
(A) Sorry, he is busy now. ✕	(A) 申し訳ないですが、彼は今忙しいのです。
(B) No. Could you introduce him to me? 〇	(B) いいえ。彼を紹介して下さいますか？
(C) Joe is playing an important part now. ✕	(C) ジョーは今重要な役割を演じています。

📖 のつけどころ

「知っているか？」と尋ねられているのだから、Yes ／ No で答えるのが自然。可能性のある答えは、(A) と (B) の二つ。(B) は No, I don't know him. Could you ...？ のことで正解。(A) の busy は、business とのダブトリ。(C) の part が partner とダブトリ。

20. 正答 (C)　問題文 DISC 1　45　🖥 Web音声講座　　普（A or B 型）

Will you be in Germany next week (↗) or still be here in Oslo? (↘)	来週はドイツでしょうか？　それともまだここオスロにいますか？
(A) I've never been there. ✕	(A) 私はそこへ行ったことがありません。
(B) No, I won't stay long. ✕	(B) いいえ、長くは滞在しませんよ。
(C) Actually I'll be in Paris then. ◯	(C) 実は、そのときはパリにいるのですよ。

🎯 のつけどころ

A or B 型の疑問文。ドイツでもオスロでもない、(C) パリが正解となる。actually（実は）は頻出単語！聞き逃さないように。

21. 正答 (C)　問題文 DISC 1　46　🖥 Web音声講座　　易（5W1H 型）

Who's going to take charge after Mr.Washington retires?	ワシントン氏が退職したあと、誰が担当するんですか？
(A) To the city hall. ✕	(A) 市役所へです。
(B) Mr. Lee charges the battery. ✕	(B) リー氏はバッテリーを充電する。
(C) I have no idea. ◯	(C) さっぱり分かりません。

🎯 のつけどころ

初級者は Who ... ? と聞いただけで、すぐに (B) にしてしまいそうだ。I have no idea. ／ I don't know. ／ I don't remember. ／ Why don't you ask Ken?（ケンに尋ねてみたら？）などの「責任回避パターン」は、ほとんどの場合それが正解となるので要注意。(B) の charge はダブリ。

重要語彙 ✏️

□ **take charge**：責任を負う　□ **retire**：退職する　□ **charge**：充電する

22. 正答 (A)　問題文 DISC 1　46　🖥 Web音声講座　　普（単疑 5W1H 型）

Do you know where they are throwing Ken's go-away party?	ケンの送別会がどこで開かれるか、知っていますか？
(A) In the banquet hall on the second floor. ◯	(A) 2 階の宴会場です。
(B) More than twenty people. ✕	(B) 20 人以上です。
(C) Until midnight. ✕	(C) 深夜までです。

🎯 のつけどころ

Do you know where ／ when ／ who ／ what ／ why ／ how ... ? は単純疑問文の形をとっているが、ポイントは中程の疑問詞にある。No, I don't. は答えとしてありうるが、Yes, I do. で終わる答えなど、まずありえない。ほとんどの場合 Yes, I do. は省略され、5W1H の答え方が正解となる。

重要語彙 ✏️

□ **throw a party**：パーティーを開く　□ **go-away party**：送別会

第2章　ヒントつき！模擬問題と解答・解説　パート2

151

23. 正答 (B) 問題文 ◎ DISC 1 47 🖥 Web音声講座　　　易（5W1H型）

When will the trade agreement be signed? | 貿易協定はいつ調印されるだろうか？

(A) From China, I think. ✕ | (A) 中国出身だと思います。

(B) No later than June. ○ | (B) 6月までに。

(C) I will agree to the plan. ✕ | (C) 私はその計画に賛成です。

📘 のつけどころ

when の質問なので、たとえ no later than が分からなくても消去法で答えられる。

重要語彙 ✏

□ **trade**：貿易　□ **agreement**：協定　□ **sign**：署名する

□ **no later than ...**：～までに ➡「～より遅くはない」の意味。　□ **agree to ...**：～を承諾する

---

24. 正答 (B) 問題文 ◎ DISC 1 47 🖥 Web音声講座　　　難（依頼型）

Could you order these supplies as soon as possible? | できるだけ早くこれらの備品を注文してくださいますか？

(A) Yes, we are all surprised. ✕ | (A) はい、私どもは皆驚いています。

(B) I'll have my assistant do it immediately. ○ | (B) すぐにアシスタントに注文してもらいます。

(C) In the supply cabinet. ✕ | (C) 備品戸棚の中に。

📘 のつけどころ

Could you ...？と尋ねられたら、普通は Yes や All right もしくは Sorry, but ... などが一般的。この問題は難易度が高い。しかし、消去法でやれば簡単。

重要語彙 ✏

□ **order**：注文する　□ **supplies**：備品　□ **as ... as possible**：できるだけ～

□ **have** ＋人＋動詞の原形：人に～させる（使役動詞の用法）　□ **immediately**：即座に

---

25. 正答 (A) 問題文 ◎ DISC 1 48 🖥 Web音声講座　　　難（許可型）

Can I take a look at the sales projections for the next quarter? | 次の四半期の売上見積もり書を見られますか？

(A) You'll have to wait until tomorrow. ○ | (A) 明日まで待たないといけません。

(B) You can take his place. ✕ | (B) あなたが彼の代わりになれます。

(C) The price is subject to change. ✕ | (C) 価格は変更されることがあります。

📘 のつけどころ

難問。Can I take ...？と尋ねられているので、(B) を選んでしまいがち！　だが、あまりにもダブトリが多いことに気づくべき。(C) は定番表現。また、subject は質問文の projection と少々ダブトリ。

重要語彙 ✏

□ **sales**：販売　□ **projection**：見積もり　□ **quarter**：四半期

□ **take one's place**：～の代わりをする　□ **be subject to ...**：～を被りやすい

152

Where can I hand in this form? | この申込書はどこに出したらいいでしょうか？

(A) No, you can't handle it. ✕ | (A) いいえ、あなたはそれを扱えません。

(B) To the registration desk over there. ○ | (B) あちらの登録係デスクへ。

(C) By this afternoon at the latest. ✕ | (C) 遅くとも今日の午後までに。

📖のつけどころ

冒頭の where を聞き取れたら、簡単な問題。(A) は No で答えているので✕。(C) は、When か How long の質問でないとダメ。

重要語彙 ✍

□ **hand in ...**：提出する（= **submit**）　□ **handle**：扱う、処理する　□ **registration**：登録
□ **at the latest**：遅くとも

I don't know how to operate this machine. | この機械の操作の仕方が分かりません。

(A) Opera house is over there. ✕ | (A) オペラハウスはあちらです。

(B) Here, let me show you. ○ | (B) はい、お教えしましょう。

(C) So do I. ✕ | (C)（肯定文で）私もです。

📖のつけどころ

自分の意見を述べているだけで質問になっていないので、受け答え方が難しい。(A)opera は質問文の operate とダブトリなので捨てる。(C) は否定文を受ける答えなら、Neither do I. でないとおかしい。

重要語彙 ✍

□ **how to ...**：～の仕方　□ **operate**：操作する　□ **here**：（間投詞で）はい、ほら、さあ

Can you give me change for ten dollars? | 10ドルを小銭にしてくれますか？

(A) Sure. You need coins? ○ | (A) かしこまりました。硬貨がご入用でしょうか？

(B) Yes, keep the change. ✕ | (B) はい、お釣りはとっておきなさい。

(C) That makes 1,200 yen. ✕ | (C) お代は1200円となります。

📖のつけどころ

change にはいろいろな意味がある。問題文は「10ドルを崩してくれないか？」というときに使う定番表現。前置詞 for は「交換」を表す。(B) の the change（その小銭）とは、「お釣り」のこと。(C) は店員が使う表現で、購入金額（that）が1200円になる、という言い方。

29. 正答 (B)　問題文 ◎ DISC 1 50　💻 Web音声講座　　易（5W1H型）

How can I make an outside call?	市外電話はどうしたらできますか？
(A) It will cost 25 cents. ✕	(A) 25 セントかかります。
(B) Push zero followed by the phone number. ○	(B) ゼロを押して電話番号を続けてください。
(C) Yes, it's over there. ✕	(C) はい、それはあちらにあります。

📖 のつけどころ

How の質問なので (C) は即✕。(A) は金額で答えているので、質問文は How much ...？であるはず。

重要語彙 🖊

□ **follow**：〜の後について行く

➡ 受け身の意味の followed by 〜の訳し方に注意。「〜によって従われる」➡「〜が後に続く」となる。したがって選択肢 (B) の直訳は、「電話番号が後に続くゼロを押せ」。

---

30. 正答 (C)　問題文 ◎ DISC 1 50　💻 Web音声講座　　普（だよね構文）

Didn't we order the furniture last week?	その家具、先週注文して取り寄せませんでしたか？
(A) You didn't take orders.	(A) あなたは注文を取りませんでした。
(B) In the near future.	(B) 近い将来に。
(C) I think we did.	(C) したと思います。

📖 のつけどころ

「だよね構文」の難しいパターン。Did we ...？なら単に「〜しましたか？」と尋ねているだけだが、これが Didn't we ...？となると「〜しませんでしたか？ ➡ したんだよね？」となり、相手は「したはず」と思って確認の意味で言っている状況。すなわち、相手は Yes を期待している。(A) は order がダブトリ。(B) は When に対する答えなので✕。

---

31. 正答 (B)　問題文 ◎ DISC 1 51　💻 Web音声講座　　易（5W1H型）

Why did you work so late last night?	どうして昨晩は遅くまで仕事したの？
(A) In one hour.	(A) 1 時間したら。
(B) We had a long meeting.	(B) 長い会議があったんだ。
(C) Until next week.	(C) 来週までずっと。

📖 のつけどころ

非常に簡単な問題。Why が聞こえれば、(A) と (C) はすぐ消せる。文頭に Because があるとフィットする答えは (B) だ。

32. 正答 (B) 問題文 ◎ DISC 1 [51] 🖥 Web音声講座 　難（意見感想型）

Mr. Nagano may be late for the presentation.	ナガノ氏はプレゼンには遅れるかもしれない。
(A) Will Mr. Oka send them a gift?	(A) オカ氏は彼らに贈り物を送るだろうか？
(B) Is he stuck in traffic?	(B) 彼は渋滞にはまっているのかな？
(C) Was everyone present at the meeting?	(C) 会合には皆出席していましたか？

🔍のつけどころ

問題文が意見・感想を述べるだけで、質問になっていない。初級者には難問。このような場合は勇気を出して、ダブトリの選択肢を捨てる。(A) は present = gift という連想ダブトリ。(C) は present（出席している）と presentation（プレゼンテーション）のダブトリ。

重要語彙 🖊

□ **present**：图 贈り物、現在　 图 出席している

33. 正答 (B) 問題文 ◎ DISC 1 [52] 🖥 Web音声講座 　易（依頼型）

Would you mind closing the window?	窓を閉めてもよいでしょうか？
(A) It was a cold wind.	(A) 冷たい風でした。
(B) No, not at all.	(B) ええ、全然構いませんよ。
(C) Not mine, it's yours.	(C) 私のではなくて、あなたのです。

🔍のつけどころ

初級者が間違いやすい。mind は「〜を気にする、嫌がる」という動詞なので、直訳は「あなたは窓を閉めることを気にしますか？」の意味。そのため、返答は No が来る。(C) は mind と mine のダブトリ。

重要語彙 🖊

□ **not ... at all**：全く〜でない

34. 正答 (C) 問題文 ◎ DISC 1 [52] 🖥 Web音声講座 　普（依頼型）

Can I ask you to submit this report by tomorrow?	明日までにこの報告書の提出をお願いできますか？
(A) Yes, it will.	(A) はい、そうでしょう。
(B) He'll report for work tomorrow.	(B) 彼は明日出勤するでしょう。
(C) I'll do my best.	(C) ベストを尽くしましょう。

🔍のつけどころ

Can I ...? は、許可を求める言い方。(A) の主語は、you ならまだしも、it だと呼応しない。(B) は report と tomorrow、2つダブトリがある。(C) が正解だと即答するのは上級者でも難しい。消去法こそ王道。

重要語彙 🖊

□ **submit**：提出する（= **hand in**）　□ **report for work**：出勤する

35. 正答 (A)　問題文 ◎ DISC 1 53　💻 Web音声講座　普（意見、感想型）

I heard the wind will be blowing hard tomorrow.

(A) I hope not. I'm playing golf tomorrow.
(B) Yes, it's hard to go.
(C) You should dry your hair.

明日は風が強いだろうと聞いたよ。

(A) そうでないといいな。明日はゴルフなんです。
(B) ええ、行くのは難しいですね。
(C) 髪を乾かすべきですよ。

🔲のつけどころ

問題文が聞き取れれば、簡単。(A) の tomorrow は例外的にダブトリではない。(B) の hard がダブトリ。設問では「ひどく」、選択肢では「難しい」の意味。(C) は設問の blow と「髪をブローする」をひっかけた、連想ダブトリ。

---

36. 正答 (B)　問題文 ◎ DISC 1 53　💻 Web音声講座　難（単疑型）

Is there anything I can do to help with your assignment?

(A) Yes, she has to sign here.
(B) Oh, I can manage it, thanks.
(C) Please help yourself.

あなたの仕事で何かお手伝いできることがありますか？

(A) はい、彼女はここに署名しなければなりません。
(B) なんとか自分でやれると思います、ありがとう。
(C) ご自由にどうぞ。

🔲のつけどころ

設問が長く、初級者には難しい。分からなかったら、消去法。(A) は sign、(C) は help がダブトリ。ただし、安易にダブトリに頼ってはいけない。どうしても分からないときの手段と心得よう。

重要語彙 🖊

□ **assignment**：(割り当てられた) 仕事、宿題　□ **can manage ...**：何とか〜できる
□ **Please help yourself.**：ご自由に（人に飲食などを勧めるときの定番表現）

---

37. 正答 (A)　問題文 ◎ DISC 1 54　💻 Web音声講座　易（5W1H型）

How did you learn of this position at our company?

(A) I read about it on the Internet.
(B) Yes, I learned a lot.
(C) To work part time.

当社のこのポストをどうやって知りましたか？

(A) インターネットで読みました。
(B) はい、多くのことを学びました。
(C) 非常勤で働くためにです。

🔲のつけどころ

一見難しそうだが、5W1H型なので簡単。How はやり方を尋ねているので、答えは (A)。(B) は Yes で答えているので×。(C) to ＋動詞（〜するために）という答えは、Why...? の答えなので×。

重要語彙 🖊

□ **learn of ...**：〜について知る
□ **work part time**：パートで働く、バイトで働く

38. 正答 (B) 問題文 ◎ DISC 1 54 💻 Web音声講座　　普（単疑型）

Is it possible to reduce the advertising costs?

(A) In a few weeks.

(B) I think so.

(C) They produce canned goods.

広告費を削減することは可能でしょうか？

(A) 3、4週間したら。

(B) そうだと思います。

(C) 彼らは缶詰を製造します。

📖 のつけどころ

単純疑問文なのは明白なので、Yes / No のある答えが一番自然。(A) は How soon ... ? の答え。(C) は What do they produce? の答えであるはず。(B) の I think so. は Yes の弱い言い方だ。

重要語彙 ✍

□ **possible**：可能性のある　□ **reduce**：減らす　□ **produce**：製造する

□ **goods**：グッズ、商品

---

39. 正答 (A) 問題文 ◎ DISC 1 55 💻 Web音声講座　　難（A or B型）

Do you want me to use the photo copier (↗) or the printer? (↘)

(A) Won't the printer be faster?

(B) Let's talk over a cup of coffee.

(C) No, I don't want to use a camera.

コピー機を使いましょうか？ それとも印刷機を使いましょうか？

(A) 印刷機の方が速いんじゃないかな？

(B) コーヒー飲みながら話しましょう。

(C) いいえ、私はカメラを使いたくない。

📖 のつけどころ

A or B のパターンは、or のうしろの 2、3語だけ聞き取れれば、答えは出せる。また Do you want me to ... ? ＝ Shall I ... ? の言い換えに注意。(B) は copier と coffee のひっかけ。(C) want to がダブトリだが、photo copier を「写真」と勘違いする人をひっかけるため、camera という連想ダブトリも出ている。(A) で Won't the printer be faster? と否定疑問文で尋ねているのは、自分はプリンターのほうが速いと思っているから。返答は Yes を期待している。だから「だよね？」と解釈するとよい。

---

40. 正答 (B) 問題文 ◎ DISC 1 55 💻 Web音声講座　　普通（だよね構文）

Isn't Jim going to stop by on Monday to pick up his things?

(A) Yes, he has.

(B) No, he'll show up tomorrow.

(C) It stops on Sunday.

ジムは自分の物を取りに月曜に立ち寄るんじゃないかな？

(A) はい、彼はそうしました。

(B) いや、彼は明日顔を出すよ。

(C) それは日曜日に止まる。

📖 のつけどころ

「だよね構文」の難しいパターン。発話者はジムが月曜に来ると思って質問している。(A) Yes, he is. だったら正解。(C) 主語は Jim なので、It では答えられない。また、stop がダブトリ。

重要語彙 ✍

□ **stop by**：立ち寄る　□ **pick up**：取りに来る　□ **show up**：顔を出す

ヒントつき！ 模擬問題と解答・解説 Part 3（会話問題）

　Part 3・4で重要なのは、リスニングテストでありながら、実はリーディングテストでもあるということ。すなわち、設問と選択肢の英文をさっと読み取る力が非常に重要なのです。特に設問はその3つを12秒の間に2回ずつ読めて、どの2つを「待ち伏せ攻撃」するかに成否がかかっています。

　初級者はまず、各設問とその選択肢をできるだけ速く読んで、その意味が取れるように練習することが大切です。スクリプトと解説を見て文意を理解した上で、何度も音声を聞きましょう。

　それでは問題演習に入ります。「ヒントつきテスト」なので、攻略法をまねて解いてみてください。

　【注】問題文最後に付けている◎は200〜300点台の人でも絶対狙うべき問題、〇は狙える問題です。

　🖥 第2章の音声講義は WEB 上で聴講することができます。
著者の大学サイト（http://www.poole.ac.jp/university_eigo/yamane.html）
にアクセスしてご活用ください。

（もしくはプール学院大学　http://www.pool.ac.jp　を検索 ⇨
「国際文化学部・英語学科」をクリック ⇨ 教員のプロフィール ⇨ 山根利明、でも可）

　◎ Directions の箇所（track 56）は別冊には含まれていますが、第2章には載せていません。あらかじめご了承下さい。

問題編

Questions **41** through **43** refer to the following conversation.

（＊上記の一文は本番の試験では印刷されていません。以下のページも同様です）

41. Who most likely is the woman? ○

    (A) A dentist
    (B) A doctor
    (C) A patient
    (D) A receptionist
    Ⓐ Ⓑ Ⓒ Ⓓ

最初の女性のセリフで
すぐに分かる

42. What time is the man's appointment tomorrow? ◎

    (A) 1 p.m.
    (B) 2 p.m.
    (C) 3 p.m.
    (D) 4 p.m.
    Ⓐ Ⓑ Ⓒ Ⓓ

「時間」を待ち伏せよ

43. What is the man's son doing tomorrow? ○

    (A) Going to school
    (B) Having his teeth checked
    (C) Meeting his friend
    (D) Playing sports
    Ⓐ Ⓑ Ⓒ Ⓓ

tomorrow と son（息
子）を待ち伏せよ

GO ON TO THE NEXT PAGE

第2章　ヒントつき！模擬問題と解答・解説　パート3

Questions **44** through **46** refer to the following conversation.

44. Where most likely are the speakers? ◎

    (A) An airport
    (B) A department store
    (C) A holiday resort
    (D) A workplace

Ⓐ Ⓑ Ⓒ Ⓓ

何の話をしているか
推測すれば簡単

45. When is the next meeting scheduled? ○

    (A) This Monday
    (B) Next week
    (C) In three weeks
    (D) Next year

Ⓐ Ⓑ Ⓒ Ⓓ

next meeting を待ち
伏せればすぐ！

46. What will the woman likely do if there is a problem?

    (A) Call her boss overseas
    (B) Deal with it herself
    (C) E-mail the Asia office
    (D) Wait until the next meeting

Ⓐ Ⓑ Ⓒ Ⓓ

後半の女性のセリフに
男性が答えている。

Questions **47** through **49** refer to the following conversation.

47. What is the woman trying to do via the internet? ○

    (A) Buy some books
    (B) Check her finances
    (C) Open her e-mail account
    (D) Send a message

Ⓐ Ⓑ Ⓒ Ⓓ

最初の女性のセリフを
しっかり聞く

48. Why can't the woman get onto the website? ○

    (A) She is typing the wrong address.
    (B) Her password isn't working.
    (C) Her computer is broken.
    (D) They are repairing the website.

Ⓐ Ⓑ Ⓒ Ⓓ

trouble の見当が
つけば、簡単

49. When should the woman try the website again? ◎

    (A) As soon as possible
    (B) Not today
    (C) In two hours
    (D) When the man calls her back

Ⓐ Ⓑ Ⓒ Ⓓ

後半の２人のやりとり
に集中

第２章 ヒントつき！模擬問題と解答・解説 パート 3

＊第２章と別冊は同じ問題ですが、一部レイアウトが異なります。別冊に合わせている
ため、ここでの "GO ON TO THE NEXT PAGE" は音声に入っていません。

GO ON TO THE NEXT PAGE

Questions **50** through **52** refer to the following conversation.

50. Who most likely are the speakers? ◎

    (A) English teachers

    (B) Bank clerks

    (C) Graduate students

    (D) University professors   Ⓐ Ⓑ Ⓒ Ⓓ

最初のセリフですぐに
分かる

51. What does the man ask the woman to do? ○

    (A) Lend him some money

    (B) Prepare the visual aids

    (C) Draft the presentation

    (D) Set up his new computer   Ⓐ Ⓑ Ⓒ Ⓓ

男性のセリフで「お願
い文」を待ち伏せ

52. What is the woman worried will happen? ○

    (A) Their presentation will take too long.

    (B) Their computer will break down.

    (C) The man will forget what to say.

    (D) The man will bring the wrong slides.   Ⓐ Ⓑ Ⓒ Ⓓ

後半の女性のセリフで
心配事を待ち伏せ！

Questions **53** through **55** refer to the following conversation.

53. Why can't the woman board the plane? ○

    (A) Her ticket is no longer valid.
    (B) She has forgotten her passport.
    (C) The plane is having engine trouble.
    (D) The weather is too bad.

    Ⓐ Ⓑ Ⓒ Ⓓ

マイナス材料は何か？

54. Why is the woman going to New York? ◎

    (A) She is going on a business trip.
    (B) She is taking a vacation.
    (C) She will visit family.
    (D) She lives there.

    Ⓐ Ⓑ Ⓒ Ⓓ

前半、女性のセリフで
New York を待て！

55. What will the woman most likely do next?

    (A) Catch a bus to New York
    (B) Cancel her plans altogether
    (C) Go to a hotel for the night
    (D) Wait in the airport overnight

    Ⓐ Ⓑ Ⓒ Ⓓ

設問に next, later が
出てきたら、最後のセ
リフがカギ

GO ON TO THE NEXT PAGE

第2章 ヒントつき！模擬問題と解答・解説 パート3

Questions **56** through **58** refer to the following conversation.

56. Why is the woman calling the hotel?

(A) To change her original reservation
(B) To complain about her room
(C) To inquire about room prices
(D) To reserve a room for one person

Ⓐ Ⓑ Ⓒ Ⓓ

女性の最初のセリフを
聞くだけ

57. How long will the woman stay? ◎

(A) 2 nights
(B) 3 nights
(C) 4 nights
(D) 5 nights

Ⓐ Ⓑ Ⓒ Ⓓ

女性のセリフで数字を
聞きのがさない

58. What kind of room does the woman ask for? ○

(A) A room close to the sports gym
(B) A room near the top floor
(C) A room with a free mini-bar
(D) A room with a good view

Ⓐ Ⓑ Ⓒ Ⓓ

後半の女性のセリフに
注目

Questions **59** through **61** refer to the following conversation.

59. Who most likely are the two speakers? ○

    (A) Husband and wife
    (B) Brother and sister
    (C) Colleagues
    (D) Roommates

Ⓐ Ⓑ Ⓒ Ⓓ

全体にヒントがちりば
められている

60. Why does the man dislike the Black Hen?

    (A) It is too far.
    (B) It is too noisy.
    (C) The food is not delicious.
    (D) The food is not cheap.

Ⓐ Ⓑ Ⓒ Ⓓ

Black Hen が聞こえ
たときの男性のセリフ
に注目

61. What time will they meet for lunch? ◎

    (A) 11:00
    (B) 11:30
    (C) 12:00
    (D) 12:30

Ⓐ Ⓑ Ⓒ Ⓓ

時間に集中！

*第2章と別冊は同じ問題ですが、一部レイアウトが異なります。別冊に合わせている
ため、ここでの "GO ON TO THE NEXT PAGE" は音声に入っていません。

GO ON TO THE NEXT PAGE

第2章 ヒントつき！模擬問題と解答・解説 パート3

Questions **62** through **64** refer to the following conversation.

62. What are the two people discussing? ○

    (A) A Christmas party
    (B) Company restructuring
    (C) A department meeting
    (D) Their retirement plans   Ⓐ Ⓑ Ⓒ Ⓓ

63. When is the man planning his vacation? ◎

    (A) December
    (B) January
    (C) March
    (D) April   Ⓐ Ⓑ Ⓒ Ⓓ

64. Which department does the man likely work in?

    (A) Sales
    (B) Marketing
    (C) Production
    (D) Advertising   Ⓐ Ⓑ Ⓒ Ⓓ

Questions 65 through 67 refer to the following conversation.

65. Who most likely is the woman? ○

    (A) The man's sister
    (B) The man's employee
    (C) The man's neighbor
    (D) The man's teacher.

Ⓐ Ⓑ Ⓒ Ⓓ

前半のやり取りで分かる

66. How might the woman go to work in the future ? ◎

    (A) By bicycle
    (B) By bus
    (C) By car
    (D) By train

Ⓐ Ⓑ Ⓒ Ⓓ

女性のセリフを待ち伏せ

67. What does the man like to do while commuting?

    (A) Chat
    (B) Read
    (C) Sleep
    (D) Work

Ⓐ Ⓑ Ⓒ Ⓓ

男性の最後のセリフが
カギ

第2章 ヒントつき！模擬問題と解答・解説 パート 3

GO ON TO THE NEXT PAGE

167

Questions **68** through **70** refer to the following conversation.

68. What is the man doing? ○

    (A) Complaining about a late delivery
    (B) Explaining a problem with a purchase
    (C) Ordering some furniture
    (D) Setting up a new internet service   Ⓐ Ⓑ Ⓒ Ⓓ

最初の男性のセリフに注目

69. What does the woman ask the man for?

    (A) His full name
    (B) His credit card details
    (C) The item number
    (D) The delivery number   Ⓐ Ⓑ Ⓒ Ⓓ

カギになるのは
「お願い文」だ

70. What will the man do next? ○

    (A) Call the driver directly
    (B) Demand a full refund
    (C) Go home for his receipt
    (D) Tell the woman his birthday   Ⓐ Ⓑ Ⓒ Ⓓ

後半の男女の会話に注目

Part 3 は TOEIC リスニングの双璧の一つですから、ちょっとやそっとではモノにできません。本番では設問を先読みして3問のうちの2問にしぼって「待ち伏せ攻撃」をかけるのが戦略ですが、日頃の勉強法としては、次のようにすると実力を養うことができます。

本書の解説を読んで、わからない単語にはマーカーをほどこし書き込みをし、とにかく読んで100％理解できるようにします。その後、スクリプトの英文を見ないで聞き、聞き取れないところでCDを止めます。スクリプトと解説を見て理解し、最終的には聞くだけで意味が取れるように何度も何度も繰り返すことです。

野球でいえば、速球を打つのと同じです。どうすればよいのか？それは、速球を何度も何度も投げてもらえばよいのです。この努力を怠らなければ、誰でも近い将来600点以上取れるようになります。

次にシャドーイング（shadowing）をします。ナチュラルスピードですから、完全に後について言うことはできないでしょう。でも、構いません。言えないところは抜かしてでも、最後まで到達してください。日本語に直す余裕がないため、次第に脳が「英語脳」になってきます。これが本番に効くのです。

最後の締めくくりとして、クイックレスポンス（Quick Response）です。これは各設問に自分だったらどう答えるか考えて、英語で声に出してみる練習です。私のオリジナルメソッドですが、実力アップに非常に効果的です。クイックレスポンスまで取り組めたら、700点〜800点突破も夢ではありません！

そのような徹底的なやり方をせずに何冊も問題集に手を出すのは、時間の無駄です。まずは本書1冊にしぼりましょう。

Column

41-43　スクリプトと訳

Questions 41 through 43 refer to the following conversation.

W: Hello, Newport Dental Clinic. Mary speaking. Can I help you?

M: Yes, this is John Steavens. I'd like to make a change to my appointment tomorrow.

W: Certainly sir, / would you like to change the time?

M: No, 4 o'clock is fine. I made an appointment for myself and my son, / but he has a soccer match tomorrow from 3 p.m. / so he can't make it. Could I make the appointment for myself only?

訳

女：はい、ニューポートデンタルクリニックでございます。メアリーと申します。どういうご用件でしょうか？

男：はい、ジョン・スティーブンスと申します。明日の私の診察予約を変更したいのです。

女：かしこまりました。時間を変更なさりたいのですか？

男：いや、4 時は大丈夫です。私は自分と息子の予約をしたのですが、息子は明日 3 時からサッカーの試合があるので、都合がつかないんです。私だけの予約にできますでしょうか？

重要語彙

□ **dental clinic**：歯科医院

□ **appointment**：アポ、面接、診療予約
　➡ 任命、指名という意味もあるので注意。

□ **make an appointment**：予約をする

□ **make it**：(何かを) うまくこなす

41. 正答 (D)　問題文 ◎ DISC 1　58　🖥 Web音声講座　○

Who most likely is the woman?	女性は誰だろうか？
(A) A dentist	(A) 歯医者
(B) A doctor	(B) 医者
(C) A patient	(C) 患者
(D) A receptionist ○	(D) 受付係

📖 のつけどころ

この種の問題のヒントは全文中に 2、3 ある。最初は男女の会話をリラックスして聞き、次の 42 番で必要になる tomorrow を待ち伏せる。most likely（多分、十中八九）は覚えておこう。

42. 正答 (D)　問題文 ◎ DISC 1　58　🖥 Web音声講座　◎

What time is the man's appointment tomorrow?	男性の明日の予約は何時か？
(A) 1 p.m.	(A) 午後 1 時
(B) 2 p.m.	(B) 午後 2 時
(C) 3 p.m.	(C) 午後 3 時
(D) 4 p.m. ○	(D) 午後 4 時

📖 のつけどころ

What time ...? は初級者向けの問題。絶対取る。「時間」を待ち伏せれば、時間は誰でも聞き取れる。appointment は「日時を決めて会う約束」のことで、「医者の診療予約」の意味もある。

43. 正答 (D)　問題文 ◎ DISC 1　58　🖥 Web音声講座　○

What is the man's son doing tomorrow?	男性の息子は明日何をするのだろうか？
(A) Going to school	(A) 学校へ行く
(B) Having his teeth checked	(B) 歯を調べてもらう
(C) Meeting his friend	(C) 友人に会う
(D) Playing sports ○	(D) スポーツをする

📖 のつけどころ

後半の男性のセリフに必ず出てくると確信して、son と tomorrow を待ち伏せする。(B) の have は使役動詞。have + A + ...ed（A を～してもらう）は覚えておく。また、teeth は tooth（歯）の複数形。

スクリプト　◎ DISC 1 **59**

Questions 44 through 46 refer to the following conversation.

W: Why don't we have any department meetings / for the next two Mondays?

M: The director is flying out to Hong Kong for spring training next Monday. And then / the following Monday is a public holiday.

W: But what if something happens / that we can't deal with by e-mail?

M: We can make a conference call with the department director / while he is in the Asia Office.

訳

女：次の2回の月曜日、どうして部会はないのですか？

男：部長が来週の月曜日は春期研修のため香港に行くんです。そしてその次の月曜は、祭日ですからね。

女：でも、メールで処理できない問題が起きたらどうしましょうか？

男：部長がアジア支局にいるときに電話会議できますよ。

重要語彙

□ **Why don't you ...?**：通常は「〜するのはいかがでしょう？」（提案）だが、今回は「なぜ〜しないのですか？」という意味。だから **some** でなく疑問文での **any** が使われている。また、尋ねているので当然 **Why** が強く発音されていることに注意。

□ **What if ...?**：〜だったらどうしましょう？

□ **deal with ...**：〜を扱う、対処する（= **handle**）

44. 正答 (D) 問題文 ◎ DISC 1 60 🖥 Web音声講座 ◎

Where most likely are the speakers?	話し手たちはどこにいるだろうか？
(A) An airport	(A) 空港
(B) A department store	(B) デパート
(C) A holiday resort	(C) 休暇を過ごすリゾート地
(D) A workplace ○	(D) 職場

📖のつけどころ

department store のときだけ「デパート」を意味する。department だけでは役所・会社などの「部門、部署」。大学では「学部、学科」のこと。flying や Hong-Kong や holiday が聞こえただけで、すぐ「エアポート」や「リゾート」だと早とちりしないこと。また、本問では company ／ firm ／ office などを workplace（職場）と言い換えている点に鋭く注目。

---

45. 正答 (C) 問題文 ◎ DISC 1 60 🖥 Web音声講座 ○

When is the next meeting scheduled?	次の会合はいつ予定されているか？
(A) This Monday	(A) 今週の月曜
(B) Next week	(B) 来週
(C) In three weeks ○	(C) 3週間の内に
(D) Next year	(D) 来年

📖のつけどころ

「時」の問題は初級者用に作られているので絶対に取る。女性の最初のセリフにいきなり the next two Mondays と聞こえるので、答えは（C）しかない。

---

46. 正答 (A) 問題文 ◎ DISC 1 60 🖥 Web音声講座

What will the woman likely do if there is a problem?	もし問題があれば女性は何をするだろうか？
(A) Call her boss overseas ○	(A) 海外の上司に電話する
(B) Deal with it herself	(B) 自身でそれに対処する
(C) E-mail the Asia office	(C) アジア支社にメールする
(D) Wait until the next meeting	(D) 次の会合まで待つ

📖のつけどころ

初級者には難しい問題。通常は後半の女性のセリフを待ち伏せればよいのだが、今回は女性のセリフに対して反応した「男性のセリフ」に答えがある。しかも conference call（電話会議）というビジネス英語も出てくる。しかし、女性の by e-mail? という質問に男性が call と答えているので、「電話だ！」と guess（推し量る）できれば解ける！

第2章 ヒントつき！模擬問題と解答・解説 パート 3

スクリプト ⊚ DISC 1 **61**

Questions 47 through 49 refer to the following conversation.

W: I'm having a problem accessing my online bank account.

M: Have you checked / that you are typing your password correctly?

W: Yes, several times, / but it keeps coming up with an error message.

M: We are doing some routine maintenance work on the website today, / so that may be causing delays. It should only take a couple of hours. Why don't you try signing in again later?

訳

女: 私のオンライン銀行口座へアクセスできないのです。

男: パスワードを正しく打ち込まれていることを確認されましたか？

女: ええ、数度。でも常にエラーメッセージが出続けるんです。

男: 本日、私どもは定例のサイト保守管理作業を行っております。それで遅れが生じているのかもしれません。2、3時間しかかかりません。のちほどもう一度入力していただけませんか？

重要語彙

☐ **have a problem ... ing**：～するのに難儀する

☐ **access**：アクセスする

☐ **bank account**：銀行口座

☐ **correctly**：正確に

☐ **come up with ...**：～を呈する

☐ **routine**：お決まりの

☐ **maintenance**：維持、保守管理

☐ **cause**：～を引き起こす

☐ **delay**：遅延

☐ **sign in ...**：署名して入る（本問ではパスワードを入れサイトにアクセスすることを指す）

47. 正答 (B)　問題文 ⊙ DISC 1　62　🖥 Web音声講座　〇

What is the woman trying to do via the internet?	女性はインターネットで何をしようとしているか？
(A) Buy some books	(A) 本を買う
(B) Check her finances 〇	(B) 彼女の収支状況をチェック
(C) Open her e-mail account	(C) 彼女のメールアカウントを開く
(D) Send a message	(D) メッセージを送信する

🎯のつけどころ

前半の女性のセリフで「未来形」のものを聞けば、すぐわかる。ただ account という語につられて、(C) を選んではいけない。ここでは bank の account(口座)だ！ via = by means of ...(〜によって)の意味。

48. 正答 (D)　問題文 ⊙ DISC 1　62　🖥 Web音声講座　〇

Why can't the woman get onto the website?	女性はなぜそのサイトに行けないのか？
(A) She is typing the wrong address.	(A) 間違ったアドレスを打ち込んでいる。
(B) Her password isn't working.	(B) 彼女のパスワードが機能していない。
(C) Her computer is broken.	(C) 彼女のパソコンが壊れている。
(D) They are repairing the website. 〇	(D) サイトの修理中である。

🎯のつけどころ

「できない」と言うのだから trouble があると察して、それが何かを聞き取る。女性は理由が分からないのだから、当然、男性のセリフに答えがある。

49. 正答 (C)　問題文 ⊙ DISC 1　62　🖥 Web音声講座　◎

When should the woman try the website again?	いつ女性はそのサイトに再度試みたらよいか？
(A) As soon as possible	(A) できるだけ早く
(B) Not today	(B) 今日はだめ
(C) In two hours 〇	(C) 2時間したら
(D) When the man calls her back	(D) 男性から電話で返答があったら

🎯のつけどころ

初級者はこの問題に集中すること。これができれば、「何の話かなあ」と聞いているだけで 47、48番へとさかのぼって正解が得られる可能性がある。〜 hours ／〜 later という語が聞こえるだけで、答えは(C)と確信できるはず。

スクリプト ◎ DISC 1 63

Questions 50 through 52 refer to the following conversation.

W: Let's go over our presentation one more time. If the professors don't like our proposal, / they won't give us the grant money we need.

M: You're right. Could you set up the screen for the slides? / And I'll switch on the computer.

W: Remember / we are only allowed to speak for twenty minutes / and I'm concerned / we're going to go over that. Let's try / to cut about five minutes off our speaking time.

訳

女：もう一度私たちのプレゼンに目を通しましょう。もし教授たちが私たちの提案を気に入らなければ、私たちが必要としている補助金がもらえないわよ。

男：その通りさ。スライドのためのスクリーンを用意してくれるかい？ 僕がパソコンのスイッチを入れるから。

女：忘れないで、20分しか話せないのよ。その時間を超えそうだから、心配しているの。話す時間を5分カットしてみましょうよ。

重要語彙

□ **go over ...**：～にざっと目を通す
□ **grant money**：補助金、助成金
□ **allow A to ...**：Aに～するのを容認する
□ **cut A off B**：BからAを切り離す、削除する

50. 正答 (C) 問題文 ◉ DISC 1 64 🖥 Web 音声講座 ◎

Who most likely are the speakers?	話し手たちは誰だろうか？
(A) English teachers	(A) 英語教師
(B) Bank clerks	(B) 銀行員
(C) Graduate students ○	(C) 大学院生
(D) University professors	(D) 大学教授

📖 のつけどころ

「話し手は誰か？」は定番。最初の2人の会話を聞いていれば、すぐにわかる。この種の問題は1つキーワードを聞きもらしても、まだ大丈夫！ 落ち着いて聞けば、必ずもう1～2つキーワードが出てくる。

---

51. 正答 (B) 問題文 ◉ DISC 1 64 🖥 Web 音声講座 ○

What does the man ask the woman to do?	男性は女性に何をするよう求めているか？
(A) Lend him some money	(A) 少しお金を貸してくれるように
(B) Prepare the visual aids ○	(B) 視覚補助機器を準備するように
(C) Draft the presentation	(C) プレゼンを前もって書くように
(D) Set up his new computer	(D) 彼の新しいパソコンを立ち上げるように

📖 のつけどころ

初級者には難しめだが、これも TOEIC の定番。設問が ask A to ...（A に～するように頼む）となっている。Could / Would / Can / Will you ...？ や Please 命令形を待ち伏せる。

---

52. 正答 (A) 問題文 ◉ DISC 1 64 🖥 Web 音声講座 ○

What is the woman worried will happen?	どんなことが起きると女性は心配しているのか？
(A) Their presentation will take too long. ○	(A) 彼らのプレゼンが長くなり過ぎる。
(B) Their computer will break down.	(B) 彼らのパソコンが壊れる。
(C) The man will forget what to say.	(C) 男性が何を言ったらよいのかを忘れる。
(D) The man will bring the wrong slides.	(D) 男性が間違ったスライドを持って来る。

📖 のつけどころ

前半を聞き逃したらあっさりあきらめて、後半の女性の「心配ごと」に集中する。only 20 minutes や five minutes などが聞こえるだけで、「時間を心配している！」と推測できるはず。なお、設問文の is the woman worried は挿入節なのでカッコに入れて考えるとよい。

スクリプト ◎ DISC 1 65

Questions 53 through 55 refer to the following conversation.

M: I'm sorry, ma'am / but the strong winds mean / that no flights will be taking off today.

W: But I have to be in New York by tomorrow morning / for a meeting with a customer.

M: We can accommodate you in a hotel near the airport tonight / and hopefully flights will resume in the morning, / or we can get you a seat on an overnight bus to New York.

W: The bus is no good. I'll never be able to sleep. I guess / the hotel will have to do.

訳

男：申し訳ございませんが、奥様、強風ですので今日はどんな便も飛ばないのです。

女：でも明日の朝までにニューヨークに行かなければならないんです、お客様と面接のために。

男：今晩は空港の近くにホテルをご用意できます。またうまく行けば朝のうちに飛び立てるでしょうし、ニューヨークへの夜行バスのお席をお取りすることもできます。

女：バスはだめよ。私、決して眠れないんです。ホテルにせざるをえないでしょうね。

重要語彙

□ **ma'am**：(呼びかけで) ご婦人 (**madam** の短縮形)

□ *A* **means that ...**：Aとは〜という意味です

□ **take off**：離陸する、立つ

□ **accommodate you in ...**：〜に宿をお取りする

□ **resume**：再開する
　➡ resume (履歴書) と間違わないように！

□ **guess**：推測する

□ **do**：間にあう、適する
　➡ ... will have to *do* で「〜で妥協しなくてはいけない」

53. 正答 (D) 問題文 ◎ DISC 1 66 🖥 Web音声講座 ○

Why can't the woman board the plane?	どうして女性は飛行機に搭乗できないのか？
(A) Her ticket is no longer valid.	(A) 彼女の切符はもはや有効でない。
(B) She has forgotten her passport.	(B) 彼女はパスポートを忘れてしまった。
(C) The plane is having engine trouble.	(C) 飛行機がエンジントラブルを起こしている。
(D) The weather is too bad. ○	(D) 天候が悪すぎる。

📖のつけどころ

前半の男性のセリフに、必ず「できない理由」があるはず。待ち伏せよ。なお、設問文の board は、ここでは「(船・飛行機・バスなど)に乗る」という動詞。

54. 正答 (A) 問題文 ◎ DISC 1 66 🖥 Web音声講座 ◎

Why is the woman going to New York?	どうして女性はニューヨークへ行くのか？
(A) She is going on a business trip. ○	(A) 彼女は出張しようとしている。
(B) She is taking a vacation.	(B) 彼女は休暇を取ろうとしている。
(C) She will visit family.	(C) 彼女は家族を訪問する。
(D) She lives there.	(D) 彼女はそこに住んでいる。

📖のつけどころ

この問題は絶対に取る！　女性のセリフで New York を待ちさえすれば楽勝。選択肢 (A)go on a business trip（出張に行く）の前置詞にも注目。方向を示してないので to でなく on だ。

55. 正答 (C) 問題文 ◎ DISC 1 66 🖥 Web音声講座

What will the woman most likely do next?	女性は次には何をするだろうか？
(A) Catch a bus to New York	(A) ニューヨークへ行くバスに（間に合って）乗る
(B) Cancel her plans altogether	(B) 計画を全部中止する
(C) Go to a hotel for the night ○	(C) その夜はホテルに泊まる
(D) Wait in the airport overnight	(D) 一晩空港で待つ

📖のつけどころ

最後の設問で next や later などと尋ねられたら、最後のセリフの「未来形」に集中。これで大抵は成功する！　なお、catch a bus と take a bus の違いにも注意。前者は「(間に合って)乗る」ことで、後者は「利用する」という意味の「乗る」。

Questions 56 through 58 refer to the following conversation.

M: New Hampton Hotel. How may I help you?

W: I'd like to book a single room / from the 2nd through the 4th.

M: Checking out on the 5th, / right?

W: Yes, / and if possible / I'd like a room on one of the higher floors. Last time I stayed at your hotel / I couldn't sleep / because of the noise / coming from the outdoor pool and bar area.

訳

男： ニューハンプトンホテルです。どのようなご用件でしょうか？

女： 2日から4日まで、シングルルームを予約したいのです。

男： チェックアウトは5日ですね？

女： ええ、そしてもしできれば、より高層階の部屋がいいのです。前回こちらに泊まったとき、眠れなかったのですよ。戸外のプールとバーのあるエリアからの騒音でね。

重要語彙

□ **last time**：前回、この前
□ **because of ...**：～が原因で
□ **noise**：騒音

Why is the woman calling the hotel?	女性はなぜホテルに電話しているのか？
(A) To change her original reservation	(A) 初めの予約を変えるために
(B) To complain about her room	(B) 部屋のことで文句を言うために
(C) To inquire about room prices	(C) 部屋の値段について尋ねるために
(D) To reserve a room for one person 〇	(D) 一人の部屋を予約するために

📖のつけどころ

最初の女性のセリフに答えは必ずあると信じて聞く。ポイントは book が reserve と同じく、「予約する」という動詞だと知っているかどうか。

How long will the woman stay?	女性はどの位（の期間）滞在するのか？
(A) 2 nights	(A) 2 泊
(B) 3 nights 〇	(B) 3 泊
(C) 4 nights	(C) 4 泊
(D) 5 nights	(D) 5 泊

📖のつけどころ

「2日から4日まで」だから3泊。初級者でもこの問題だけ必死で狙えば、結果として56番も取れる。このように3W1H（When ／ Where ／ Who ／ How）は初級者のためのサービス問題。まずは設問を先読みして、これらを優先的に狙う。

What kind of room does the woman ask for?	女性はどんな種類の部屋を求めているか？
(A) A room close to the sports gym	(A) スポーツジムに近接している部屋
(B) A room near the top floor 〇	(B) 最上階に近い部屋
(C) A room with a free mini-bar	(C) 無料のミニバーのついている部屋
(D) A room with a good view	(D) 眺めのよい部屋

📖のつけどころ

これはかなり英語が聞き取れる人でないと難しい。higher floor はより高い階のことで、値段が高いわけではない。

Questions 59 through 61 refer to the following conversation.

M: It's almost 11:30. Let's finish discussing these monthly targets over lunch.

W: Good idea. We could go to the Black Hen. They have a delicious lunch menu.

M: Yes, / but it's very crowded there at lunchtime. I think / we should go somewhere quieter / so we can talk.

W: O.K. let's go to Tony's. Say, / 12 o'clock? That gives me thirty minutes to check my messages / and get my notes together.

訳

男：もう 11 時 30 分だ。昼食を取りながら、これらの月の目標について話し合いを締めくくろう。

女：いい考えね。ブラックヘン(お店の名前)に行けるけど。おいしいランチメニューがあるわよ。

男：そうだね、でも昼食時はとても混み合ってる。話ができるように、どこかもっと静かなところに行ったほうがいんじゃないかな。

女：いいわよ。トニーズに行きましょう。ねえ、12 時はどう？ それだとメッセージをチェックして、要点をまとめるのに 30 分あるわ。

重要語彙

□ **so (that) ...**：～できるように
□ **say**：例えば、～はどう？
□ **get my notes together**：要点をまとめる

59. 正答 (C) 問題文 ◎ DISC 1 70 💻 Web 音声講座 ○

Who most likely are the two speakers?	二人の話し手は誰だろうか？
(A) Husband and wife	(A) 夫と妻
(B) Brother and sister	(B) 兄弟姉妹
(C) Colleagues ○	(C) 同僚
(D) Roommates	(D) 同室者

🔍のつけどころ

discuss／target／check my messages／get my notes together などヒントが盛りだくさん。また二人の話し振りでも容易に分かる。

---

60. 正答 (B) 問題文 ◎ DISC 1 70 💻 Web 音声講座

Why does the man dislike the Black Hen?	男性はどうしてブラックヘンが嫌いなのか？
(A) It is too far.	(A) 遠すぎる
(B) It is too noisy. ○	(B) うるさすぎる
(C) The food is not delicious.	(C) 食べ物がおいしくない。
(D) The food is not cheap.	(D) 食べ物が安くない。

🔍のつけどころ

女性が「おいしい」といっているのに男性が dislike（嫌い）というのだから、必ずマイナスイメージの言葉がくる。それを待ち伏せる。

---

61. 正答 (C) 問題文 ◎ DISC 1 70 💻 Web 音声講座 ◎

What time will they meet for lunch?	彼らは昼食のために何時に会うだろうか？
(A) 11:00	(A) 11 時
(B) 11:30	(B) 11 時 30 分
(C) 12:00 ○	(C) 12 時
(D) 12:30	(D) 12 時 30 分

🔍のつけどころ

「時」を問う What time の問題だから、初級者は絶対に逃してはいけない。後半の文で「時間」さえ聞き取れれば楽勝！

第2章 ヒントつき！模擬問題と解答・解説 パート 3

Question 62 through 64 refer to the following conversation.

W: Did you hear / that from April / they are going to merge the Marketing and the Sales Department? They're planning to lay off 20 people.

M: They won't do it before Christmas, will they? I was thinking of taking a vacation then.

W: No. People have until January to decide / if they want to take early retirement. You don't have to worry though. They are not planning to fire anyone / who works in the factory.

訳

女：4 月からマーケティング部門と営業部門を併合しようとしているって聞いた？ 会社は 20 人解雇しようと計画しているわ。

男：クリスマスまではそんなことしないだろう？ 僕はそのころ休暇を取ろうと考えていたんだ。

女：しないわよ。1 月までに if 以下かどうかを決めなくてはいけないのよ (if 以下 ➡ 早期退職をしたいかどうか)。でもあなたは心配しなくていいわよ。会社は who 以下の人は誰も解雇しようと計画はしていないわ (who 以下 ➡ 工場で働いている)。

重要語彙

□ **merge**：～を合併する

□ **sales department**：営業［販売］部門

□ **lay off**：（一時）解雇する

□ **decide if ...**：～かどうかを決める

□ **though**：（副）～だけどね

　➡ 会話では「接続詞」としてではなく、「副詞」として文尾にくることがある。

What are the two people discussing?	二人の人は何を話し合っているか？
(A) A Christmas party	(A) クリスマスパーティー
(B) Company restructuring ○	(B) 会社のリストラ
(C) A department meeting	(C) 部門会議
(D) Their retirement plans	(D) 彼らの退職計画

📖のつけどころ

TOEIC Part 3 や 4 の定番問題。初級者は肩の力を抜いて「何の話かな？」とリラックスして聞き、あくまでも次の 60 番 vacation を待ち伏せる。そのあとで設問 62 番に戻って消去法で解けば、2 問ゲットできる可能性がある。なお、discuss は他動詞なので with や about は不要。また、「リストラ」というと「クビにする」と考えている人がいるが、「企業の再編成」のことなので人員整理はその一つにすぎない。

When is the man planning his vacation?	男性はいつ休暇を考えているか？
(A) December ○	(A) 12 月
(B) January	(B) 1 月
(C) March	(C) 3 月
(D) April	(D) 4 月

📖のつけどころ

vacation の「時」を待ち伏せていれば、Christmas を聞き逃す人はいないはず。絶対に取るべき問題。

Which department does the man likely work in?	男性はどの部門で働いているだろうか？
(A) Sales	(A) セールス（営業、販売）
(B) Marketing	(B) マーケティング
(C) Production ○	(C) 生産
(D) Advertising	(D) 宣伝広告

📖のつけどころ

後半部の会話にキーがあるのは当然だが、初・中級者は女性のセリフ You don't have to ... 以下が聞き取れないと factory ➡ production department という推測ができないだろう。最初に Marketing と Sales と切り出されているので、この二つはないと推測すれば、あとは (C) と (D) のどちらかになる。

スクリプト ◉ DISC 1 **73**

Questions 65 through 67 refer to the following conversation.

W: Sorry I'm late, Boss. The bus went by a different route.

M: Didn't you know? As of this week / the bus is going to go past the new shopping mall / before it comes into the city.

W: That adds another 20 minutes to the travel time. I think / I might drive to the office from now on.

M: I'm sticking with the bus. It gives me time / to get through the day's newspapers / before I get to work.

訳

女：遅れてすみません、ボス。バスが違うルートを通ったんです。

男：知らなかったのかい？ 今週からバスは市内に入る前に新しいショッピングモールを通るってことを。

女：それって行程の時間が 20 分くらい増えるってことですね。今後は会社には車で来ようかなと思います。

男：私はバスを続けるね。会社に着く前に、その日の新聞を読み通す時間があるんだよ。

重要語彙

□ **boss**：ボス、上役（上役に対する呼びかけ）
→ both（両方）と間違わないこと。

□ **as of ...**：～から、～をもって

□ **mall**：モール

□ **add**：付け加える

□ **journey time**：行程 [旅程] 時間

□ **from now on**：今からずっと

□ **stick with ...**：～から離れない、あきらめない

□ **get through ...**：～を終える、～を変えない

Who most likely is the woman? | 女性は誰だろうか？

(A) The man's sister | (A) 男性の姉妹
(B) The man's employee ◯ | (B) 男性の従業員
(C) The man's neighbor | (C) 男性の隣人
(D) The man's teacher. | (D) 男性の先生

🔍のつけどころ

いきなり Boss! と呼びかけているので、目下の者だとすぐに分かる。二人の話し方にも注意を払うとよい。

How might the woman go to work in the future ? | 女性は今後どうやって仕事に行くだろうか？

(A) By bicycle | (A) 自転車で
(B) By bus | (B) バスで
(C) By car ◯ | (C) 車で
(D) By train | (D) 電車で

🔍のつけどころ

How の問題で、しかも選択肢は単語のみ。絶対取る！　女性の後半のセリフを待ち伏せる。設問に出てきた might は、may よりさらに婉曲な言い方で「〜だろう」という推測を表す。

What does the man like to do while commuting? | 男性は通勤中に何をするのが好きか？

(A) Chat | (A) おしゃべりする
(B) Read ◯ | (B) 読む
(C) Sleep | (C) 眠る
(D) Work | (D) 仕事する

🔍のつけどころ

男性の最後のセリフを待って聞けば、最低でも bus と newspaper が聞こえる。これだけで (B) Read と推測できるはず。本番テストでは選択肢は必ずしもこんなに短くはない。しかしキーとなる語が強く発音されるのは、本番も同様。

第2章　ヒントつき！ 模擬問題と解答・解説　パート 3

スクリプト ◎ DISC 1 **75**

Question 68 through 70 refer to the following conversation.

M: Yes, / I'm calling about a sofa I ordered online. It was delivered this morning, / but it's the wrong color.

W: OK, / I will need the delivery code. It's on the top right of the receipt / the driver gave you.

M: Actually, / I'm calling from work / so I don't have that paper with me. Could I call you back later?

W: That won't be necessary, sir. If you give me your date of birth / I can search our customer database for your details that way.

訳

男：そう、ネットで注文したソファについて電話しているんです。今朝配達されたのですが、色が違っています。

女：分かりました。配達コードが必要です。ドライバーがあなたにお渡ししたレシートの、一番上の右にあります。

男：実は、私は仕事場から電話しているので、持ち合わせていないんです。今晩電話をかけ直してもいいですか？

女：その必要はございません、お客様。もし、お客様の生年月日をお教えいただければ、それで顧客データベースから詳細を検索できます。

重要語彙

□ **order online**：ネットで注文する

□ **code**：（コンピューター用の）番号、符号

□ **search A for B**：B を求めて A を探す

□ **database**：データベース、資料基盤

□ **that way**：そうやって、そちらの方法で（文中では、「顧客の生年月日を使って」という意味）

68. 正答 (B)　問題文 💿 DISC 1　76　💻 Web 音声講座　○

What is the man doing?	男性は何をしているのか？
(A) Complaining about a late delivery	(A) 遅い配達に文句を言っている
(B) Explaining a problem with a purchase ○	(B) 買った物について問題を説明している
(C) Ordering some furniture	(C) 家具を注文している
(D) Setting up a new internet service	(D) 新しいネットのサービスを立ち上げている

のつけどころ

前半で男性が but と言っている。ここがポイント。

---

69. 正答 (D)　問題文 💿 DISC 1　76　💻 Web 音声講座

What does the woman ask the man for?	女性は男性に何を求めているか？
(A) His full name	(A) 彼のフルネーム
(B) His credit card details	(B) 彼のクレジットカードの詳細
(C) The item number	(C) 商品番号
(D) The delivery number ○	(D) 配達番号

のつけどころ

前半の女性のセリフをしっかり聞く。「求めている」のだから、please 命令文／ You should ... ／ I need ... ／ It is necessary to ... などの文を予測して聞く。

---

70. 正答 (D)　問題文 💿 DISC 1　76　💻 Web 音声講座　○

What will the man do next?	男性は次に何をするだろうか？
(A) Call the driver directly	(A) 直接ドライバーに電話する
(B) Demand a full refund	(B) 全額返金を要求する
(C) Go home for his receipt	(C) 領収証を取りに帰宅する
(D) Tell the woman his birthday ○	(D) 女性に自分の誕生日を告げる

のつけどころ

キーとなる、your date of birth（あなたの生年月日）が聞き取れる人なら簡単。だが、初級者には難しいだろう。

第2章　ヒントつき！ 模擬問題と解答・解説　パート 3

第2章 ヒントつき！ 予想問題と解答・解説 Part 4（説明文問題）

　前の Part 3 が会話応答問題であったのに対して、このパートは一人のトークに対しての質問で構成されています。攻略法は Part 3 と同じで、3 問中 2 問を「待ち伏せ」で狙います。

　ただ、一人のトークですから前半、後半という形に分かれていません。一つのトークを前半、中盤、後半と 3 つに分けられると想定し、最初の 2 問は前半から中盤にかけてのもの、最後の問題は後半、それもギリギリ最後の最後にキーがあると推測して練習を積むと効果があります。

　例えば、最初の 71 〜 73 番の問題の場合、71 番の問いは「トークの目的」です。「大切なことは最初に来る！」という鉄則があるので、前半から中盤にかけて答えがあるはずなのです。初級者はつい最後まで聞き入ってしまい、72 番、73 番が完全にお留守になってしまうことが多いので気をつけないといけません。まずは、「何の話かな？」と肩の力を抜いて聞き、あくまでも 72 番の Who「誰に向けられているのか？」と、後半ギリギリのところで 73 番 How「どうやって情報を得るのか」に集中するのです。その 2 つを解いたあとで、71 番に戻って選択肢をさっと読み通すと、消去法から正解が浮かび上がってきます。

💻 第 2 章の音声講義は WEB 上で聴講することができます。
著者の大学サイト（http://www.poole.ac.jp/university_eigo/yamane.html）にアクセスしてご活用ください。

（もしくはプール学院大学　http://www.pool.ac.jp　を検索 ⇨
「国際文化学部・英語学科」をクリック ⇨ 教員のプロフィール ⇨ 山根利明、でも可）

◎ Directions の箇所（track 77）は別冊には含まれていますが、第 2 章には載せていません。あらかじめご了承下さい。

問題編

Questions **71** through **73** refer to the following talk.
（＊上記の一文は本番の試験では印刷されていません。以下のページも、同様です）

71. What is the purpose of this talk?

 (A) To announce a new pension plan
 (B) To explain changes in the salary system
 (C) To detail job cuts
 (D) To discuss the company's merger   Ⓐ Ⓑ Ⓒ Ⓓ

深入りしてはダメな問題。次の2つに集中！

72. Who most likely is the talk being made to? ○

 (A) Customers
 (B) New employees
 (C) Managers
 (D) Suppliers   Ⓐ Ⓑ Ⓒ Ⓓ

上から目線の話し方。選択肢2つはすぐ消去できるはず。

73. How can workers get more information about this issue? ◎

 (A) By telephone
 (B) In meetings
 (C) In person
 (D) Via e-mail   Ⓐ Ⓑ Ⓒ Ⓓ

最後の最後を聞くだけで解ける。

GO ON TO THE NEXT PAGE

第2章　ヒントつき！模擬問題と解答・解説　パート4

Questions **74** through **76** refer to the following announcement.

74. Where is this announcement being made? ◎

    (A) On a plane
    (B) On a ship
    (C) On a tour bus
    (D) On a train   Ⓐ Ⓑ Ⓒ Ⓓ

75. How long will it take to reach Vancouver? ○

    (A) Exactly 1 hour
    (B) Under 3 hours
    (C) About 6 hours
    (D) Over 10 hours   Ⓐ Ⓑ Ⓒ Ⓓ

76. What can passengers do in the restaurant area?

    (A) Order a hot meal
    (B) Smoke cigarettes
    (C) Use cell phones
    (D) Use computers   Ⓐ Ⓑ Ⓒ Ⓓ

Questions **77** through **79** refer to the following travel report.

77. What is happening tonight at Brompton Park? ◎

    (A) A baseball game
    (B) A music concert
    (C) A sports competition
    (D) A trade exhibition   Ⓐ Ⓑ Ⓒ Ⓓ

whatの問題でも簡単。
なじみの話題だから。

78. What time will the roads be closed from? ○

    (A) 8 p.m.
    (B) 9 p.m.
    (C) 10 p.m.
    (D) 11 p.m.   Ⓐ Ⓑ Ⓒ Ⓓ

前半でclosedを待つ。

79. What is the only type of vehicle allowed near the stadium tonight? ○

    (A) Bus
    (B) Car
    (C) Motorbike
    (D) Taxi   Ⓐ Ⓑ Ⓒ Ⓓ

vehicleが分からなく
ても解ける。

*第2章と別冊は同じ問題ですが、一部レイアウトが異なります。別冊に合わせている
ため、ここでの "GO ON TO THE NEXT PAGE" は音声に入っていません。

GO ON TO THE NEXT PAGE

第2章 ヒントつき！模擬問題と解答・解説 パート4

Questions **80** through **82** refer to the following voice-mail message.

80. Who most likely are the speakers? ◎

    (A) Parents
    (B) School children
    (C) Teachers
    (D) University students   Ⓐ Ⓑ Ⓒ Ⓓ

ヒントは多い。
落ち着いて。

81. Why can't Emily meet Jane as planned?

    (A) She is feeling sick today.
    (B) Her car is not running.
    (C) She has to help with her brother.
    (D) She has too many classes.   Ⓐ Ⓑ Ⓒ Ⓓ

can't に注目。
マイナスムードを聞け。

82. What does Emily ask Jane to do? ○

    (A) Borrow books
    (B) Call her back
    (C) Have lunch with her
    (D) Reserve a room   Ⓐ Ⓑ Ⓒ Ⓓ

トーク最後に注目。
難しくはない。

Questions **83** through **85** refer to the following radio broadcast.

83. How often is this radio show broadcast? ◎

    (A) Every day
    (B) Once a week
    (C) Once a month
    (D) Quarterly

Ⓐ Ⓑ Ⓒ Ⓓ

前半で回数に言及が
あるはずだ！

84. Who is Graham Steele? ○

    (A) A business teacher
    (B) A radio presenter
    (C) A company president
    (D) A newspaper writer

Ⓐ Ⓑ Ⓒ Ⓓ

設問を読んで待ち伏せ
れば簡単。

85. What is the subject of today's show?

    (A) The downturn in British industry
    (B) The future of the world's economy
    (C) Increased export figures
    (D) The stock prices of major companies

Ⓐ Ⓑ Ⓒ Ⓓ

難しい。本番ではスキ
ップするのも戦略。

第2章 ヒントつき！模擬問題と解答・解説 パート4

Questions **86** through **88** refer to the following recorded message.

86. Why did no one answer the phone?

    (A) Every member of staff was busy.

    (B) It was a wrong number.

    (C) The office is closed today.

    (D) They only accept fax orders.
      Ⓐ Ⓑ Ⓒ Ⓓ

前半冒頭に否定部分があるはず。

87. What kind of company most likely is Watson's? ◎

    (A) A drinks supplier

    (B) A food vendor

    (C) A machine manufacturer

    (D) A restaurant chain
      Ⓐ Ⓑ Ⓒ Ⓓ

beverages が分かるなら簡単。

88. What can customers do by fax? ○

    (A) Ask for a different item

    (B) Complain about goods

    (C) Find out the latest prices

    (D) Put in their usual order
      Ⓐ Ⓑ Ⓒ Ⓓ

fax に注目して待ち伏せ。

Questions **89** through **91** refer to the following advertisement.

89. How much discount is being offered on bed frames? ◎

    (A) 20%

    (B) 30%

    (C) 50%

    (D) 75%

Ⓐ Ⓑ Ⓒ Ⓓ

前半で bed frames を
待ち伏せ。

90. When are bed sheets on sale? ○

    (A) Monday

    (B) Wednesday

    (C) Friday

    (D) Saturday

Ⓐ Ⓑ Ⓒ Ⓓ

bed sheets を待ち伏
せ。

91. What time does Al's Bed Barn close? ○

    (A) 7 p.m.

    (B) 8 p.m.

    (C) 9 p.m.

    (D) 10 p.m.

Ⓐ Ⓑ Ⓒ Ⓓ

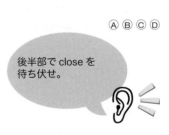

後半部で close を
待ち伏せ。

＊第2章と別冊は同じ問題ですが、一部レイアウトが異なります。別冊に合わせている
ため、ここでの "GO ON TO THE NEXT PAGE" は音声に入っていません。

GO ON TO THE NEXT PAGE

Questions **92** through **94** refer to the following announcement.

92. In which country is this plane about to land? ◎

    (A) France
    (B) South Korea
    (C) Switzerland
    (D) The USA   Ⓐ Ⓑ Ⓒ Ⓓ

着陸だから前半に出て
くるはず。

93. What should passengers traveling within Europe do?

    (A) Get their suitcases
    (B) Go straight to their next plane
    (C) Fill out a customs form
    (D) Stamp their passports   Ⓐ Ⓑ Ⓒ Ⓓ

Europe を待ち伏せ
る。

94. When most likely is this announcement being made? ○

    (A) In the morning
    (B) At lunch time
    (C) In the afternoon
    (D) Late evening   Ⓐ Ⓑ Ⓒ Ⓓ

「時」を示す語を
待ち伏せ。

Questions **95** through **97** refer to the following new report.

95. What is the company planning to open?

    (A) A department store
    (B) Another factory
    (C) A new office
    (D) A supermarket

Ⓐ Ⓑ Ⓒ Ⓓ

前半で open を
待ち伏せ。

96. Where will it be located? ◎

    (A) By the river
    (B) In the town center
    (C) Just outside the city
    (D) Near the ocean

Ⓐ Ⓑ Ⓒ Ⓓ

will に注目。過去や
現在ではない！

97. When will it be finished? ○

    (A) January
    (B) March
    (C) August
    (D) December

Ⓐ Ⓑ Ⓒ Ⓓ

finished がキー。後半
で「時」を待ち伏せ。

GO ON TO THE NEXT PAGE

Questions **98** through **100** refer to the following talk.

98. Who most likely are the listeners?

  (A) People currently looking for work
  (B) People employed in Human Resources
  (C) People working as journalists
  (D) People who work in recruitment companies

Ⓐ Ⓑ Ⓒ Ⓓ

誰に話しているのか？
ヒントは複数ある。

99. What will she talk about last?

  (A) Contracts
  (B) Interviews
  (C) Negotiations
  (D) Résumés

Ⓐ Ⓑ Ⓒ Ⓓ

last がミソ。トーク
後半に注目。

100. What should people do if they have a question? ○

  (A) Ask at the end of the talk
  (B) Interrupt during the presentation
  (C) Send her an e-mail
  (D) Speak to one of the other presenters.

Ⓐ Ⓑ Ⓒ Ⓓ

難問！ question が
カギとなる。

Part 4 の対策法は、基本的に Part 3 と同じです。本番では設問の先読みをして、3問中2問に的を絞りましょう。初・中級の受験者には「待ち伏せ攻撃」が一番効果的です。長い目で見た、日ごろの勉強法としては、「速読力」も意識しましょう。

　Part 3・4ではリスニング力だけでなく、速読力も求められます。各設問の選択肢も長めの英文が多く、選択肢を読むだけで時間がかかってしまう恐れがあります。日本語に訳しながら考えていては、とても間に合いません。本書で採用している「読み下し訳」やスラッシュに親しみ、英文を頭から理解するよう努めましょう。それがひいては、Part 3・4のスコアアップにつがなるのです。

Column

71-73　スクリプトと訳

🇺🇸 **スクリプト**　◉ DISC 1 **78**

Questions 71 through 73 refer to the following talk.

Last month, / in a company-wide memo, / we announced a new reduced pension plan. Today's meeting is to talk about the next step in our program / to avoid job losses - pay cuts. We are planning to introduce a 5% cut in pay this year. We want you to take this information back to your individual departments / and to reassure everyone in your teams / that these cuts are necessary for our long term survival. We will give you details of a help line / that employees can call to discuss this situation.

訳　＊「英語頭」養成のため、読み下し訳としています。

先月、全社向けへの回覧表で、私どもは新しい縮小年金プランを発表しました。本日の会合の目的は、私どもの計画において失業を避けるための次のステップについてお話することです―すなわち給与カットです。当社は今年給与5％カットを導入する計画です。この情報をそれぞれの部門に持ち帰って、皆さんのチームに that 以下と安心させてほしいのです（that 以下 ➡ これらの賃金カットは当社が長く存続していくために必要であると）。that 以下の電話相談サービスの詳細をお知らせしましょう（that 以下 ➡ 従業員がこの状況について話し合うために電話できる）。

重要語彙

- □ **reduced**：減額された、縮小された
- □ **avoid**：避ける
- □ **job loss**：失業、失職
- □ **introduce**：導入する
- □ **in pay**：給与において
  - ➡ アメリカでは salary が、イギリスでは pay がよく使われる。
- □ **individual**：個々の
- □ **reassure**：安心させる、再保証する
- □ **long term**：長期にわたる
- □ **survival**：生き残ること
- □ **help line**：お助け電話サービス
- □ **situation**：状況

71. 正答 (B) 問題文 ◎ DISC 1 79 💻 Web音声講座

What is the purpose of this talk?	このトークの目的は何か？
(A) To announce a new pension plan	(A) 新しい年金計画の発表
(B) To explain changes in the salary system ○	(B) 給与体系に関する変更の説明
(C) To detail job cuts	(C) 雇用削減について詳しく述べる
(D) To discuss the company's merger	(D) 会社の合併について話し合う

圓のつけどころ

この出題形式は定番。やさしそうに見えて難しい。攻略のコツは「何の話かな？」と聞き始めること。
中盤までは 72 番「誰に話しているのか？」を待ち伏せ、最後に 73 番「どうやって？」を待ち伏せる。
そうすると不思議なもので、あとから 71 番に戻ると、正解が (B) だと分かる。

72. 正答 (C) 問題文 ◎ DISC 1 79 💻 Web音声講座 ○

Who most likely is the talk being made to?	このトークは誰になされているのだろうか？
(A) Customers	(A) 顧客
(B) New employees	(B) 新入社員
(C) Managers ○	(C) 部長たち
(D) Suppliers	(D) 業者

圓のつけどころ

job losses と pay cuts が聞き取れれば、(A) と (B) は消去できる。most likely（もっともありがちに）
は「〜だろうか？」くらいに考えてよい。is being made は「〜されている」という受け身の進行形で
あることに注意。

73. 正答 (A) 問題文 ◎ DISC 1 79 💻 Web音声講座 ◎

How can workers get more information about this issue?	労働者たちはこの問題についてどうやってさらなる情報を得られるか？
(A) By telephone ○	(A) 電話で
(B) In meetings	(B) 会合で
(C) In person	(C) 本人から直接に
(D) Via e-mail	(D) メールで

圓のつけどころ

初級者はこの問題だけは絶対に取る！ call が聞こえれば、解ける問題なのだから。

Questions 74 through 76 refer to the following announcement.

We would like to welcome passengers / aboard this Intercity Rapid Rail Service to Vancouver. Our journey will take approximately 6 hours. On board today / we have a restaurant car / serving a selection of sandwiches / and other cold snacks. There are internet connections available / in the restaurant car / and the first class carriages. To avoid disturbing other passengers, / please limit the use of mobile phones / to the designated areas in carriages three and ten. Please note / that due to federal law / smoking is prohibited in all areas.

訳　＊「英語頭」養成のため、読み下し訳としています。

バンクーバーへこの Intercity Rapid Rail Service（都市間快速鉄道）へのご乗車の ありがとうございます。当列車はおよそ 6 時間の旅程となります。本日は serving 以下の食堂車をご用意してございます（serving 以下 ➡ サンドウイッチの品揃えと ほかに冷たい軽食をお出しできる）。食堂車と一等車両におきましては、インターネッ ト接続が可能となっております。ほかのお客様のご迷惑にならないように、携帯電 話のご使用は 3 号車、10 号車の指定区域のみに限らせていただきます。連邦法によ り、喫煙はあらゆる場所において禁じられておりますのでご留意ください。

重要語彙
- □ **aboard**：〜に乗車して　　□ **intercity**：都市間の
- □ **rapid**：快速の、すばやい　　□ **rail service**：鉄道事業
- □ **journey**：長い旅、旅程、行程
- □ **approximately**：およそ ➡ about の改まった言い方
- □ **available**：利用できる
- □ **carriage**：客車
- □ **avoid ... ing**：〜することを避ける
- □ **disturb**：乱す、妨げる
- □ **limit**：制限する
- □ **note that ...**：〜を心に留めておく
- □ **due to ...**：〜により、〜のせいで
- □ **federal**：連邦の
- □ **law**：法
- □ **prohibit**：禁ずる

74. 正答 (D)　問題文 ◎ DISC 1　81　💻 Web 音声講座　◎

Where is this announcement being made?	このお知らせはどこでなされているか？
(A) On a plane	(A) 飛行機で
(B) On a ship	(B) 船で
(C) On a tour bus	(C) バスで
(D) On a train ○	(D) 列車で

📖のつけどころ

この手の問題は必ず最初の 2、3 行くらいにヒントがある。aboard（〜に乗って）にだまされてはいけない。通常は飛行機や船だが、列車・バスもある。

75. 正答 (C)　問題文 ◎ DISC 1　81　💻 Web 音声講座　○

How long will it take to reach Vancouver?	バンクーバーに着くのにどのくらいかかりますか？
(A) Exactly 1 hour	(A) きっかり 1 時間
(B) Under 3 hours	(B) 3 時間を下回る
(C) About 6 hours ○	(C) 約 6 時間
(D) Over 10 hours	(D) 10 時間以上

📖のつけどころ

Vancouver（バンクーバー）を待ち伏せれば、必ず「かかる時間」が聞き取れる。

76. 正答 (D)　問題文 ◎ DISC 1　81　💻 Web 音声講座

What can passengers do in the restaurant area?	乗客はレストランのエリアで何ができるか？
(A) Order a hot meal	(A) 温かい食事を注文する
(B) Smoke cigarettes	(B) タバコを吸う
(C) Use cell phones	(C) 携帯電話を使う
(D) Use computers ○	(D) パソコンを使う

📖のつけどころ

restaurant（レストラン）を待ち伏せれば、聞き取れるはず。hot meal がひっかけだ。トークによると sandwiches と cold snacks しか食事は出てこない。

🔘 DISC 1 82

Questions 77 through 79 refer to the following travel report.

And now for traffic news. Police have warned motorists / to avoid the area around Brompton Sports Park today. The baseball stadium is hosting a live performance / by the rock band "Hard Knocks" / tonight from 9 p.m. Traffic is expected to be very heavy / from early evening. The police will set up road blocks in the immediate area / from 8:00 p.m. to 11:00 p.m. There will be special parking areas set up / in the east and west of the city / and they will have a free shuttle bus service to Brompton Park. Taxis and motorbikes will also be prohibited / from entering the stadium zone.

訳　＊「英語頭」養成のため、読み下し訳としています。

さあ、今度は交通ニュースです。警察では車を運転される方に to 以下するよう警告しています（to 以下 ➡ 今日はブロンプトン運動公園付近の地域を避けるようにと）。この野球場が今晩 9 時からロックバンドの Hard Knocks による公演を主催します。交通は夕方早くから非常な混雑が予想されます。警察は午後 8 時から午後 10 時まで直接の区域を封鎖します。市の東部と西部に特別な駐車区域が設けられ、ブロンプトン公園へ無料のシャトルバスが運行されます。タクシー、バイクもまたスタジアム区域に入ることは禁じられます。

重要語彙

□ **warn**：警告する
□ **host**：主催する
□ **performance**：演技、演奏、公演
□ **set up**：用意する、立ち上げる
□ **road blocks**：バリケード（道路を封鎖する障害物）
□ **immediate**：直接の

77. 正答 (B) 問題文 ◎ DISC 1 83 🖳 Web音声講座 ◎

What is happening tonight at Brompton Park?	今晩はブロンプトン公園で何があるだろうか？
(A) A baseball game	(A) 野球の試合
(B) A music concert ○	(B) コンサート
(C) A sports competition	(C) スポーツ競技会
(D) A trade exhibition	(D) 展示会

🔍のつけどころ

tonight を待ち伏せれば、簡単に解ける。live や rock などの単語にピンとくるはず。

---

78. 正答 (A) 問題文 ◎ DISC 1 83 🖳 Web音声講座 ○

What time will the roads be closed from?	道路は何時から閉鎖されるのだろうか？
(A) 8 p.m. ○	(A) 午後 8 時
(B) 9 p.m.	(B) 午後 9 時
(C) 10 p.m.	(C) 午後 10 時
(D) 11 p.m.	(D) 午後 11 時

🔍のつけどころ

close は流れから考えて、後半に出てくるはず。「時間」の問題だから簡単だが、9 p.m.（公演が始まる時間）がひっかけになっている。注意！

---

79. 正答 (A) 問題文 ◎ DISC 1 83 🖳 Web音声講座 ○

What is the only type of vehicle allowed near the stadium tonight?	今晩スタジアムの近くで許されている唯一の乗り物は何か？
(A) Bus ○	(A) バス
(B) Car	(B) 車
(C) Motorbike	(C) バイク
(D) Taxi	(D) タクシー

🔍のつけどころ

taxi と motorbike は be prohibited が聞きとれれば、すぐに消せる。

第2章 ヒントつき！模擬問題と解答・解説 パート4

スクリプト　◎ DISC 1　84

Questions 80 through 82 refer to the following voice-mail message.

Hi, Jane, / it's Emily. Sorry / but I won't be able to meet you at the library / before college starts today. My mom's car has broken down, / so she wants me to take my little brother to school. My morning is full with classes / but I can meet you in the afternoon. I'll have my cell phone switched off all morning / but I'll call you again at lunchtime. Could you get the books we need / from the library? I will find a room for us to use / so we can work on our paper.

訳　＊「英語頭」養成のため、読み下し訳としています。

もしもしジェーン、エミリーよ。申し訳ないけど今日大学が始まる前に図書館であなたに会えないのよ。ママの車が壊れちゃったの。それでママは私に弟を学校へ連れていってほしいってことなの。午前中は授業でいっぱいなの。でも午後には会えるわ。午前中はずっと携帯は切っておくけど、ランチタイムにあなたにまた電話するわ。図書館で私たちに必要な本を借りてもらえる？ so以下できるように、私たちが使える部屋見つけるわね（so以下 ➡ 私たちがレポートに取り組めるように）。

重要語彙

□ **break down**：壊れる
□ **have A ... ed**（過去分詞形）：Aを〜の状態にしておく
□ **paper**：論文、レポート、書類

80. 正答 (D)　問題文 ◎ DISC 1 [85]　💻 Web音声講座　◎

Who most likely are the speakers?	話し手は誰だろうか？
(A) Parents	(A) 親
(B) School children	(B) 児童生徒
(C) Teachers	(C) 先生
(D) University students ○	(D) 大学生

📖のつけどころ

「話し手は誰か？」という問題は、ヒントが複数出てくる。あわてない。

---

81. 正答 (C)　問題文 ◎ DISC 1 [85]　💻 Web音声講座

Why can't Emily meet Jane as planned?	どうしてエミリーはジェーンに計画通りに会えないのか？
(A) She is feeling sick today.	(A) 彼女は今日気分がすぐれない。
(B) Her car is not running.	(B) 彼女の車が動かない。
(C) She has to help with her brother. ○	(C) 彼女は弟の手助けをしなければならない。
(D) She has too many classes.	(D) 彼女は授業が多過ぎる。

📖のつけどころ

文意がしっかり聞き取れないと解けない問題。設問の can't がカギ。すなわちトークにマイナスムードが出てくるところを待ち伏せる。

---

82. 正答 (A)　問題文 ◎ DISC 1 [85]　💻 Web音声講座　○

What does Emily ask Jane to do?	エミリーはジェーンに何をするよう求めているか？
(A) Borrow books ○	(A) 本を借りる
(B) Call her back	(B) 彼女に電話を折り返す
(C) Have lunch with her	(C) 彼女と一緒にランチをする
(D) Reserve a room	(D) 部屋を予約する

📖のつけどころ

後半に出てくる、Could you get the books we need from the library? の中の get the books がカギ。

スクリプト ● DISC 1 **86**

Questions 83 through 85 refer to the following radio broadcast.

Hello, / I'm Jack Garcia. Welcome to "Business Byline," / a monthly roundup of the top business stories. On today's show / I have Dr. Grace Madley, / Professor of Economics at the London Business School / and Graham Steele, / former CEO of British Steel / and currently a columnist for *The Financial Times*. We will be discussing the quarterly figures / released today by many large companies. We will look at / what these numbers tell us / about the prospects for next year's global economy.

訳　＊「英語頭」養成のため、読み下し訳としています。

こんにちは、ジャック・ガルシアです。主要ビジネス記事を 1 カ月総まとめした『Business Byline』へようこそ。本日の番組にはグレース・マドレー博士、ロンドンビジネススクールの経済学教授とグラハム・スチール氏、ブリティッシュ鉄鋼社の元 CEO（最高経営責任者）であり、また現在はファイナンシャルタイムズ紙のコラムニスト、をお迎えしています。私どもは released 以下の四半期の（売上）数値について話し合います（released 以下 ➡ 多くの大企業により本日公表された）。これらの数が about 以下について私たちに何を教えてくれるのか考察してみたいと思います（about 以下 ➡ 来年の世界経済の見通しについて）。

重要語彙🖉

□ **roundup**：（ニュースなどの）総まとめ

□ **story**：記事

□ **former**：前の、以前の

□ **CEO**：最高経営責任者（**Chief Executive Officer**）

□ **currently**：現在において、今

□ **release**：発表する、発売する

□ **prospect**：見通す、予測する

83. 正答 (C) 問題文 ◎ DISC 1 87 💻 Web音声講座 ◎

How often is this radio show broadcast?

(A) Every day
(B) Once a week
(C) Once a month ○
(D) Quarterly

このラジオ番組はどのぐらいの頻度で放送されるのか？

(A) 毎週
(B) 週に一度
(C) 月に一度
(D) 四半期ごとに（＝ every three month）

◉のつけどころ

How ...？の問題は、初級者向け！「回数・時間」を聞かれる問題は、このように必ず別の言い回しになる。daily / weekly / monthly / quarterly / yearly は覚える。中でも quarterly（4半期ごとに＝3カ月ごとに）は、絶対に覚えておくこと。

---

84. 正答 (D) 問題文 ◎ DISC 1 87 💻 Web音声講座 ○

Who is Graham Steele?

(A) A business teacher
(B) A radio presenter
(C) A company president
(D) A newspaper writer ○

グラハム・スティールとは誰か？

(A) 経営学の先生
(B) ラジオの総合司会者
(C) 会社の社長
(D) 新聞記者

◉のつけどころ

ひっかけがある。CEO と聞こえるので、すぐに選択肢 (C) 会社の社長を選んでしまいがち。former（以前の）と currently（今は）に要注意。

---

85. 正答 (B) 問題文 ◎ DISC 1 87 💻 Web音声講座

What is the subject of today's show?

(A) The downturn in British industry
(B) The future of the world's economy ○
(C) Increased export figures
(D) The stock prices of major companies

今日の番組の主題は何か？

(A) イギリス産業の景気下降
(B) 世界経済の将来
(C) 増加した輸出金額数値
(D) 主要企業の株価

◉のつけどころ

このように subject / topic / purpose / prospect など全体の要旨を問う問題が、初中級者にとっては一番難しい。地道に shadowing（シャドーイング）や quick-response（各設問に自分だったらどう答えるか考えて、英語で声に出してみる方法。山根メソッドの一つ）練習をやるしかない。本番では「何の話かな？」と集中しては聞くが、あくまでも 83 番・84 番の簡単な問題を優先すること。戦略上、85 番は捨てる覚悟で解かないと総合点は伸びない。

スクリプト ◎ DISC 1 **88**

Questions 86 through 88 refer to the following recorded message.

Thank you for calling Watson's Wholesalers. No one is available to take your call right now. If you would like to place a repeat order / you can fax it to 555-3964. For more information on our delivery times, / our range of vending machines / or an up-to-date price list for all our beverages, / you can access our website / - www.watsons.com.

訳 ＊「英語頭」養成のため、読み下し訳としています。

ワトソンホールセーラー（卸業）へのお電話ありがとうございます。ただ今お電話をお受けできる者がおりません。もし再注文をご希望でしたら、555-3964 へファックスしていただけます。配達時間、自販機の品揃え、または弊社の全飲料の最新価格リストについて、さらなる情報をお求めであれば、当社のサイト www.watsons.com へアクセスして下さい。

重要語彙
- □ **wholesaler**：卸屋、卸業 ⬅➡ **retailer**：小売業
- □ **available**：都合がつく、応対する
- □ **place an order**：注文をする
- □ **range**：幅、範囲、品揃え
- □ **vending machine**：自販機（= **automatic vender**）
- □ **up-to-date**：最新の
- □ **beverage**：飲料（= **drink**）

86. 正答 (A)　問題文 ◎ DISC 1　[89]　💻 Web 音声講座

Why did no one answer the phone?	どうして誰も電話に出なかったのか？
(A) Every member of staff was busy. ○	(A) 職員全員が忙しかった。
(B) It was a wrong number.	(B) 番号違いだった。
(C) The office is closed today.	(C) 会社は今日休みである。
(D) They only accept fax orders.	(D) ファックスでの注文しか受けない。

🔍のつけどころ

Why ... no one と問われているので、冒頭にまずい理由があると推理する。ほとんどの受験者が (C) にしてしまうはず。確かに考えられないことはないが、right now（ちょうど今は）とあることから、「今の時間だけが忙しい」と分かる。よって答えは (A)。

---

87. 正答 (A)　問題文 ◎ DISC 1　[89]　💻 Web 音声講座　◎

What kind of company most likely is Watson's?	ワトソン社はどんな会社だろうか？
(A) A drinks supplier ○	(A) 飲料会社
(B) A food vendor	(B) 食品販売業
(C) A machine manufacturer	(C) 機械メーカー
(D) A restaurant chain	(D) レストランチェーン

🔍のつけどころ

Watson's だけを待っても、wholesalers しか聞こえないので難しい。実は、beverages（飲料）という TOEIC 必須単語を知っていれば、すぐできる問題。やはり 500 個程度の TOEIC 必須単語は、早くものにしてしまうことが大切だ。単語力！というとすぐ単語集を買おうとするが、それは下手な勉強法。本書のような問題集を徹底的に活用して、その中で生きた単語としてマスターするのが、結局は一番の近道。

---

88. 正答 (D)　問題文 ◎ DISC 1　[89]　💻 Web 音声講座　○

What can customers do by fax?	顧客はファックスで何ができるか？
(A) Ask for a different item	(A) 異なる商品を求める
(B) Complain about goods	(B) 商品についてクレームをつける
(C) Find out the latest prices	(C) 最新の価格を調べる
(D) Put in their usual order ○	(D) 通常の注文を入れる

🔍のつけどころ

fax を待ち伏せていれば、すぐに a repeat order（再注文）が聞こえるので解けるはず。

Questions 89 through 91 refer to the following advertisement.

Come on down to Al's Bed Barn / for a week of crazy sales. We have 20% off the price of all mattresses all week. Bed frames are half price every day until Sunday. On Friday / all pillows are down in price by 30%. And we've saved the best / till last — / at the weekend / we are slashing the price of bed linens / by an amazing 75%. Don't miss out on these incredible deals. Doors open at 9 in the morning / and stay open all the way through / until 10 at night, / 7 days a week.

訳 ＊「英語頭」養成のため、読み下し訳としています。

スゴイ売り出しの1週間、アルス・ベッド・バーンへ、さあ、お越しください。1週間を通して、すべてのマットレス価格が20％オフです。ベッドフレームは日曜まで毎日半額です。金曜日にはすべての枕が30％オフとなります。そして最後まで最高のものをとってあります。週末には、リネン製のベッド用品（シーツと枕カバー）で驚きの75％大幅価格値下げを行います。これらの信じられないくらいのお買い得商品をお見逃しなきよう。開店は朝9時、夜10時までずっとオープンしています。年中無休です。

重要語彙 ✎

□ **Come on down to ...**：～へさあいらっしゃい

□ **crazy**：（信じられないくらい）素晴らしい

□ **pillow**：枕

□ **save the best**：最良のものを取っておく

□ **slash**：大幅に値を下げる

□ **linen**：リンネル
　➡ 吸水性のある亜麻布のことでシーツ・下着などに使われる布の総称。

□ **amazing**：驚くほどの

□ **miss out**：見逃す

□ **incredible**：信じられない

□ **deal**：おいしい話
　➡ 通常は「取引」「取り扱い」。ここでは「商売としてお得な行為」。

89. 正答 (C)　問題文 ◎ DISC 1　91　💻 Web 音声講座　　◎

How much discount is being offered on bed frames?	ベッドフレームにいくら値引きが提供されているか？
(A) 20%	(A) 20 パーセント
(B) 30%	(B) 30 パーセント
(C) 50% ○	(C) 50 パーセント
(D) 75%	(D) 75 パーセント

📖のつけどころ

How much だけに注目していてはダメ。大切なのは bed frames を待ち伏せることだ。

90. 正答 (D)　問題文 ◎ DISC 1　91　💻 Web 音声講座　　○

When are bed sheets on sale?	ベッドのシーツはいつ売り出しになるのか？
(A) Monday	(A) 月曜日
(B) Wednesday	(B) 水曜日
(C) Friday	(C) 金曜日
(D) Saturday ○	(D) 土曜日

📖のつけどころ

when の問題だから簡単。大切なのは bed linens が bed sheets と言い換えられていることに気がつくこと。このセンスを養えば、驚くほど正解率が上がる。

91. 正答 (D)　問題文 ◎ DISC 1　91　💻 Web 音声講座　　○

What time does Al's Bed Barn close?	アルス・ベッド・バーンは何時に閉店するのか？
(A) 7 p.m.	(A) 午後 7 時
(B) 8 p.m.	(B) 午後 8 時
(C) 9 p.m.	(C) 午後 9 時
(D) 10 p.m. ○	(D) 午後 10 時

📖のつけどころ

89・90 番と同じ難易度。ただ、本番テストでは簡単な問題が続くことはない。本書は基本を学んでもらうためのものだから、練習として出題してある。

第 2 章　ヒントつき！ 模擬問題と解答・解説　パート 4

スクリプト ⊚ DISC 1 **92**

Questions 92 through 94 refer to the following announcement.

Thank you for flying with Swiss Air / on this international flight from South Korea to France. We will soon be arriving at Paris International Airport. Passengers with a connecting flight within Europe / should go directly to the departure lounge. All passengers ending their journey here / should go to the baggage claim area. The temperature outside is mild at the moment / but it will get warmer by midday / and there is some rain expected / later in the afternoon.

訳 ＊「英語頭」養成のため、読み下し訳としています。

韓国からフランスへの国際便にスイス航空をご利用いただき、ありがとうございます。当機はまもなくパリ国際空港へ到着致します。ヨーロッパ内への乗り継ぎのお客様は、出発ラウンジへ直接お進みください。ここパリが最終目的地であるお客様は、荷物引き取りエリアへお進みください。屋外の気温は現時点では穏やかでございますが、正午までにはさらに暖かくなるでしょう。そして午後遅くには、少し雨がぱらつくでしょう。

重要語彙 🖉
- □ **connecting flight**：乗り継ぎ便、持続便
- □ **departure**：出発
- □ **baggage**：荷物（＝ **luggage**）
- □ **baggage claim**：手荷物受け取り（所）
- □ **temperature**：温度
- □ **expected**：予測される

92. 正答 (A) 問題文 ◎ DISC 1 93 💻 Web 音声講座 ◎

In which country is this plane about to land?	この飛行機はどの国に着陸しようとしているのか？
(A) France ○	(A) フランス
(B) South Korea	(B) 南朝鮮（韓国）
(C) Switzerland	(C) スイス
(D) The USA	(D) アメリカ合衆国

🎧 のつけどころ

前半部分で be arriving at が聞き取れれば、Paris が聞こえる。選択肢 (C) にも注目。スイスの国名は正式には、Switzerland という。Swiss は形容詞なので、混同しないように。

93. 正答 (B) 問題文 ◎ DISC 1 93 💻 Web 音声講座

What should passengers traveling within Europe do?	ヨーロッパ内を旅する乗客は何をすべきか？
(A) Get their suitcases	(A) 自分たちのスーツケースを受け取る
(B) Go straight to their next plane ○	(B) 次の便へ直接進む
(C) Fill out a customs form	(C) 税関申告書を書き込む
(D) Stamp their passports	(D) パスポートに印を押す

🎧 のつけどころ

どこでもよいわけでなく、within Europe であることがポイント。

94. 正答 (A) 問題文 ◎ DISC 1 93 💻 Web 音声講座 ○

When most likely is this announcement being made?	このお知らせはいつなされているだろうか？
(A) In the morning ○	(A) 午前
(B) At lunch time	(B) 昼食時
(C) In the afternoon	(C) 午後
(D) Late evening	(D) 夕方遅く

🎧 のつけどころ

トーク後半で「時」が出てくるのを待ち伏せる。

Questions 95 through 97 refer to the following news report.

Don Paper Mill / today announced the opening of a new plant. The company already employs two thousand workers at its riverside plant, / now they are planning a new facility on the edge of town. It will be in the Westside Industrial Zone, / next to the new Macro Superstore. As we reported previously, /production is up / because Don Paper Mill won a contract in January / to supply paper to all the government offices in the North East. Work will begin on the site in August / and is expected to be completed in March next year.

訳 ＊「英語頭」養成のため、読み下し訳としています。

ドン・ペイパー・ミル（ドン製紙工場）は、本日新しい工場の開設を発表した。会社はすでにその川沿いの工場に 2000 人の従業員を雇用しており、今度は町はずれに新しい施設を計画中である。それは Westside Industrial Zone（西側産業地域）にできることになっており、新しいマクロ・スーパーの隣である。以前お伝えしたように、because 以下のため生産は上向いている（because 以下 ➡ ドン・ペイパー・ミルが 1 月に North East のすべての官庁に紙を供給するという契約を勝ち取ったために）。工事は 8 月にその用地で始まり、そして来年の 3 月には完成すると予測されている。

重要語彙 🖊

□ **employ**：雇用する
□ **plant**：工場
□ **facility**：施設
□ **the edge of town**：町はずれ
□ **previously**：以前に
□ **contract**：契約
□ **site**：用地

95. 正答 (B) 問題文 ◉ DISC 1 95 🖥 Web音声講座

What is the company planning to open?	会社は何の開設を計画しているか？
(A) A department store	(A) デパート
(B) Another factory ○	(B) 別の工場
(C) A new office	(C) 新しいオフィス
(D) A supermarket	(D) スーパーマーケット

🎧 のつけどころ

前半で the opening of a new plant をしっかり聞き取れば、解ける。factory / facility / plant はすべて置き換え可能なので注意。

96. 正答 (C) 問題文 ◉ DISC 1 95 🖥 Web音声講座 ◎

Where will it be located?	それ（工場）はどこに位置するのだろうか？
(A) By the river	(A) 川沿い
(B) In the town center	(B) 町の中心部
(C) Just outside the city ○	(C) 町のはずれ
(D) Near the ocean	(D) 海の近く

🎧 のつけどころ

中盤で they are planning a new facility の一文が聞き取れれば解ける。on the edge of town の言い換えである、(C) が答え。

97. 正答 (B) 問題文 ◉ DISC 1 95 🖥 Web音声講座 ○

When will it be finished?	それ（工場）はいつ完成するだろうか？
(A) January	(A) 1月
(B) March ○	(B) 3月
(C) August	(C) 8月
(D) December	(D) 12月

🎧 のつけどころ

When だから簡単な問題。流れから必ず後半部、それもぎりぎり最後にキーワードが来ると推測する。complete ＝ finish と置き換えられているのは、TOEIC の常道。

第2章 ヒントつき！模擬問題と解答・解説 パート4

219

Questions 98 through 100 refer to the following talk.

Good morning everyone. My name is Lisa Jennings, / CEO of Jennings Recruiters. I'm here today / to talk about securing the perfect job. I'm going to address three areas. First / I'll talk about using e-mail effectively / to contact companies. Secondly, / we'll look at how to write a résumé / that companies will notice. Finally, / we'll focus on interview techniques. If you have any questions, / just jump in / and put your hand up anytime. We will have some people / from the Human Resources departments of several large companies / speak at the end of my talk.

訳 ＊「英語頭」養成のため、読み下し訳としています。

皆さん、おはようございます。私はリサ・ジェニングスと申します。ジェニングズ・リクルーターズの CEO です。完璧な仕事を手に入れることについてお話ししようと、本日ここに立っております。3 つの分野についてお話ししようと思います。まず、企業と連絡を取るために効果的にメールを活用することについてお話しします。次に、企業が関心をもってくれる履歴書の書き方に目を向けてみましょう。そして最後に、面接の技術に重点を置いてみましょう。もし何か質問がありましたら、私の話に割り込んでいつでも手を挙げてください。私の話が終わりましたら、大企業数社の人事部の方々にお話ししていただきます。

重要語彙

□ **secure**：確保する

□ **address**：扱う、（問題などに）取り組む
 ➡ 「宛て名」の意味だけ覚えていても、TOEIC では役に立たない。deal with の意味にもなるし、「演説」の意味で deliver an address（演説をする）と使うケースも頻出している。

□ **contact**：連絡を取る

□ **focus on ...**：～に焦点を置く

□ **have** ＋人＋動詞の原形（文中では **speak**）：人に～させる［してもらう］（使役動詞 **have**）

98. 正答 (A) 問題文 ◎ DISC 1 [97] 🖥 Web音声講座 ◎

Who most likely are the listeners?	聞き手は誰であろうか？
(A) People currently looking for work ○	(A) 今現在仕事を探している人達
(B) People employed in Human Resources	(B) 人材部に雇用されている人達
(C) People working as journalists	(C) ジャーナリストとして働いている人達
(D) People who work in recruitment companies	(D) 人材紹介会社で働く人達

(目)のつけどころ

「聞き手は誰か？」「話し手は誰か？」という問題は、あせることはない。最後までに、いくつもヒントが出てくる。ただ、本問は人材会社でのシーンだと分からないと難しい。

99. 正答 (B) 問題文 ◎ DISC 1 [97] 🖥 Web音声講座

What will she talk about last?	彼女は最後に何について話すだろうか？
(A) Contracts	(A) 契約
(B) Interviews ○	(B) 面接
(C) Negotiations	(C) 交渉
(D) Résumés	(D) 履歴書

(目)のつけどころ

last が決め手なのは言うまでもないが、finally = last と言い換えられているところに気が付くかどうかがカギ。last という語につられて、「最後の最後」が答えと思うと、落とし穴に落ちる。résumé は［レジメイ］と読んで「履歴書」の意味が一般的だが、［リジューム］となると、会議などを「再開する」という意味になる。

100. 正答 (B) 問題文 ◎ DISC 1 [97] 🖥 Web音声講座 ○

What should people do if they have a question?	もし質問があったら、どうしたらよいだろうか？
(A) Ask at the end of the talk	(A) トークの終わりに質問する
(B) Interrupt during the presentation ○	(B) プレゼン中にさえぎって質問する
(C) Send her an e-mail	(C) 彼女にメールを送る
(D) Speak to one of the other presenters	(D) ほかの発表者の一人に話しかける

(目)のつけどころ

難問。キーワードは question だ。設問から推測して、トーク後半、それも本当に終わりのほうにキーワードが来るはずと考える。これを逃さなければ、消去法で解ける。

第2章 ヒントつき！ 予想問題と解答・解説 Part 5（文法語彙問題）

　リーディング・セクション最初の Part 5 は、文法力・語彙力を試す問題 40 問で構成されています。本番では私のいう「中学レベル英文法 10」＝ 中 問題が 50 ～ 60％出題され、残りがビジネス英語でよく耳にする語彙（vocabulary）を問う V 問題です。

　初級レベルとしては、まずこの「中学レベル英文法 10」を確実にゲットすることが大切です。Part 5 と次の Part 6 はやさしそうに見えて、実は難問も含まれています。

　Part 5 は初級者には時間ばかりかかって、なかなか得点できないパートです。ですから、本番では Part 7（50 分）➡ Part 5（15 分）➡ Part 6（10 分）と解いていくことを勧めます。

　Part 5 を 15 分で終わらせるなんて、初級者には到底できない分量でしょう。ですが、「語彙問題で分からないものは、すべて捨てる！」という覚悟があれば、通過できます。狙いはまず 中 問題を中心に 20 問正解です！

💻 第 2 章の音声講義は WEB 上で聴講することができます。
著者の大学サイト（http://www.poole.ac.jp/university_eigo/yamane.html）にアクセスしてご活用ください。
もしくはプール学院大学　http://www.pool.ac.jp　を検索 ➪
「国際文化学部・英語学科」をクリック ➪ 教員のプロフィール ➪ 山根利明、でも可

101. The top executives ------- to Paris for global training a couple of years ago.

(A) go
(B) went
(C) has gone
(D) have been Ⓐ Ⓑ Ⓒ Ⓓ

go の変化を考えるだけ！
超簡単

102. The four employees ------- worked on the joint project with ITcorp have all been promoted.

(A) they
(B) which
(C) who
(D) whom Ⓐ Ⓑ Ⓒ Ⓓ

the four employees は
主語か？

103. Although moving to the suburbs means a bigger house, people do miss ------- all the conveniences of city life.

(A) have
(B) to have
(C) having
(D) had Ⓐ Ⓑ Ⓒ Ⓓ

miss は to 不定詞と名詞の
どちらを取る？

104. How to boost sales without lowering prices is a ------- faced by many companies.

(A) difference
(B) difficulty
(C) problematic
(D) trouble Ⓐ Ⓑ Ⓒ Ⓓ

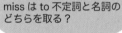

a がついているから名詞が
来る

105. There was an item on the traffic news ------- an accident on Main Street.

(A) about
(B) by
(C) for
(D) with Ⓐ Ⓑ Ⓒ Ⓓ

中学 1 年の知識でできる
問題

第 2 章　ヒントつき！模擬問題と解答・解説　パート 5

223

中 **106.** It is important for service staff to speak ------- on the telephone / than they would in face-to-face communication.

(A) clear
(B) clearest
(C) more clearly
(D) most clearly   Ⓐ Ⓑ Ⓒ Ⓓ

同格、比較、最上級のどれだ？

中 **107.** The fire department ------- that the explosion was caused by a gas leak.

(A) concluded
(B) conclusion
(C) conclusive
(D) conclusively   Ⓐ Ⓑ Ⓒ Ⓓ

SVO（主語＋動詞＋目的語）を考える

中 **108.** The CEO got to the office early ------- he could take part in a conference call with the New York office.

(A) because
(B) for
(C) since
(D) so   Ⓐ Ⓑ Ⓒ Ⓓ

下線部の前後は文（主語＋動詞）になっている

中 **109.** It takes about 15 minutes to get to the station from the hotel, so delegates ------- check out by 10:30 am tomorrow.

(A) have
(B) ought
(C) should
(D) would   Ⓐ Ⓑ Ⓒ Ⓓ

意味上ふさわしい助動詞はどれだろうか？

V **110.** The current machine settings are too narrow for the new parts; technicians will have to ------- them.

(A) lengthen
(B) strengthen
(C) shorten
(D) widen   Ⓐ Ⓑ Ⓒ Ⓓ

too narrow ならば、どうすればよいか？

中 **111.** People not used to ------- on the right should register for the European driving license refresher course.

(A) drive

(B) driving

(C) driven

(D) drove   Ⓐ Ⓑ Ⓒ Ⓓ

used to のあとは？
落とし穴に注意！

中 **112.** Last year's sales figures were ------- the worst in the company's history.

(A) by far

(B) ever

(C) most

(D) twice   Ⓐ Ⓑ Ⓒ Ⓓ

最上級を強めるものは？

中 **113.** Our company and JKM Inc. have been competing against ------- in this market for years.

(A) each other

(B) our own

(C) ourselves

(D) themselves   Ⓐ Ⓑ Ⓒ Ⓓ

against は前置詞だから、
名詞を取る

中 **114.** If the plant inspectors had spent more time checking all the data, this accident ------- never have happened.

(A) will

(B) won't

(C) would

(D) wouldn't   Ⓐ Ⓑ Ⓒ Ⓓ

仮定法の原則通り

V **115.** The police released a ------- of the criminal to see if anyone could identify him.

(A) description

(B) explanation

(C) recognition

(D) subscription   Ⓐ Ⓑ Ⓒ Ⓓ

語彙力問題。本番では
知らなかったらパス！

第2章 ヒントつき！模擬問題と解答・解説 パート5

中 **116.** The office manager ------- to the staff that smoking was no longer permitted in the staff lounge.

(A) asked
(B) ordered
(C) said
(D) told

Ⓐ Ⓑ Ⓒ Ⓓ

前置詞 to をとる動詞は？

V **117.** Despite their troubled history, the two directors showed their ------- to work together on the merger.

(A) kindness
(B) friendliness
(C) unhappiness
(D) willingness

Ⓐ Ⓑ Ⓒ Ⓓ

文意を考えないと
落とし穴に落ちる！

中 **118.** The children couldn't contain their ------- at the thought of their field trip.

(A) excited
(B) excitable
(C) exciting
(D) excitement

Ⓐ Ⓑ Ⓒ Ⓓ

their のあとだから簡単

中 **119.** The parking lot behind the department store is open 24 hours a day ------- public holidays.

(A) but
(B) except
(C) unless
(D) without

Ⓐ Ⓑ Ⓒ Ⓓ

名詞句 public holidays の
前には前置詞がくる

中 **120.** As a result of the injuries he sustained to his shoulder, David was unable to dress ------- for over a week.

(A) he
(B) him
(C) his
(D) himself

Ⓐ Ⓑ Ⓒ Ⓓ

dress は他動詞

V **121.** The magazine has been published ------- since 1923, not even missing an issue during the war.

(A) continuously
(B) evenly
(C) stably
(D) tirelessly

Ⓐ Ⓑ Ⓒ Ⓓ

> 選択肢はすべて副詞。
> 語彙力問題。

中 **122.** Our full range of swimwear will be ------- sale, 25% off, for the first two weeks in June.

(A) at
(B) in
(C) on
(D) up

Ⓐ Ⓑ Ⓒ Ⓓ

> 「売り出し中」という表現
> で日本でもおなじみ！

中 **123.** The IT Department recommended ------- off the entire system overnight while they carried out essential repairs.

(A) switch
(B) to switch
(C) switching
(D) switched

Ⓐ Ⓑ Ⓒ Ⓓ

> 不定詞か動名詞か？

V **124.** As there are ------- storms on the island, resort employees are required to carry a torch and cell phone at all times.

(A) eloquent
(B) frequent
(C) delinquent
(D) subsequent

Ⓐ Ⓑ Ⓒ Ⓓ

> 語彙問題！ 本番ではわか
> らなかったらパス

中 **125.** Difficulty in raising enough capital to fund new projects in times of poor cash flow is ------- many corporations rely on business loans from banks.

(A) where
(B) when
(C) who
(D) why

Ⓐ Ⓑ Ⓒ Ⓓ

> the place where のよう
> に先行詞を補って考える
> とわかりやすい

126. With only two weeks to go until the grand opening, the architect ------- had enough time to put the finishing touches to the building.

(A) barely

(B) highly

(C) plenty

(D) slightly

Ⓐ Ⓑ Ⓒ Ⓓ

文意＋語彙問題。初級者は本番でパスするのも戦略！

127. The new HT500 model is the most ------- photo copier on the market, making it great value for money.

(A) reliable

(B) reliant

(C) relied

(D) relying

Ⓐ Ⓑ Ⓒ Ⓓ

すべて形容詞。最適なのはどれ？

128. Before any vacation time is approved, employees must have all outstanding work -------.

(A) do

(B) did

(C) done

(D) doing

Ⓐ Ⓑ Ⓒ Ⓓ

have + O（目的語）+ C（補語）に気が付けば簡単！

129. All applications will be considered, on ------- that they are received by 5 p.m. on April 30th.

(A) condition

(B) option

(C) requirement

(D) necessity

Ⓐ Ⓑ Ⓒ Ⓓ

on ... that でピンと来なければ本番ではパス！

130. Goods will take at least 2 weeks to arrive ------- way they are shipped, due to the time it takes going through customs.

(A) however

(B) whenever

(C) wherever

(D) whichever

Ⓐ Ⓑ Ⓒ Ⓓ

way の前に来るふさわしい単語は？

中 **131.** Despite the stock price falling more than 30% year on year, investors were not ------- from buying shares.

(A) discourage
(B) discouraged
(C) discouragement
(D) discouraging ⒶⒷⒸⒹ

were がある。そのあとに来るのは？

V **132.** While it is possible, ------- principle, to break the contract early, it involves a very arduous process.

(A) at
(B) by
(C) for
(D) in ⒶⒷⒸⒹ

principle を使ったイディオム問題！

中 **133.** According to our survey, most firms were unaware that energy costs ------- be slashed by taking just a few simple actions.

(A) can
(B) could
(C) were
(D) will ⒶⒷⒸⒹ

that 節の時制はどこを見て決める？

中 **134.** The decision about who has won the construction contract ------- announced in a few days.

(A) was
(B) is
(C) has been
(D) will be ⒶⒷⒸⒹ

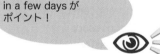

in a few days がポイント！

V **135.** Union demands for a further wage increase were turned down because management feared it would ------- the loss of their profit margin.

(A) caused by
(B) follow from
(C) lead to
(D) result of ⒶⒷⒸⒹ

文脈をきちんと理解する必要がある。

V 136. The board of directors decided to put ------- naming a new chairman until after the annual general meeting.

(A) away
(B) back
(C) down
(D) off

Ⓐ Ⓑ Ⓒ Ⓓ

put を使った初歩的な
イディオム

中 137. In an effort to increase -------, National Motors has introduced a quota and bonus system.

(A) products
(B) producers
(C) productive
(D) productivity

Ⓐ Ⓑ Ⓒ Ⓓ

increase の後に来るのは、
目的語！

中 138. Workers are entitled to a three- ------- vacation which may be taken at any time in July or August.

(A) days
(B) week
(C) months
(D) year

Ⓐ Ⓑ Ⓒ Ⓓ

−（ハイフン）が決め手！

V 139. The new sales manager will have to work twice as hard to meet his targets because of the poor performance of his -------.

(A) former
(B) predecessor
(C) successor
(D) ancestor

Ⓐ Ⓑ Ⓒ Ⓓ

語彙問題。知らなかったら
本番ではパス！

V 140. The spiral of deflation is expected to ------- off once the new trade agreement with China comes into effect.

(A) hold
(B) level
(C) run
(D) slow

Ⓐ Ⓑ Ⓒ Ⓓ

難しい語彙問題。知らな
かったら本番では即パス！

101. 正答 (B) 🖥 Web音声講座　　　　　　　　　中

The top executives ------ to Paris for
global training / a couple of years ago.

(A) go
(B) went ○
(C) has gone
(D) have been

最高経営幹部たちは2、3年前にグローバル研修のためパリへ行きました。

👁のつけどころ

動詞の時制を問う問題。まず選択肢を見て、何が求められているのか判断する。今回は go の時制だ。
ago があるので過去形が必要。

重要語彙 🖊 □ **executive**：執行役員、経営幹部、重役　□ **a couple of ...**：2、3の〜

102. 正答 (C) 🖥 Web音声講座　　　　　　　　　中

The four employees / ------ worked on the
joint project with Itcorp / have all been
promoted.

(A) they
(B) which
(C) who ○
(D) whom

Itcorp との合弁事業に取り組んだ4人の従業員たちは全員昇進した。

👁のつけどころ

英語の苦手な人の多くが、この文構造が分かっていないだろう。the four employees が主語で have
all been promoted が述語である。答えの (C) who は関係代名詞で、employees の代打として働い
ている。すなわち、4人の従業員がいて、その人たちが on 以下に worked したのだけども、みんな
promoted されたんだよ、と言いたいわけだ。英文は、中学で学んだようにうしろから「〜であるとこ
ろの」などと訳す必要はない。常に頭から読み下し訳していくこと。

重要語彙 🖊 □ **employee**：従業員　□ **promote**：昇進させる

103. 正答 (C) 🖥 Web音声講座　　　　　　　　　中

Although moving to the suburbs means
a bigger house, / people do miss ------ all
the conveniences of city life.

(A) have
(B) to have
(C) having ○
(D) had

郊外へ引っ越せば、より大きな家に住めるけれども、人は都会生活のあらゆる便利さがどうにも恋しく
なるのだ。

👁のつけどころ

ing 形には「〜している状況」という気持ちが常にあり、to には前置詞の意味「〜へ」という方向性（＝
未来指向）がある。だから hope や want などは「未来」に向かってその動作を望むのだから、hope to ...
や want to ... がふさわしい。stop / finish / enjoy などは、その行為を「やめる、終える、楽しむ」の
だから ing 形がふさわしい。そういうわけで、miss（〜をし損なう、〜がないの寂しく思う）は、未来
指向でなく、「〜している状況」すなわち、ing 形をとる。

重要語彙 🖊 □ **although**：〜だけれども　□ **suburbs**：郊外　□ **do**：強意の助動詞
　　　　　　　　□ **convenience**：便利さ

104. 正答 (B) 🖥 Web音声講座　　　　　　　　　　　　　V

How to boost sales without lowering prices / is a ------ faced by many companies.

(A) difference　違い
(B) difficulty ○　難しさ
(C) problematic　問題の
(D) trouble　困難、面倒

価格を下げないで、いかに売上を増やすかは多くの会社が直面している難問だ。

(目)のつけどころ

これは難しい。あわてれば、(D) trouble にしてしまうが、これは不可算名詞で a がつかない。difficulty は「難しい」という意味の「困難」で、trouble は「面倒な」という意味の「困難」。安くして売上を増やすのは簡単だが、値段そのままで売上を増やすのは難しい（difficult）。なお、(C) は problem と名詞だったら可。

重要語彙 🖊 □ **boost**：強化する、高める　□ **lower**：低くする　□ **face**：～と向き合う

105. 正答 (A) 🖥 Web音声講座　　　　　　　　　　　　　中

There was an item on the traffic news / ------ an accident on Main Street.

(A) about ○　～について
(B) by
(C) for
(D) with

交通ニュースでメイン通りでの事故についての言及があった。

(目)のつけどころ

news about ...（～についてのニュース）はセットで覚えておこう。

重要語彙 🖊 □ **item**：品目、項目　□ **traffic**：交通（の）□ **accident**：事故

106. 正答 (C) 🖥 Web音声講座　　　　　　　　　　　　　中

It is important for service staff / to speak ------ on the telephone / than they would in face-to-face communication.

(A) clear
(B) clearest
(C) more clearly ○
(D) most clearly

お客様サービスを担当する職員にとっては、対面でのコミュニケーションで（そうする）よりも、電話ではより明瞭に話すことが大切である。

(目)のつけどころ

中学2年前期レベルで習う文法事項（比較級）を問う簡単な問題。as ... as、比較級＋than、the ＋最上級＋ of [in] ... の用法も復習しておこう。

重要語彙 🖊 □ **staff**：スタッフ
➡ 何かに携わる people の意味で、一人ひとりは a staff member という。

107. 正答 (A) 💻 Web音声講座　　　中

The fire department ------ / that the
explosion was caused by a gas leak.

(A) concluded ○　結論した
(B) conclusion　結論
(C) conclusive　決定的な
(D) conclusively　決定的に

消防署はその爆発はガス漏れが原因だったと結論づけた。

目のつけどころ

品詞の選択問題は、確実に取ること。that の後が S ＋ V となっているので、that は接続詞。そうすると主文の主語が the fire department で、設問の下線にはその動詞が来て、that 以下を目的語（節）にとることになる。I know that Ken is a good swimmer. などと同じ構文。

重要語彙 🖊 □ **explosion**：爆発　□ **be caused by ...**：〜によって引き起こされる
□ **leak**：漏れ

108. 正答 (D) 💻 Web音声講座　　　中

The CEO got to the office early / ------
he could take part in a conference call /
with the New York office.

(A) because
(B) for
(C) since
(D) so ○

---

so (that) 以下できるようにと CEO (最高経営責任者)はオフィスに早く着いた。(so 以下 ➡ ニューヨーク事務所との電話会議に参加できるように)

目のつけどころ

so は so that の省略。意味は目的用法（〜できるように）と結果用法（それで〜）の２つある。だが、written English（書き言葉の英語）では「結果用法」だと通常 so の前にカンマがある。今回はカンマがないので、目的用法で訳出。しかし本番では頭から「それで〜」と、ほとんど結果用法で解釈して差し支えない。

重要語彙 🖊 □ **take part in ...**：〜に参加する（＝ **participate in**）

109. 正答 (C) 💻 Web音声講座　　　中

It takes about 15 minutes / to get to the
station from the hotel, / so delegates ------
check out by 10:30 am tomorrow.

(A) have
(B) ought
(C) should ○　〜したほうがよい
(D) would

ホテルから駅まで 15 分くらいかかる。だから代表団は明日午前 10 時半までにチェックアウトしたほうがよい。

目のつけどころ

(A)は have to（〜しなければならない）、(B)は ought to（〜すべき）ならば正解になる。

重要語彙 🖊 □ **delegate**：代表

第2章 ヒントつき！ 模擬問題と解答・解説 パート 5

The current machine settings are too narrow for the new parts; technicians will have to ------- them.

(A) lengthen　長くする
(B) strengthen　強くする
(C) shorten　短くする
(D) widen ○　広げる

現在の機械設定が新しい部品には狭すぎる。技術者はそれらを広げなければならないだろう。

🔍のつけどころ

やさしい語彙問題。このように語尾に -en をつけると、「〜にする」という動詞になる。

重要語彙　□ **current**：現在の、今の　□ **narrow**：狭い⟷**wide**
　　　　　　　□ **technician**：技術者　＊アクセントの位置に注意

People not used to ------- on the right / should register for the European driving license refresher course.

(A) drive
(B) driving ○
(C) driven
(D) drove

右側運転に慣れていない人は、ヨーロッパ運転免許補習教程に登録したほうがよいです。

🔍のつけどころ

be used to ... ing（〜することに慣れている）を知らないとできない。文法的には people who are not used to driving on the right の who are を省略した用法。people が主語で should register が動詞であることを見抜く練習が必要。

重要語彙　□ **be used to ... ing**：〜することに慣れている
　　　　➡ used to ＋動詞の原形（〜したものだった）と混同しないように！

Last year's sales figures were / ------- the worst in the company's history.

(A) by far ○　はるかに
(B) ever　かつて
(C) most　many と much の最上級
(D) twice　2倍、2度

昨年度の売上数値は会社の歴史において極めて最悪であった。

🔍のつけどころ

最上級の強調は by far か much を使う。比較級の強調（さらに）は much / still / even / far を使う。いずれにしても、more（より〜）は強調の意味では使わない。CM などで使っている more better という言い方は誤りで、正しくは much better（うんと良い）。

重要語彙　□ **figure**：数、数値
　　　　　　　□ **worst**：**bad / ill** の最上級
　　　　➡ bad / ill--worse--worst と変化。＊ ill の変化も同じなので注意。

Our company and JKM Inc. / have been competing against ------ in this market for years.

(A) each other ○ お互い
(B) our own 私たち自身の
(C) ourselves 私たち自身
(D) themselves 彼ら自身

当社と JKM 社は何年もこの市場で互いに競い合ってきている。

(目)のつけどころ

each other（お互い）をつい「お互いに」と誤って、副詞的に解釈している人がいるので注意。against（〜に対して）は前置詞。あとには名詞が来る。

重要語彙 □ **Inc.**：法人格、〜会社（= **Incorporated**）　□ **compete**：競う

If the plant inspectors had spent more time checking all the data, / this accident ------ never have happened.

(A) will
(B) won't
(C) would ○
(D) wouldn't

もし、工場設備検査官たちがすべてのデータチェックにもっと時間をかけていれば、この事故は決して起こらなかっただろう。

(目)のつけどころ

If 節の中が「had +過去完了形」になっている。仮定法過去完了（もし〜であったならば）だ。主文には「would + have +過去完了形」が来る。

The police released a ------ of the criminal to see if anyone could identify him.

(A) description ○ 描写
(B) explanation 説明
(C) recognition 認識
(D) subscription 購読

警察は犯人の人相書きを公表した、to 以下するために（to 以下 ➡ 誰かが彼を本人だと確認できるか知ろうとして）。

(目)のつけどころ

語彙力問題。description は describe の名詞形で「描写、叙述、記述」という意味。ここでは a がついているので、「あるものを描写し述べているもの」 ➡ 「人相書き」に当たる。

重要語彙 □ **release**：リリースする、公表する　□ **criminal**：犯人
□ **see if ...**：〜かどうかを確かめる　□ **identify**：身元を確かめる、確認する

116. 正答 (C)　💻 Web 音声講座　　　中

The office manager ------ to the staff /
that smoking was no longer permitted in
the staff lounge.

(A) asked
(B) ordered
(C) said ○
(D) told

所長は職員に that 以下と言った（that 以下 ➡ もう職員休憩室では喫煙は許されていないと）。

⬛のつけどころ

ask / order / tell はすべて「＋人＋to do」の形をとるが、say のみ「say to ＋人」または「say something to 人」になる。

重要語彙 🖊 □ **no longer ...**：もはや〜でない　□ **permit**：許す　□ **lounge**：休憩室

117. 正答 (D)　💻 Web 音声講座　　　V

Despite their troubled history, / the two
directors showed their ------ to work
together on the merger.

(A) kindness　親切
(B) friendliness　親しさ
(C) unhappiness　不幸
(D) willingness ○　進んでする気持ち

過去にもめたことがあったにもかかわらず、2 人の重役は合併に関して進んで協力しようという気持ちを示した。

⬛のつけどころ

語彙力の問題。文意がつかめないとできない。初級者は本番であまり時間を取られないように注意。わからなかったらパスするのも戦略。

重要語彙 🖊 □ **despite ...**：〜にもかかわらず（**in spite of ...**）　□ **history**：前歴、過去の話
　　　　　　 □ **merger**：合併

118. 正答 (D)　💻 Web 音声講座　　　中

The children couldn't contain their ------ /
at the thought of their field trip.

(A) excited
(B) excitable
(C) exciting
(D) excitement ○

子供たちは at 以下で興奮を押さえられなかった（at 以下 ➡ 実地見学旅行を考えると）。

⬛のつけどころ

基礎中の基礎。their のうしろだから、名詞。文全体の意味を考えなくても解ける問題。

重要語彙 🖊 □ **contain**：とどめる、抑制する（= **restrain**）
　　　　　　 ➡ 通常は「〜を含む、〜が入っている」の意味。
　　　　　　 □ **at the thought of ...**：〜を考えると

119. 正答 (B) 🖥 Web音声講座　　　　　　　　　　中

The parking lot behind the department store / is open 24 hours a day / ------ public holidays.

(A) but
(B) except ○
(C) unless
(D) without

デパートの後ろにある駐車場は、国民の休日を除いて1日24時間開いている。

📖のつけどころ

文意を取れないとできないので、時間がかかる。(A) は but for の形で「もし～がなければ」という仮定法の意味になる。(C) は「もし～でなければ」という接続詞。(D) は「～なしに、もし～がなければ」の意味。仮定法で使われる。

重要語彙 🖊 □ **except**：～を除いて　□ **lot**：場所（= **place**）

120. 正答 (D) 🖥 Web音声講座　　　　　　　　　　中

As a result of the injuries he sustained to his shoulder, / David was unable to dress ------ / for over a week.

(A) he
(B) him
(C) his
(D) himself ○

肩に受けた傷の結果、デイビッドは1週間以上も自分で服を着ることができなかった。

📖のつけどころ

dress は他動詞で「着せる」という意味。【例】Dress yourself.（服を着なさい）だから受け身も可能。【例】She is dressed in white.（彼女は白い服を着ている）

重要語彙 🖊 □ **as a result of ...**：～の結果として　□ **injury**：負傷、損害
　　　　　　　□ **sustain**：～を被る、支える、維持する

121. 正答 (A) 🖥 Web音声講座　　　　　　　　　　V

The magazine has been published ------ since 1923, / not even missing an issue during the war.

(A) continuously ○　続けて
(B) evenly　均等に
(C) stably　安定して
(D) tirelessly　疲れも見せずに

その雑誌は1923年以来ずっと続けて刊行されている。戦争中も1号すら抜けることもなく。

📖のつけどころ

not even missing an issue がキーになっている。語彙力がなければ、本番ではパス！

重要語彙 🖊 □ **publish**：出版する　□ **miss**：抜かす、落とす　□ **issue**：号

122. 正答 (C) 🖥 Web音声講座　　　　　　　　　　中

Our full range of swimwear will be ------ sale, / 25% off, for the first two weeks in June.

(A) at
(B) in
(C) on ○
(D) up

当社の一連の水着商品が売り出しとなります。6月最初の2週間は25%オフです。

🔲 **のつけどころ**

on sale（売り出し中）と in sale（売上において）の違いに注意。

重要語彙 🖊 □ **range**：幅

---

123. 正答 (C) 🖥 Web音声講座　　　　　　　　　　中

The IT Department recommended / ------ off the entire system overnight / while they carried out essential repairs.

(A) swich
(B) to switch
(C) switching ○
(D) switched

IT部は while以下の間は一晩中全システムのスイッチを切っておくよう勧告した。(while以下 ➡ 彼らが必要な修理を行う間)

🔲 **のつけどころ**

recommend（推奨する、勧告する）は ing（動名詞）形をとる。

重要語彙 🖊 □ **entire**：全体の　□ **carry out**：実行する、遂行する
　　　　　　　 □ **essential**：本質的な、基本的な

---

124. 正答 (B) 🖥 Web音声講座　　　　　　　　　　V

As there are ------ storms on the island, / resort employees are required to carry a torch and cell phone at all times.

(A) eloquent　雄弁な
(B) frequent ○　頻繁な
(C) delinquent　怠慢な
(D) subsequent　その後の

その島には嵐が頻繁にくるので、保養地の従業員たちは常に懐中電灯と携帯電話を携行するよう求められている。

🔲 **のつけどころ**

語彙力の問題。だが、正答の frequent（頻繁な、しばしばの）は高校1年前期で習う単語。ほかの単語は難しくても、(B)だけは分かるはず。

重要語彙 🖊 □ **require** 要求する　□ **torch**：【英】懐中電灯（＝【米】**flashlight**）

125. 正答 (D) 🖥 Web音声講座　　　　　　　　　　　　　　中

Difficulty in raising enough capital / to fund new projects in times of poor cash flow/ is ------ many corporations rely on business loans from banks.

(A) where
(B) when
(C) who
(D) why ○

to 以下するために十分な資本を増やす難しさは、大企業が銀行からのビジネスローンに頼る理由である (to 以下 ➡ キャッシュフローの動きが悪いときに新しいプロジェクト資金を用立てるため)。

🗊 のつけどころ

問題文自体が大変難しい。関係詞の問題だが、関係代名詞だと what 以外は先行詞が必ず必要。関係副詞は the place where, the time when, the reason why, the way how と先行詞を自分で補って考えると分かりやすい。

重要語彙 🖋 □ **raise**：上げる、増やす　□ **capital**：資本　□ **fund**：～の資金を用立てる
　　　　　　□ **project**：企画、事業計画　□ **in times of ...**：～のときに
　　　　　　□ **cash flow**：キャッシュフロー、現金収支　□ **corporation**：法人、企業　□ **rely on ...**：～に頼る

126. 正答 (A) 🖥 Web音声講座　　　　　　　　　　　　　　中

With only two weeks to go until the grand opening, / the architect ------ had enough time to put the finishing touches to the building.

(A) barely ○ かろうじて
(B) highly 高度に
(C) plenty 多量の
(D) slightly ほんのわずかに

開店まであと残りわずか 2 週間となって、その建築家はビルに最後の仕上げを施すのにかろうじて間に合った。

🗊 のつけどころ

文意がつかめなければ単語が選べない難問。初級者は本番ではパス。two weeks to go は、「行くために 2 週間」が直訳だが、転じて「残り 2 週間」となる。

重要語彙 🖋 □ **grand opening**：(大々) 開店　□ **architect**：建築家
　　　　　　□ **barely have enough time to ...**：～するのにかろうじて間に合う
　　　　　　□ **put a finishing touch to ...**：～へ最後の一筆を加える。

127. 正答 (A) 🖥 Web音声講座　　　　　　　　　　　　　　中

The new HT500 model is the most ------ photo copier on the market, / making it great value for money.

(A) reliable ○
(B) reliant
(C) relied
(D) relying

新しい HT500 型は市場で最も信頼できるコピー機で、費用に見合った効果大である。

🗊 のつけどころ

rely は自動詞なので、常に on か upon を伴う。本問は (A) reliable(あてにできる)か (B) で迷う問題だが、-able の付く形容詞はすべて「～できる」となるので答えを予想しやすい。(B) は、be reliant on で「～をあてにしている」(C) は be relied on で「頼られている」(D) は relying on で「～に頼っている」の意味。

重要語彙 🖋 □ **photo copier**：コピー機、感光複写機　➡ photo ＝写真とだけ覚えていてはだめ。

第2章　ヒントつき！模擬問題と解答・解説　パート 5

Before any vacation time is approved, / employees must have all outstanding work ------.

(A) do
(B) did
(C) done ○
(D) doing

いかなる休暇でも承認を受ける前に、社員はすべての残務作業を終えておかねばならない。

（目）のつけどころ

make / have / let / help が来たら「使役動詞」の用法ではないか？と身構えること。使役動詞は「人に～させる」なら原形をとり、「ものが～される」なら過去分詞を取る。ここでは all out standing work を done の状態にさせるという意味。

重要語彙 🖊 □ **approve**：承認する

□ **outstanding**：未決の、未解決の、まだ済ましていない（= **pending / not yet done / remaining**）。普通は「目立つ」の意味だが、ここでは違うので注意。

All applications will be considered, / ------ that they are received by 5 p.m. on April 30th.

(A) condition ○ 条件
(B) option 選択肢
(C) requirement 要件
(D) necessity 必要

すべての願書は考慮される、on condition that 以下ならば（on condition that 以下 ➡ もしそれらが4月30日の午後5時までに受理されるならば）。

（目）のつけどころ

これは初級者にはまずできない。本番なら考えても無駄なのでパス（ここではしっかり理解しておく！）。on condition that S ＋ V：that 以下の条件であれば＝もし～ならば (if) の表現を覚えておこう。

重要語彙 🖊 □ **application**：申し込み（書）、願書　□ **consider**：考慮する

Goods will take at least 2 weeks to arrive ------ way they are shipped, due to the time it takes going through customs.

(A) however
(B) whenever
(C) wherever
(D) whichever ○

商品が到着するのに少なくとも2週間はかかるだろう、whichever way 以下であろうとも、税関を通過するのに要する時間のせいで（whichever way 以下 ➡ たとえどんなやり方でそれらが送られようとも）。

（目）のつけどころ

way に鋭く注目する。way は名詞なので how / when / where は取れない！だから答えは (D) しかない。疑問詞 ＋ ever は「譲歩構文」といって「たとえ～でも」という副詞節の働きをする。【例】However hard he worked, he couldn't live a comfortable life. （たとえどんなに頑張って働いても、彼は快適な暮らしを送れなかった）。

131. 正答 (B) 📖 Web音声講座 中

Despite the stock price falling more than 30% year on year, / investors were not ------- from buying shares.

(A) discourage 気落ちさせる
(B) discouraged ○ 気落ちしている
(C) discouragement 気落ち
(D) discouraging 気落ちさせている

株価が昨年に比べて今年は30％以上も下がったにもかかわらず、投資家は株を買うことを思いとどまらなかった。

📖のつけどころ

品詞選択の定番問題。wereの後に来るものは-ingか-edか？ ➡ されている状況なら-edで、仕掛けている状況なら-ingと覚えるとよい。また、動名詞fallingの「意味上の主語」がthe stock priceであることも理解しておこう。

重要語彙 🖊 □ **despite**：〜にもかかわらず（= **in spite of**） □ **stock**：株、株式
□ **investor** 投資家 □ **year on year**：前年に比べて今年は、前年比で
□ **share**：株（一つひとつの株）

132. 正答 (D) 📖 Web音声講座 V

While it is possible, / ------- principle, to break the contract early, / it involves a very arduous process.

(A) at
(B) by
(C) for
(D) in ○

原則的には早くに契約を破棄することは可能だけれども、それには根気のいるプロセスが必要だ。

📖のつけどころ

語彙力問題。知らなければ考えても無駄な問題。(D) in principle（原則的に）が正解。on principle（主義として）も併せて覚えておこう。principal（校長）と間違えないように。

重要語彙 🖊 □ **contract**：契約 □ **involve**：含む、必要とする □ **arduous**：根気のいる
□ **process**：過程、工程。

133. 正答 (B) 📖 Web音声講座 中

According to our survey, / most firms were unaware / that energy costs ------- be slashed by taking just a few simple actions.

(A) can
(B) could ○
(C) were
(D) will

当社の調査によれば、ほとんどの会社がエネルギーコストはほんの少しの簡単な行動で大幅に削減されることに気づいていなかった。

📖のつけどころ

that節があって、その前にある主文の動詞が「過去」なら、まずは時制の一致を考えること。

重要語彙 🖊 □ **according to**：〜によれば □ **firm**：会社
□ **unaware**：気が付いていない □ **slash**：〜を大幅に削減する

The decision / about who has won the construction contract / ------ announced in a few days.

(A) was
(B) is
(C) has been
(D) will be ○

どこ［だれ］が工事契約を取ったかについての決定は、数日したら発表されるだろう。

のつけどころ

常に主語と動詞に注目するくせをつける。in a few days（数日したら）とあるので、未来のことを述べていると分かる。

重要語彙 □ **decision**：決定、裁定　□ **construction**：工事、建築
　　　　　　□ **announce**：発表する、お知らせする　□ **in a few days**：数日したら、数日後に

Union demands for a further wage increase / were turned down / because management feared / it would ------ the loss of their profit margin.

(A) caused by
(B) follow from
(C) lead to ○
(D) result of

さらなる賃上げを求める組合の要求は because 以下のため拒否された。（because 以下 ➡ 経営陣が自分たちの利幅を失うことを恐れて）。

のつけどころ

高校 1 年で学ぶ lead to ...（〜に至る）は頻出！　また、demands が動詞でないことに注意。この文の動詞は were である。

重要語彙 □ **union**：組合　□ **demand**：要求　□ **further**：さらなる
　　　　　　□ **wage**：賃金（主に日給などの労賃）　□ **turn down**：拒否する（= **reject**）
　　　　　　□ **management**：経営陣　□ **loss**：損失　□ **profit margin**：利益率、利ざや、利幅

The board of directors / decided to put ------ naming a new chairman / until after the annual general meeting.

(A) away
(B) back
(C) down
(D) off ○

取締役会は until 以下まで新しい議長の指名を延期しようと決めた（until 以下 ➡ 年次総会のあと）。

のつけどころ

答えとなる、(D) put off：延期する（= postpone）は頻出！ほかの選択肢、(A) put away（片付ける）(B) put back（元に戻す）(C) put down（下に置く、鎮める）も併せて覚えておこう。

重要語彙 □ **board**：委員会　□ **name**：指名する　□ **annual**：年次の、毎年の

137. 正答 (D)　💻 Web 音声講座　　　　　　　　　　中

In an effort to increase ------ , / National Motors has introduced a quota and bonus system.

(A) products　製品
(B) producers　生産者、製作者
(C) productive　生産的
(D) productivity ○　生産性

生産性を高めようとして、ナショナル自動車はノルマを達成したらボーナスを出すシステムを導入した。

🎯のつけどころ

increase が「増加させる」という動詞だと知っていれば簡単。

重要語彙 🖊 □ **in an effort to ...**：～しようと　□ **introduce**：導入する
　　　　　　□ **quota**：割り当て量、ノルマ
　　　　　　□ **quota and bonus system**：ノルマを達成したらボーナスを出すシステム

138. 正答 (B)　💻 Web 音声講座　　　　　　　　　　中

Workers are entitled to a three- ------ vacation / which may be taken at any time in July or August.

(A) days
(B) week ○
(C) months
(D) year

従業員たちは which 以下で 3 週間の休暇を取る資格がある（which 以下 ➡ 7 月または 8 月のいつでも取ってよい）。

🎯のつけどころ

中学 2 年で出る Ken is a twelve-year-old boy. と同じもの。数字をハイフンでくくって形容詞にするときは、常に単数にする。【例】a ten-day tour（10 日のツアー）

重要語彙 🖊 □ **be entitled to ...**：～に資格がある。

139. 正答 (B)　💻 Web 音声講座　　　　　　　　　　V

The new sales manager will have to work twice as hard to meet his targets / because of the poor performance of his ------ .

(A) former　以前の
(B) predecessor ○　前任者
(C) successor　後任者
(D) ancestor　先祖

新しい営業部長は because of 以下のため、目標を達成するために 2 倍頑張って働かなければならないだろう（because of 以下 ➡ 彼の前任者のお粗末な業績のせいで）。

🎯のつけどころ

文意から「前の人」の意味が入る。predecessor は、pre（前に）+ de（離れる）+ cess（行く）+ or ➡ 前に離れている人 ➡「前任者」となる。また、twice as hard <u>as he works</u> の架線部が省略されている。

重要語彙 🖊 □ **meet**：満たす、達成する　□ **target**：目標、的
　　　　　　□ **performance**：業績、演技、公演

The spiral of deflation is expected to ------ off / once the new trade agreement with China comes into effect.

(A) hold
(B) level ○
(C) run
(D) slow

---

once 以下したら、デフレスパイラルは横ばいになると予測されている。（once 以下 ➡ ひとたび中国との貿易協定が発効したら）

📖のつけどころ

level off（横ばいになる）のイディオムを知らないと残念ながらお手上げ。ビジネス英語ではよく出る表現なので覚える。ちなみに、(A) は hold off（〜を寄せつけない）(C) は run off（走り出る、軌道にそれる）の意味。

重要語彙 🖉 　□ **the spiral of deflation**：デフレスパイラル

　　　　　　　□ **once**：ひとたび〜すれば

　　　　➡ 接続詞で TOEIC では頻出。絶対覚える。問題文中では、ほかの接続詞 when、after とほとんど同じ意味合い。

Part 5 は基本的な文法力（＝ほとんど中学レベル）と語彙力（ボキャブラリー）を試す問題です。この二つのタイプはすぐに見分けられるので、本番では文法力問題を中心に速攻で解きます。なぜなら、下線文の前後を見るだけで解ける問題が多いからです。決して問題文を訳そうとしていけません。時間がかかりすぎます。

　語彙力問題は単語の意味がわからなければ、手が出ません。知らないものはパス、パス！　「捨てる勇気」を持つことが大切です。こうして 40 問を 15 分で通過するのが本番の戦略ですが、普段の勉強法は違います。

　英語の苦手な人は「単語力がないから、単語集で勉強しなきゃ」と考えがちですが、間違った勉強法です。単語力は文脈の中で身につけていくものですから。

　そして速読力をつけるためには、必ず問題文を頭から読み下していくことです。完全な和訳を求めていては、いつまでたっても速読できません。英文でわからないところにはマーカーのみほどこし、決して日本語を書き込まないように。ひと通り読み終わったあとで、マーカー部分を調べるのです。

Column

第2章 ヒントつき！ 予想問題と解答・解説 Part 6（長文穴埋め問題）

　このパートは Part 5 の兄弟版といったところでしょう。違うのは 1 つの文書になっていて、その中でふさわしい語彙、表現を選ぶという点です。特に目立つのが前後の関係から時制を判断する問題が頻出することです。

　初級者が注意しないといけないことは、時間配分です。最終的には、全 12 問を 6 分で通過するのが理想です。ただし、初級者の方には厳しい時間配分でしょう。初級者の皆さんは、まず 中 の問題をきちんと取れるようにしましょう。

＊問題の 中 は中学レベル英文法問題を、V は語彙力問題を意味します。

　💻 第 2 章の音声講義は WEB 上で聴講することができます。
著者の大学サイト（http://www.poole.ac.jp/university_eigo/yamane.html）
にアクセスしてご活用ください。

（もしくはプール学院大学　http://www.pool.ac.jp　を検索 ⇨
「国際文化学部・英語学科」をクリック ⇨ 教員のプロフィール ⇨ 山根利明、でも可）

Questions **141-143** refer to the following notice.

Notice

We hereby give notice / that there will be construction on the stretch of highway / between the junctions of Main Street and 26th Avenue. Starting Monday, July 3rd, / it will continue until Friday, September 1st. During this time / only one lane will be open / so please expect delays. We ------- in advance / for any inconvenience this may cause.

中 141. (A) are apologizing
(B) apologize
(C) apologized
(D) will apologize Ⓐ Ⓑ Ⓒ Ⓓ

時制が問題

To avoid affecting rush hour traffic, / road works will be restricted to the hours / ------- 10 a.m. and 3 p.m.

中 142. (A) between
(B) both
(C) from
(D) until Ⓐ Ⓑ Ⓒ Ⓓ

10 a.m. and 3 p.m. となっている

For further details / please call the City Council Department of Works / on 555-9870 / or ------- our website at www.acc.gov/roadworks

V 143. (A) ask
(B) ring
(C) visit
(D) watch Ⓐ Ⓑ Ⓒ Ⓓ

ウェブサイトをどうするのか？

Questions **144-145** refer to the following letter.

Stoneywood Golf Club
Collings Valley
New Hampshire
NE 23678

Mr. James Morton
2378 Oak street
Collings Valley
New Hampshire
NE 23909
August 5th

Dear Mr. Morton,

Our records show / that you have ------- to pay your golf club green fees /

V 144. (A) decided
        (B) failed
        (C) managed
        (D) wanted   Ⓐ Ⓑ Ⓒ Ⓓ

for the last two months. As you know, / any member who falls three months behind in their fees / will lose their membership.

If our records are wrong, / and you have paid, / please bring proof of ------- to

中 145. (A) payable
        (B) payee
        (C) payer
        (D) payment   Ⓐ Ⓑ Ⓒ Ⓓ

of の後に来る適語は？

the club, / at your earliest convenience.

If you do not pay within 30 days of receiving this letter, / we ------- your

中 146. (A) suspend
        (B) have suspended
        (C) will suspend
        (D) would suspend   Ⓐ Ⓑ Ⓒ Ⓓ

if の条件節だ

membership privileges. However, / we hope / that we can resolve this matter / to the satisfaction of all parties.

Yours sincerely

Grace Moir

Grace Moir
Member Services
Stoneywood Golf Club

Questions **147-149** refer to the following e-mail.

To: Farm Fresh Frozen <Wholesalers bprescott@fffw.com>
From: Vito's Cafe <manu@vitos.com>
Subject: Ice-cream Order of May 25th

Hey Bob,

I'm wondering if it's possible / to ------- the order we sent over last week?

V **147.** (A) cancel
(B) confirm
(C) revise
(D) submit   Ⓐ Ⓑ Ⓒ Ⓓ

これは難問！ 本番ではパスするのも戦略

Because of the unexpected good weather we've been having over the past couple of weeks, / our supply of ice-cream has almost sold out. I'd like to double our original order.

Could you e-mail me back / confirming that this is OK / ------- the end

中 **148.** (A) by
(B) on
(C) to
(D) until   Ⓐ Ⓑ Ⓒ Ⓓ

「〜までずっと」か「〜までに」か？

of business today?

Thanks

Manu

P.S. ------- forward to seeing you and Mary at our BBQ next Saturday.

中 **149.** (A) Looking
(B) To look
(C) Looked
(D) Will look   Ⓐ Ⓑ Ⓒ Ⓓ

省略されているものは？

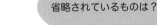

Questions **150-152** refer to the following article.

Baldness may become a thing of the past / due to an exciting discovery / by a group of four ------- at the University of Science. The four bright young

中 **150.** (A) staff
(B) students
(C) parents
(D) professors   Ⓐ Ⓑ Ⓒ Ⓓ

うしろの文に注意！

graduates, / who are actually still in the middle of their PhD course, / discovered a cream that encourages new hair growth.

------- working on medicine / to help people with dry skin, / they

中 **151.** (A) during
(B) despite
(C) while
(D) without   Ⓐ Ⓑ Ⓒ Ⓓ

〜している間に

realized / that the cream which they'd created / had the interesting side effect of causing rapid hair growth.

The team say / they will change the course of their original research / and will now concentrate on pinpointing / what component in the cream is responsible for these amazing results. They hope ------- a cream / that

中 **152.** (A) have
(B) to have
(C) having
(D) will have   Ⓐ Ⓑ Ⓒ Ⓓ

hope は未来指向の動詞

is ready to put on the market / within the next two years.

Several large pharmaceutical companies have already approached them with marketing ideas.

Part 6 は Part 5 の文法力・語彙力と Part 7 の速読力、両方が求められるパートです。1問30秒で通過しないといけない計算になるので、初級者にはきびしいパートといえるでしょう。本番でのコツは、中学レベルの文法問題のみを狙い、語彙力問題はパスすることです。

　Part 5 との大きな違いは、人称（特に主語）、時制、単複問題（単数形 or 複数形）です。これらの問題はまず90％以上、下線部のうしろにヒントがあります。ここで速読力が問われるわけです。

　勉強法は Part 5 と同様です。必ず全文の内容を理解できるようにすることです。文中でわからなかった箇所にはマーカーを施し、赤ペン書き込みを忘れないように。

Column

141-143 英文と訳

Questions 141-143 refer to the following notice.

Notice

We hereby give notice / that there will be construction on the stretch of highway / between the junctions of Main Street and 26th Avenue. Starting Monday, July 3rd, / it will continue until Friday, September 1st. During this time / only one lane will be open / so please expect delays. We apologize in advance / for any inconvenience this may cause.

To avoid affecting rush hour traffic, / road works will be restricted to the hours / between 10 a.m. and 3 p.m.

For further details / please call the City Council Department of Works / on 555-9870 / or visit our website at www.acc.gov/roadworks

訳

告知

　この書面をもって that 以下を告知いたします（that 以下 ➡ 大通りと 26 番通りの合流地点間のハイウェイにおいて工事が行われることを）。7 月 3 日月曜日に始まり、9 月 1 日金曜日まで続きます。
　この間、1 車線のみの通行となります。どうぞこの期間中の遅延をご承知ください。ご迷惑をおかけするかと存じますので、あらかじめお詫び申し上げます。

　ラッシュ時の交通に影響が出るのを避けるために、道路工事は午前 10 時から午後 3 時の間に限られます。

　さらなる詳細につきましては市議会労務課 555-9870 へお電話いただくか、当方のウェブサイト www.acc.gov/roadworks をご覧ください。

重要語彙

□ **hereby**：この書面をもって（フォーマルな役所言葉）
□ **give notice**：告知する　□ **stretch**：(伸びる) 範囲
□ **highway**：ハイウェイ ➡ 米では「公道」のこと。「高速道路」の意味ではない。
□ **junction**：接合点、合流点　□ **expect**：予測する
□ **in advance**：前もって（= **beforehand**）
□ **inconvenience**：不便 ↔ **convenience**
□ **avoid ... ing**：〜することを避ける
□ **affect**：(悪い感じに) 〜に影響する
□ **restrict**：制限する
□ **further**：さらに ➡ far の比較級の一つ。　□ **detail**：詳細

(A) are apologizing
(B) apologize ○
(C) apologized
(D) will apologize

(A) 進行形
(B) 謝罪する、謝る
(C) 過去形
(D) 未来形

🔖 のつけどころ

I apologize for ... は「〜に対して謝ります」という謝罪表現で、現在形で使うのが決まり。【例】We apologize in advance for any inconvenience this may cause.（ご迷惑をおかけするかもしれませんので、前もってお詫びさせていただきます）

(A) between ○
(B) both
(C) from
(D) until

(A) （2 つのものの）間に
(B) 両方
(C) 〜から
(D) 〜までずっと

🔖 のつけどころ

「2 つのもの」の間だから between。「3 つ以上のもの」の間は among を使う。and があるからと言って both A and B と早とちりしないように。both は相関接続詞で、あとはすべて前置詞。

(A) ask
(B) ring
(C) visit ○
(D) watch

(A) 尋ねる
(B) 鳴らす
(C) 訪れる
(D) （動くものを）見る

🔖 のつけどころ

ウェブサイトに行くことを visit（訪れる）というのは知っておこう。access はその中の情報を入手する［出し入れする］ときに使う。

英文

Questions 144-145 refer to the following letter.

Stoneywood Golf Club
Collings Valley
New Hampshire
NE 23678

Mr. James Morton
2378 Oak street
Collings Valley
New Hampshire
NE 23909
August 5th

Dear Mr. Morton,

Our records show / that you have failed to pay your golf club green fees / for the last two months. As you know, / any member who falls three months behind in their fees / will lose their membership.

If our records are wrong, / and you have paid, / please bring proof of payment to the club, / at your earliest convenience.

If you do not pay within 30 days of receiving this letter, / we will suspend your membership privileges. However, / we hope / that we can resolve this matter / to the satisfaction of all parties.

Yours sincerely
Grace Moir
Grace Moir
Member Services
Soneywood Golf Club

訳

ストーニーウッドゴルフクラブ
コリングスバレー
ニューハンプシャー
NE 23678

Mr. ジェームス・モートン様
2378 オーク通り
コリングスバレー
ニューハンプシャー
NE 23909
8月5日

拝啓 モートン様、

私どもの記録によりますと、あなた様はこの2カ月間ゴルフクラブ会費をお支払いいただいていません。ご承知のように、いかなる会員様も会費納入が3カ月遅れた場合、その会員権を喪失することになります。

もし私どもの記録が間違っており、あなた様がお支払いになっていたら、どうぞ、ご都合がつき次第できるだけ早く、クラブへ支払い証明書をお持ちください。
もし、このお手紙をお受取になられて30日以内にお支払いいただけない場合には、あなた様の会員特権を停止させていただきます。しかしながら、この件がすべての関係者にとって満足のゆく解決となることを願っております。

敬具
グレイス・モア
会員係
ストーニーウッドゴルフクラブ

重要語彙

□ **Our records show that ...**：私どもの記録によれば〜です（= **According to our records**）

□ **fail to ...**：〜しそこなう、〜するのを忘れる

□ **green fee**：ゴルフクラブ会費 ➡ 日本ではゴルフのプレー料金をいう。

□ **fall behind in ...**：〜に関して（支払いが）遅れる
　➡ fall は be 動詞の代わりとなる、いわゆる味付け動詞。ここでは is と考えればよい。

□ **proof**：証拠、証明　□ **at your earliest convenience**：ご都合がつき次第

□ **suspend**：つるす、停止する ➡ sus（下に）＋ pend（つるす）□ **privilege**：特権

□ **resolve**：解決する　□ **party**：関係者、当事者 ➡ 第三者を the third party という。

144.　正答 (B)　💻 Web音声講座　　　　Ｖ

(A) decided	(A) 決めた
(B) failed ○	(B) 〜しそびれた
(C) managed	(C) なんとか〜できた
(D) wanted	(D) 〜を望んでいた

のつけどころ

語彙力問題なので、ピンとこなかったら本番ではパスしたほうがよい問題。fail to ...（〜しそびれる）、manage to ...（なんとか〜できる）は頻出。特に fail to ... は never fail to ...（必ず〜する）の形で頻出。

145.　正答 (D)　💻 Web音声講座　　　　中

(A) payable	(A) 支払える、支払うべき
(B) payee	(B) 受取人（支払われる人）
(C) payer	(C) 支払人
(D) payment ○	(D) 支払い

のつけどころ

初級者でも必ず正答したい問題。前置詞 of のあとは名詞がくる。pay は「支払う」という動詞で、これに -er がつけば「支払う人」となり、-ee がつけば「支払ってもらう人」になる。そして -ment がつけば抽象的な意味の名詞になる。employer（雇用主）、employee（被雇用者）、employment（雇用）と同じ理屈。of のあとに「人」の名詞は不適切だと分かれば、答えは payment しかない。(A) は -able がついているので形容詞。

146.　正答 (C)　💻 Web音声講座　　　　中

(A) suspend	(A) 現在形
(B) have suspended	(B) 現在完了形
(C) will suspend ○	(C) 未来形（一時停止するでしょう）
(D) would suspend	(D) 助動詞 would ＋原形

のつけどころ

suspend は「（支払い、特権などを）一時停止する」の意味。If の中が現在形であるのに鋭く反応する。「もし〜なら、...... するだろう」という条件文であることに気がつけば、主文は未来を暗示する will が来る。【例】If it snows tomorrow, we will go skiing. (明日もし雪が降れば、スキーに行きます)

英文

Questions 147-149 refer to the following e-mail.

To: Farm Fresh Frozen
From: Vito's Cafe
Subject: Ice-cream Order of May 25th

Hey Bob,

I'm wondering if it's possible / to revise the order we sent over last week?

Because of the unexpected good weather we've been having over the past couple of weeks, / our supply of ice-cream has almost sold out. I'd like to double our original order.

Could you e-mail me back / confirming that this is OK / by the end of business today?

Thanks
Manu

P.S. Looking forward to seeing you and Mary at our BBQ next Saturday.

訳

To と From は省略。
件名：5 月 25 日のアイスクリーム注文

ボブへ、

if 以下かどうかなと思っているんだけど（if 以下 ➡ 先週送信した注文の変更が可能か）。

このところ 2、3 週間続いている予期しない好天のおかげで、アイスクームの在庫がほとんど売り切れちゃったんだ。当初の注文を 2 倍にしたいんだ。

that 以下を了承する返信メールを今日の営業時間終了までにいただけないかな？（that 以下 ➡ この件は OK か）

ありがとう
マヌ

追伸　来週の土曜バーベキューパーティで君とメアリーに会えるのを楽しみにしているよ。

重要語彙

□ **wholesaler**：卸し業　□ **wonder if ...**：～かなと思う

□ **because of ...**：～のために、～のせいで（＝ **owing to ...**）　□ **supply**：在庫、ストック

□ **be sold out**：売り切れる　□ **double**：倍にする　□ **original**：元の

□ **confirm**：確認する、了承する　□ **BBQ**：バーベキューパーティ（**barbecue** の発音からの当て字）

147.　正答 (C)　🖥 Web音声講座　　　　　　　　　　　V

(A) cancel	(A) 中止する、取りやめる
(B) confirm	(B) 確認する
(C) revise ○	(C) 修正する、変更する
(D) submit	(D) 提出する

📖のつけどころ

難問。中級者でもあわてれば (B) を選んでしまう。Part 6 の特色はこの問題のように、うしろの文にヒントがあることだ。すなわち、予期せぬ好天のためアイスクリームの在庫が底をつき、当初の注文予定を変更して 2 倍注文したい、ということだから、confirm ではなく revise となる。

148.　正答 (A)　🖥 Web音声講座　　　　　　　　　　　中

(A) by ○	(A) ～までに
(B) on	(B) ～に
(C) to	(C) ～へ
(D) until	(D) ～までずっと

📖のつけどころ

超！基礎問題。必ず覚えておく。by next Sunday（来週の日曜までに ➡ 期限）と until next Sunday（来週の日曜までずっと ➡ 継続）を混同しないように。

149.　正答　🖥 Web音声講座　　　　　　　　　　　中

(A) Looking ○	(A) 進行形
(B) To look	(B) to 不定詞
(C) Looked	(C) 過去形
(D) Will look	(D) 未来形

📖のつけどころ

中学 2 年後半で習う基本熟語。look forward to ＋名詞（-ing 形が多い）：～を楽しみにしている。本問では I'm が省略されている（look だと命令形になってしまう）。なお、通常のビジネス文では、進行形にせず現在形で I look forward to... というが、このメールは最初に Hey Bob とあり、最後に「来週のBBQ（バーベキューパーティー）で会えるのを楽しみにしている」とあるので、とても親しい仲間同士のやりとりだとわかる。

第 2 章　ヒントつき！模擬問題と解答・解説　パート 6

150-152 英文と訳

英文

Questions 150-152 refer to the following article.

Baldness may become a thing of the past / due to an exciting discovery / by a group of four students at the University of Science. The four young bright graduates, / who are actually still in the middle of their PhD course, / discovered a cream that encourages new hair growth.

While working on medicine / to help people with dry skin, / they realized / that the cream which they'd created / had the interesting side effect of causing rapid hair growth.

The team say / they will change the course of their original research / and will now concentrate on pinpointing / what component in the cream is responsible for these amazing results. They hope to have a cream / that is ready to put on the market / within the next two years.

Several large pharmaceutical companies / have already approached them / with marketing ideas.

訳

はげは due to 以下で過去のものとなるかもしれない（due to 以下 ➡ サイエンス大学の４人の学生グループによる面白い発見のため）。これら４人の頭の良い大学院生たちが − 実際には、まだ博士課程の途中なのだが − 新しい毛髪の成長を促進するクリームを発見したのだ。

乾燥肌の人々を救う薬に取り組んでいる間に、彼らは that 以下を知った（that 以下 ➡ 彼らが作り出したクリームが急速な毛髪の成長を引き起こす興味深い副作用を持っているということ）。

チームはもともとの研究の進路を変えて、今は what 以下に狙いを絞るよう集中すると述べている（what 以下 ➡ クリーム中のどのような構成要素がこれらの驚くべき成果の要因なのか）。彼らは that 以下のクリームを作り出したいと思っている（that 以下 ➡ これから２年以内に売り物に出せる）。

大手製薬会社数社がマーケティング（販売促進）のアイディアを持って、すでに彼らにアプローチしている。

重要語彙 ✐

□ **bald**：はげの ➡ bold（大胆な）と混同しないように。

□ **graduate**：图 大学院生、卒業生　動 卒業する　□ **still**：依然として

□ **encourage**：促進する、励ます　□ **realize**：悟る、知る、理解する

□ **side effect**：副作用　□ **rapid**：急速な　□ **concentrate on ...**：〜に集中する

□ **pinpoint**：一点を集中して狙う　□ **component**：構成要素

□ **be responsible for ...**：〜に責任を持つ、〜の原因となる

□ **be ready to ...**：〜する用意がある　□ **put on the market**：市場に出す、売りに出す

□ **pharmaceutical**：製薬の

150.　正答 (B)　🖥 Web音声講座　　　　　　　　　　　　　中

(A) staff	(A) 職員
(B) students ○	(B) 学生
(C) parents	(C) 親
(D) professors	(D) 教授陣

目のつけどころ

(D) が引っかけだ。the four bright young graduates に the がついている。「その 4 人の頭の良い大学院生」なので、答えは (B)。

151.　正答 (C)　🖥 Web音声講座　　　　　　　　　　　　　中

(A) during	(A)【前】〜の間に
(B) despite	(B)【前】〜にもかかわらず
(C) while ○	(C)【接】〜の間に
(D) without	(D)【前】〜なしに

目のつけどころ

多くの人が (A) か (C) で迷うはず。両方とも「〜の間に」という意味だからだ。しかし答えは (C) の while。while / though など従文の主語が主文の主語と同じ場合、be 動詞を伴うものは分かりきっているので省略されることが多い。ここでは they are が省略されている。during は名詞をとるが、動名詞 (-ing 形) はとらないので注意。【例】While I was staying in Paris, I visited the temple. = During my stay in Paris, ... (× During staying in Paris, ...)

152.　正答 (B)　🖥 Web音声講座　　　　　　　　　　　　　中

(A) have	(A) 原形
(B) to have ○	(B) to 不定詞
(C) having	(C) 動名詞
(D) will have	(D) 未来形

目のつけどころ

hope / want / plan / promise / decide などはすべて「〜へ向かって」と未来指向性があるので、to 不定詞をとる。対して、finish / enjoy などの動詞は動名詞 (-ing 形) をとる。

第2章 ヒントつき！ 予想問題と解答と解説 Part 7（読解問題）

　引き続きヒントつきテストです。まずはヒントを参考にしつつ、自力で解いてください。1問1分が理想ですが、初級者には現実的に無理でしょう。初級者は問題本文をさっと読む（skimming）だけでも2,3分かかるでしょうから、本文をスキミングしてから設問に入るという中・上級者のやり方では失敗します。

　600点レベル程度までは、まず設問を見て、その中にキーワードを見つけ、それを本文中に探す「捜し物は何ですか？」ゲームに徹しましょう。

　しかし受験勉強としては、本文を1〜2分ですばやくスキミングして、大体の意味をとらえる練習を常にしておくことが大切です。分からない単語はマーカーをつけつつも、どんどん飛ばして最後まで読み切る勇気が必要です。この練習が最終的に600、700、800点突破へとつながります。我慢してスキミング練習をしましょう。

> 🖥 第2章の音声講義は WEB 上で聴講することができます。
> 著者の大学サイト（http://www.poole.ac.jp/university_eigo/yamane.html）にアクセスしてご活用ください。
> （もしくはプール学院大学　http://www.pool.ac.jp　を検索 ▷
> 「国際文化学部・英語学科」をクリック ▷ 教員のプロフィール ▷ 山根利明、でも可）

Questions **153** and **154** refer to the following advertisement.

Lunch At The Office

Tired of spending half your lunch hour standing in line? Then our new service is for you. Sandwiches made to order in our brand-new kitchen facilities, / then delivered direct to your office.

Fresh! Delicious! Healthy! Very generous sizes.

Order by phone: Call 555-9098 (order by 11:00 a.m.)
Order by e-mail: LATO@email.com (order by 10:30 a.m.)

Free Delivery on all orders over $10.00.

5% off any order of 3 sandwiches or more.

See online at http://www.lunchlato.com for our full range of organic and fat free sandwich fillings / and a great range of low calorie side dishes. Try our special recipe, low fat desserts.

For the first month / we're also giving away a can of soda / with every sandwich order.

---

153. What is the purpose of this advertisement?

    (A) To announce a new food delivery service

    (B) To publicize an on-line recipe website

    (C) To introduce a new organic restaurant

    (D) To promote healthy eating for office workers

目的（大切なこと）は最初に来る！

154. What service is NOT offered in the advertisement?

    (A) Extra big portions

    (B) Fast delivery

    (C) Free drinks

    (D) Large order discounts

選択肢の中で正しいものを一つずつ消去法で消してゆく

Questions **155-156** refer to the following advertisement.

EXTON Pro 3000 Multifunction Printer. Only $299.99

This office essential gives you three machines in one neat package: Printer/Fax/Copier

Printer: Remote function allows you to e-mail a document / from any location straight to your printer.
Print speed —black and white —30 pages per minute
—color —5 pages per minute

Fax: High speed dial function. Also compatible fiber optic cable.

Copier: Powerful ink jet. High print resolution. Automatic document feeder adjusts to fit most paper widths.
Color 3 ppm   B/W 16 ppm
*ppm = pages per minute

Available in 5 great colors — to suit any office decor.
Office and Compact Sizes available.

Visit any electrical store / or one of our local dealers for further details.

---

155. How fast can the Exton Pro 3000 make color copies?

(A) 3 pages per minute
(B) 5 pages per minute
(C) 16 pages per minute
(D) 30 pages per minute

プリントとコピーは違うぞ！ あわてると間違う

156. How can customers get more information about this machine?

(A) By e-mail
(B) By fax
(C) By phone
(D) In person

この種の情報は最後にある。消去法でやればすぐ

Questions **157-159** refer to the following e-mail.

From:	Sales Director <probertson@sales.email.com>
To:	Group <westcoastteam@sales.email.com>
Subject:	Price List Changes

Hi Everyone,

I'm sure / most of you noticed the mistakes in the price list we handed out / at our most recent sales meeting. I hope / I don't need to remind you / not to give the current price list out / to any of our customers. Please assure them / that we will have the corrected version / as soon as possible. In the meanwhile, / below / you will find a list of corrected prices.

The following items were printed with last year's price / instead of this year's:

FP 345	price in catalogue	$3.00 should be $3.50.
FG 500		$4.25 should be $4.50.
FF 750		$5.00 should be $5.25.

In addition, / due to increased production costs, / we would like to change the following items:

FR 455	price in catalogue	$2.75 should be $2.80.
FT 234		$4.55 should be $4.60.

I've asked James to look over the price list / and see if there are any other wrongly printed prices. If you've noticed any, / please e-mail him directly. He and I will go to the printing company ourselves / to supervise the reprint.

Let me take this opportunity to apologize. I know / that not having the right sales tools / makes your job more difficult. Thank you all for your patience.

Philip Robertson

157. Who is this e-mail intended for?

    (A) The company's customers

    (B) Everyone in the company

    (C) The printing company

    (D) The sales representatives   Ⓐ Ⓑ Ⓒ Ⓓ

まずメールの宛先（To）に着目してみよう

158. Why was the price of item FR 455 changed?

    (A) It is an upgraded version of the item.

    (B) It has become more expensive to make.

    (C) Last year's price was printed by mistake.

    (D) Customers complained about the high price.   Ⓐ Ⓑ Ⓒ Ⓓ

キーワードがはっきり出ている。その前後を scanning（検索読み）

159. What did Philip ask James to do?

    (A) Check the price list for other mistakes

    (B) Find a different printing company

    (C) Send an apology to all the customers

    (D) Talk with the production department   Ⓐ Ⓑ Ⓒ Ⓓ

James を探せば、すぐに分かる

Questions **160-162** refers to the following information.

Browns College – Open Day Information

Monday 17th	Dean Fraser will give an introductory lecture to prospective students. He will be joined by some of the alumni / to discuss the advantages / that a Browns education can bring you in the world of work. *Venue:* Main Hall *Capacity:* 800 *Time:* 2:00 p.m. – 4:00 p.m.
Thursday 20th	Mr. Robertson, / who is currently studying for his master's degree in applied mathematics, / will give a talk on our post-graduate program. He will deal with the funding options on offer to those wishing to continue their studies at Browns. *Venue:* Math Bldg *Capacity:* 200 *Time:* 2:00 p.m. – 3:00 p.m.
Tuesday 18th – Friday 21st	Professor James, / Head of our Science Department, / will talk to students / about the various courses offered in the science faculty. He will also be available in the afternoons of these dates / to schedule some one-to-one interviews with students / who are still undecided on which courses to apply for. *Venue:* Science Lab *Capacity:* 400 *Time:* 10:00 a.m. – 12:00 a.m.
Tuesday 18th – Friday 21st	Professor Lama and Doctor Grey / will discuss the full range of subjects available / in the Modern Languages / and English departments respectively. Professor Lama will explain the overseas study requirements / to study modern European Languages. Doctor Grey will focus on the three periods of literature / explored in the first year of his course. *Venue:* Theater *Capacity:* 1200 *Time:* 2:00 p.m. – 4:00 p.m.

160. Where will the talk given by the student be held?

    (A) The Main Hall
    (B) The Math Building
    (C) The Science Lab
    (D) The Theater

Ⓐ Ⓑ Ⓒ Ⓓ

易しい。それぞれ最初の一文をチェックするだけでわかる

161. When will Professor James be holding private interviews?

    (A) Monday afternoon
    (B) Tuesday morning
    (C) Wednesday afternoon
    (D) Thursday morning

Ⓐ Ⓑ Ⓒ Ⓓ

瞬間的にはちょっと難問。James 氏のコラムを読み、消去法

162. Who will discuss the English curriculum?

    (A) Dean Fraser
    (B) Professor James
    (C) Professor Lama
    (D) Doctor Grey

Ⓐ Ⓑ Ⓒ Ⓓ

respectively という単語の意味を知っているかどうかが成否を分ける！

Peter Lamb
Marketing Manager
Greenway Co Ltd.
Chicago 34876

October 28th

Dear Mr. Lamb,

It was very nice to meet you / at the trade show in Germany last week. I enjoyed hearing about your company's exciting new product line. I think / the recent changes you have made to the basic designs / make them more compatible / with our analysis equipment.

I am writing to tell you / that I will be in the US from November 11th to the 16th / and I would love the chance to visit your factory / to learn more about your products.

As I told you at our first meeting, / our company is thinking about expanding our business into North America / and your factory is well placed to supply us / with the parts that we need. I will be in Chicago looking at several locations for our new offices / and I would be very grateful / if you could find some time in your busy schedule / to meet with me.

I have some free time on the morning of the 12th, / the afternoon of the 13th / or at any time on the 15th. Please let me know / which date would suit you best. I look forward to hearing from you.

Charles Grace
Charles Grace
Head of Sales
Analytech PLC
London SW14 5GH

163. What is the main purpose of Mr. Grace's trip to the US?

    (A) He is going to look at property.

    (B) He has a new job at a factory.

    (C) He is going to attend a trade show.

    (D) He is going to study design.   Ⓐ Ⓑ Ⓒ Ⓓ

手紙文は第2段落以降に用件（目的）がくることが多い！　

164. When is Mr. Grace NOT available?

    (A) The morning of the 12th

    (B) The afternoon of the 13th

    (C) The morning of the 14th

    (D) The afternoon of the 15th   Ⓐ Ⓑ Ⓒ Ⓓ

具体的な「時」が出ているので、本文の該当する箇所を見ればすぐ解ける。

Fire Safety

We would like all employees to review the following notice / and make sure that everyone is fully updated on the latest fire safety advice.

Fire Prevention

- Managers must make sure / there are smoke alarms fitted in each office / and in the photocopy room.

- Switch off all electrical appliances / before leaving the office (this includes computer monitors / which should not be left on standby).

- All office furniture must be bought through the procurement department / so that the company can ensure / they comply with current fire safety regulations.

- There is NO smoking allowed anywhere in the building. This includes the reception area.

Fire Drills

- Each department must choose one member of staff / to act as a fire safety officer.

- Fire safety officers will be required to attend bi-monthly safety meetings.

- Each department will carry out 2 fire drills per year. These will be unannounced.

Emergency Procedures

- If you suspect there is a fire, / please press the emergency bell, / these can be found, / on each floor, / near the staff kitchen area.

- Leave the building immediately using the stairs. The elevators will automatically shut down / when the alarm bell is pressed.

- For privacy reasons / please switch off your computer monitor / as you leave. However, / you should not stop to collect your coats and bags.

- Go directly to your assigned emergency meeting point outside / and give your name to the fire safety officer.

165. What is the responsibility of the fire safety officers?

    (A) To buy furniture which is fireproof

    (B) To check the names of staff in the event of a fire

    (C) To make sure smoke alarms are fitted in every room

    (D) To switch off the elevators when the alarm is rung   Ⓐ Ⓑ Ⓒ Ⓓ

> fire safety officer がキーワード。消去法で 3 つ消していく

166. How often will the fire safety officers meet?

    (A) Each week

    (B) Monthly

    (C) Every two months

    (D) Twice a year   Ⓐ Ⓑ Ⓒ Ⓓ

> 回数なので易しい。本文でキーワードを探す。言い換えに注意！

167. Where are the alarm bells located?

    (A) By the staff kitchens

    (B) Only on the first floor

    (C) Near the elevators

    (D) In the reception area   Ⓐ Ⓑ Ⓒ Ⓓ

> 当然、alarm bells（非常ベル）がキーワード

168. What does the notice tell you NOT to do?

    (A) Push the alarm bell

    (B) Turn off your computer

    (C) Put your coat on

    (D) Gather outside   Ⓐ Ⓑ Ⓒ Ⓓ

> 消去法で解く。常識的に正しいものを 3 つ探しても解ける

Questions **169-172** refers to the following letter.

Testra Life
PO Box 2345
Australia

March 28th, 2011

Paul Fowler
19 Altonrea Gardens
Maidenhead
Melbourne 3456

Dear Mr. Fowler

Our records indicate / that your car insurance coverage / will run out at the end of May / and we would like to tell you / about some of the great offers available / if you decide to keep your policy with us.

If you renew for another year / we will give you the same low price / as last year. If you renew for 3 years / we will give you a 10% discount / and if you renew for 5 years / we can offer an amazing 15% discount / on the amount you are paying this year.

As of April this year / we will also be offering special deals for those / who combine different insurances. We have included brochures / detailing our great prices for house insurance, / pet insurance / and travel insurance. Everything you need / to make your life easier.

Please remember / that to qualify for these discount prices / you must renew your policy / before your policy runs out. If you renew after this date / then we will have to charge you full price.

You can renew your policy by post, / by telephone, / through our website / or in one of our many branch offices around the country. Remember / that we offer a free car wax kit for anyone / who renews their policy online.

Yours truly,

Lee-Anne Smith

Lee-Anne Smith

169. When is the last day that a discount price is offered?

   (A) March 28th
   (B) April 1st
   (C) May 31st
   (D) June 1st   Ⓐ Ⓑ Ⓒ Ⓓ

手紙の受取人の保険が切れるのはいつか？

170. How long must insurance last to get the biggest discount?

   (A) 1 year
   (B) 3 years
   (C) 5 years
   (D) 10 years   Ⓐ Ⓑ Ⓒ Ⓓ

biggest discount の期間を検索するだけ

171. What kind of insurance is NOT offered?

   (A) Car insurance
   (B) Life insurance
   (C) Pet insurance
   (D) Travel insurance   Ⓐ Ⓑ Ⓒ Ⓓ

NOT を探すには、NOT ではないもの、つまり「本文に当てはまるもの」を探し、消去法で消していくのが確実

172. According to the letter, why is best to renew via the website?

   (A) It is the cheapest way to do it.
   (B) It is more convenient than going to a store.
   (C) You can get more information about other services.
   (D) You can get a special gift from the company.   Ⓐ Ⓑ Ⓒ Ⓓ

最後の段落でベストになり得る理由が説明されている

There are a number of options to explore / when looking for money / to start your own business venture. If you're looking to borrow a small amount, / then banks are the best option. But remember to shop around / because their deals can vary widely. If you need to borrow a larger sum, / then you'll need to find investors. An investment company, / which invests on behalf of a group of investors, / will accept a higher risk than a bank. But the downside is / that they often demand a high return on their investment. There are also private investors, / called business angels in the UK. They are usually very wealthy people / who enjoy the thrill of being involved in a new enterprise. They are less interested in profits / but they may want some say in how you run your business.

173. What does the article say about bank loans?

    (A) All banks offer similar kinds of loans.

    (B) They are most suitable for smaller loans.

    (C) They have to be paid back quickly.

    (D) UK banks have the widest range of loans.

キーワード bank を本文中で探す。どんな人に bank loans は向いているのか？

174. According to the article, what do investment companies require from borrowers?

    (A) Previous business experience

    (B) A complete business plan

    (C) A high share of the profits

    (D) Regular status reports

本文中で invest company を探せばすぐ。言い換えに注意

175. According to the article, what do "business angels" like most?

    (A) Being part of a new business

    (B) Running their own business

    (C) Making a lot of money

    (D) Helping other people

本文中で business angels を探せばすぐ。言い換えに注意

Questions **176-180** refer to the following article.

Local Company Makes Good

Glasgow—Today, Ossian's PLC reached a new level of success / when it listed on the London Stock Exchange at £3.50 a share. Ossian's started life back in 1996 / as the brainchild of Margaret Ossian. "I'd just moved to a new city through my husband's job," / explained Ms. Ossian. "I was bored, but the local library didn't offer many suggestions for ways / to entertain my children. So I decided to set up a website / with ideas for things to do in the local area."

The original website was not a runaway success. In part, / due to the fact / that most people still didn't have home computers and, / partly, because the website was badly designated, / but mostly because there was no clearly defined focus. "Initially / it was a mess" / admits Ms. Ossian, "There was a bit of everything on there / and no one really knew what it was for."

In 1999, / Ms. Ossian became partners with local businessman John Peterson. The website redefined itself / as a tool to promote local business. Ossian's became a space / where the high street giants were not welcome / and only locally owned businesses could advertise. Starting with 'Ossian's Events' / the website then evolved into accommodating new pages / where people could find information about produce suppliers, / theater groups, / fashion outlets, / cafes and community services. All local, / of course.

Then in 2005, / after getting money from the EU enterprise fund, / which in turn allowed them to double the number of people working in the company, / they won a contract from Glasgow City Hall / to run its website. Ossian's now runs the websites / for five of Scotland's local authorities.

"This latest development offers a wealth of opportunities" / said partner John Peterson, / speaking about the company going public. / "But we are committed to our goal of providing a voice / for the small man in the marketplace."

176. Why did Ms. Ossian set up her website?

    (A) A local businessman asked her to set it up.

    (B) Her husband needed a new job.

    (C) It was a good tool to help her children study.

    (D) She was frustrated at having nothing to do.
Ⓐ Ⓑ Ⓒ Ⓓ

最初の 4、5 行程度読んでもズバリは出ていない。こんなときは消去法で

177. What did the grant from the EU allow the company to do?

    (A) Gain access to local government

    (B) Get contracts outside Scotland

    (C) Raise their staffing levels

    (D) Increase their profits fivefold
Ⓐ Ⓑ Ⓒ Ⓓ

grant が分からなくても「EU からの〜」でキーワードを想像し、消去法で

178. According to Ms. Ossian, what was the main reason for her initial lack of success?

    (A) Computers were not in common use.

    (B) She didn't have enough funding.

    (C) The website didn't look professional.

    (D) They didn't have a clear direction.
Ⓐ Ⓑ Ⓒ Ⓓ

難問。initial lack が分からないと難しい

179. What kind of store is NOT mentioned as advertising on the website?

    (A) Clothing Stores

    (B) Computer Suppliers

    (C) Coffee Shops

    (D) Food Markets
Ⓐ Ⓑ Ⓒ Ⓓ

NOT の問題は選択肢が単語だと狙い目！「柳の下にドジョウが 3 匹」作戦だ！

180. The phrase "in turn" in paragraph 4 line 2 is closest in meaning to?

    (A) Systematically

    (B) Subsequently

    (C) In order

    (D) In rotation
Ⓐ Ⓑ Ⓒ Ⓓ

in turn は普通「交互に」「立ち替わって」という意味。ここでは「今度は」

Questions **181** to **185** refer to the following e-mail and information.

From:	kfowler@recruit.com
To:	abenton@recruit com
Subject:	South Sea Oil Company
Attach:	Pbell.doc Dsalter.doc

Abby,

I had a call from Bob Smith over at South Sea Oil Company this morning. He is looking for someone / to head up their new East African Office in Niger. Bob is looking for someone / with a background in the oil industry, / if possible. Management experience is a must. Basic knowledge of French is also required. Preferably / he would like someone / who is familiar with engineering, / but, / as this is an admin position, / it is not essential.

Bob needs time to get the visa paperwork done for the successful applicant / so he wants to choose someone as soon as possible. I looked through our books / and found two people I thought were suitable. Could you get them on the phone / to set up some interviews? Bob will be away next week on business / so he would like to do the interviews this Friday before noon.

Thanks

Ken

Ken Fowler Senior Consultant
AI recruiting

Paul Bell

Qualifications:
MSc in Engineering - Sydney Tech

Work History
1998—2002 *Pro Drilling*
Team leader of oil drilling project
2002—2010 *Capital Designs*
Senior design engineer

Languages (other than English)
French (High School Level)
German (Conversational Level)

Notes:
Paul is currently working for a
temping agency so he is only
available for interviews before
10 a.m. during the week or on
weekends.

Dean Salter

Qualifications:
MBA - University of Melbourne

Work History
1997—2005 *TK Trading*
Director of Finance

2005—2010 *TK Manufacturing*
Plant manager

Languages (other than English)
French (Business fluency)

Notes:
Currently in between jobs so
available any time for an interview.

181. What is necessary for this position?

    (A) Fluency in French
    (B) Management experience
    (C) Sales knowledge
    (D) A valid visa

Ⓐ Ⓑ Ⓒ Ⓓ

> necessary に鋭く反応する。このポジションに必要な要件を文中から探す

182. What does Ken want Abby to do?

    (A) Call the two job seekers
    (B) Choose the best candidate
    (C) Get more information from Bob
    (D) Pull up some more files

Ⓐ Ⓑ Ⓒ Ⓓ

> want A to ... とは本文中に「お願い文」があるということ。しかも後半に

183. Where did Dean Salter work?

    (A) A bank
    (B) A factory
    (C) A temp agency
    (D) A university

Ⓐ Ⓑ Ⓒ Ⓓ

> Dean Salter の work history（職歴）を見る。

184. What is true about Paul Bell?

    (A) He can speak two languages.
    (B) He is not working currently.
    (C) He went to high school in France.
    (D) He has a degree in engineering.

Ⓐ Ⓑ Ⓒ Ⓓ

> Paul Bell のリストを見るだけ

185. When is the best time for Bob Smith to meet Paul Bell on Friday?

    (A) At 8 a.m.
    (B) At 10 a.m.
    (C) At noon
    (D) At 2 p.m.

Ⓐ Ⓑ Ⓒ Ⓓ

> 時間の問題は超簡単。絶対に取る。ただ、両方の資料で時間チェックが必要

Questions **186-190** refer to the following e-mail and information.

From:	MGoldsbury@email.com
To:	Group <allstaff@email.com>
Subject:	Our annual family picnic
Attach:	restaurntinfo.doc

Hello everyone,

As you all know / our department manager, Ken, / decided not to hold our annual family picnic / outdoors this year / because of the terrible weather we've been having. David has been put in charge of choosing the theme for the party / and I've been asked to find a restaurant / that is suitable for the whole family.

I've attached some information from two great restaurants. Personally, / I prefer Café 54 / because it's a bigger venue with 80 tables. It also has a larger variety of dishes on its menu. But The Tunnels is worth looking at too. It is the cheaper alternative / and they are closer to the station / for those staff coming by train. Can you let me know / which you think is the better option?

It is already July 2nd / and the picnic is scheduled for the 26th / so we must decide on a restaurant soon. We have to book it by July 15th / at the latest. With that in mind, / I would like to have the final numbers of employees coming / and how many family members they are bringing. Could you all e-mail my assistant Mary / by the end of this week (July 7th) / and let her know if you are coming?

Yours truly,
Martin

Celebrate your party in style at Café 54. In our spacious 80-seat restaurant. Perfect for birthdays, / anniversaries, / office parties, / graduation parties / and more.

We have party plans starting from as little as $15 a head. The basic menu includes:

-Starters
-Choice of 3 main dishes
(including one vegetarian dish)
-Soft drinks
-Cake
-Fruit platter

A non-refundable 10% deposit is required / at the time of reservation.

Please note that cancellations are not accepted / in the two weeks leading up to the event. There's no smoking permitted in the restaurant.

The Tunnels

- ✔ Low prices - $12 per person
- ✔ Great, central location
- ✔ Kids menu available
- ✔ Seating for 60

Having a party? Why not let us arrange it all for you? We can tailor the menu / to suit your needs.

We can decorate our party room / to a theme of your choice. Provide a karaoke machine or a disco upon request. We can also put on a small fireworks display / for an extra fee.

Make it a magical night to remember at the Tunnels.

186. Who is in charge of choosing the venue?

    (A) David
    (B) Ken
    (C) Martin
    (D) Mary

Ⓐ Ⓑ Ⓒ Ⓓ

in charge of と venue が分からなければ、消去法で！

187. What does Martin like about Café 54?

    (A) The healthy menu
    (B) The great location
    (C) The large space
    (D) The low prices

Ⓐ Ⓑ Ⓒ Ⓓ

資料 1 の Café 54 のところを読めば簡単

188. When will they make a restaurant reservation?

    (A) July 2nd
    (B) July 7th
    (C) July 15th
    (D) July 26th

Ⓐ Ⓑ Ⓒ Ⓓ

when 問題。make a reservation の同意語は何か？

189. How late can cancellations be made at Café 54

    (A) 3 months before the event
    (B) 1 month before the event
    (C) 2 weeks before the event
    (D) 1 day before the event

Ⓐ Ⓑ Ⓒ Ⓓ

キャンセルについてだから、資料 2 の Café54 の後半にあると推測

190. What service is NOT offered by The Tunnels?

    (A) Children's menu
    (B) Decorations
    (C) A magician
    (D) Music

Ⓐ Ⓑ Ⓒ Ⓓ

NOT を手で隠して「柳の下にドジョウが 3 匹」だ！

From:	kyamada@globalfinance.tokyo.co.jp
To:	interncoordinator@BM.com
Subject:	Housing Options

Dear Mr. Yamada,

Congratulations on being accepted into the internship program / here at Brown & Mather Associates. Before starting your position in August, / you will need to make living arrangements for the three months / that you will be working with us. To that end, / I have attached some information on your options.

As we discussed at our teleconference last week, / the cost of your accommodation / will be covered by your employer in Tokyo. In order to simplify things, / B&M will pay for your accommodation in advance / and then we will be reimbursed by Global Finance Tokyo / at the end of your internship in October.

If you have any questions regarding the different options / please call me / rather than using the numbers on the information document. You can contact me directly on the number below. Please note, / our office will be closed for the Public Holiday / May 23rd to 25th.

Regards,
Kate Gowan
Intern Coordinator
Human Resources Department
Brown and Mather Associates
(tel) 555-3458, ext344

Home Swap

This is a scheme / organized by a company called Home Exchange. They try to find people in Vancouver / traveling to Tokyo at the same time / that you will be in Vancouver. That way / you can swap homes. In other words, / you will stay in their home / and they will stay in yours. There is a small fee to pay to Home Exchange.

The advantage of this option is / that you can stay in a large, / well furnished house or apartment / and get to see a side of Canada / that many visitors miss.

Home Exchange
www.homeexchange.net
Tel & Fax 555-3489

B&M Dormitory

In the suburbs of Vancouver, / Brown and Mather Associates have a large housing complex / for the exclusive use of our staff. Previous interns have commented / that staying here is a great way / to get to know your new colleagues. This modern estate includes an 80-room dormitory, / 12 executive apartments / and 24 family homes. The company has a free shuttle bus / between the complex and the office / that runs several times an hour. There are three self service cafeterias to choose from, / as well as a laundry and dry cleaning service.

Brown Hall

We have an agreement with the local university / to make use of their student accommodation. Interns can choose between / single or shared rooms at Brown Hall. The building itself is rather old / and the rooms are very basic. However, / this Victorian building is located downtown, / only a 5-minute walk from our office. Other facilities located nearby / include a gym, / a library and a large shopping mall. This option allows you to enjoy / the vibrant city life of Vancouver.

For more details: / University of Canada 555-3490

191. Who will pay for Mr.Yamada's accommodation?

    (A) Mr.Yamada's current employer

    (B) Brown and Mather Associates

    (C) B&M and Global Finance Tokyo will split the cost.

    (D) Mr.Yamada will pay for it himself.
 Ⓐ Ⓑ Ⓒ Ⓓ

お金の事が書かれているところは？

192. The phrase 'please note' in Paragraph 3, line 3 is closest in meaning to

    (A) be careful

    (B) notify

    (C) explain

    (D) write down
 Ⓐ Ⓑ Ⓒ Ⓓ

note の意味は大切。ここでしっかり理解しよう

193. What's the advantage of using the dormitory?

    (A) It's very close to the office.

    (B) It's cheaper than the other options

    (C) It's the only option that includes free food.

    (D) It's a good way to get close to coworkers.
 Ⓐ Ⓑ Ⓒ Ⓓ

Dormitory の利点とあるので、資料 2 の B&M Dormitory を探す

194. What is indicated about Brown Hall?

    (A) It's a new building.

    (B) It's centrally located.

    (C) It has shared rooms only.

    (D) It's only for law students.
 Ⓐ Ⓑ Ⓒ Ⓓ

言い換えられているものが答えだ

195. Which number should Mr. Yamanda call to inquire about the home swap scheme?

    (A) 555-3434

    (B) 555-3458

    (C) 555-3490

    (D) 555-3492
 Ⓐ Ⓑ Ⓒ Ⓓ

易しいのだが、落とし穴がある

Questions **196-200** refer to the following facsimile and brochure.

FAX

To:	Roger Freeman, CEO	**From:**	Tim Butler, HR Dept.
Fax:	555-9878	**Pages:**	2
Re:	Management training workshops	**Date:**	December 5, 2011

Roger,

As per your instructions in our meeting of November 1st, / I've looked into finding a cheaper alternative / to our usual yearly management getaway.

I'm faxing a copy of a brochure from a company called "Zero." In addition to the reasonable rates, / it offers several advantages over JKM, / the company we previously used. It's more environmentally friendly / and it has many exciting options. Also, / we'll save on transportation / because it is so close.

I like "Upside Down" / and I think / some of our senior staff could learn a lot / from taking orders for a change. However, / bearing in mind / that several of our managers are getting on in years, I would advise / going with the "Back to Basics" option.

I am very excited / about this new direction we are taking / and I can't wait to see / how our managers deal with the change to their usual workshops.

Tim

第2章 ヒントつき！模擬問題と解答・解説 パート7

Zero

— The only management training company / that makes zero negative impact on the environment.

Team Building Workshops

Back to Basics
In this course, / participants try management 19th century style! That means / no cell phones, / no internet, / and no computers / —just good old fashioned brain power. The challenge of this 3-day workshop is / to come up with a viable business plan / that will help a community in the developing world / break out of the poverty cycle.

The Concrete Jungle
This 4-day action adventure runs on the same principle / as Back to Basics, / but instead of formulating a business plan, / you have to formulate an escape plan. You are airlifted to a remote island / where you will meet a series of obstacles / that you have to overcome / in order to get back to the mainland. The team / that can pull together the best / will have the best chance of winning.

Upside Down
In this week-long workshop, / teams have to run a farmers' market. That includes logistics, promotion, marketing, sales, and accounting. The catch? No one plays their usual role. Senior managers work as junior clerks, and accountants do the advertising! The best way to understand your staff is / to see the world through their eyes.

* All activities are closely supervised by fully trained doctor. We have cameras monitoring all participants / and a qualified safety instructor working with each team. Participants must complete a vigorous physical / before being accepted on to this course.

196. Why did the CEO decide to stop using JKM?

    (A) It was too boring.

    (B) It was too expensive.

    (C) It was too far.

    (D) It was too wasteful.   Ⓐ Ⓑ Ⓒ Ⓓ

> JKM が社員研修引き受け会社の名前だと分かれば簡単

197. In the e-mail, the phrase "deal with" in paragraph 4, line 2, is closest in meaning to?

    (A) bargain

    (B) handle

    (C) solve

    (D) trade   Ⓐ Ⓑ Ⓒ Ⓓ

> deal の意味を知っていれば簡単。知らなかったら前後を読み、推測する

198. What does Tim Butler like about "Back to Basics"?

    (A) It is suitable for older staff.

    (B) It will help poor people.

    (C) It is the cheapest option.

    (D) It is the shortest course.   Ⓐ Ⓑ Ⓒ Ⓓ

> 資料 2 の Back to Basics のところを読んで消去法で解く。資料 1 の Back to Basics の部分にも当たる

199. What do the organizers claim about "Zero"?

    (A) It has branches in many developing countries.

    (B) It has a lot of experience running workshops.

    (C) It has more reasonable prices than the competition.

    (D) It has a unique eco-friendly approach.   Ⓐ Ⓑ Ⓒ Ⓓ

> organizer はここでは「主催者、まとめ役」で、claim は「強く言う」。資料 1、2 の Zero の説明の部分をスキミングして、選択肢を見る

200. What safety measure is NOT mentioned?

    (A) All the activities are filmed.

    (B) Equipment is regularly safety tested.

    (C) Participants need to pass a health check.

    (D) They have medical personnel on staff.   Ⓐ Ⓑ Ⓒ Ⓓ

> 諸注意、応募方法などは、一般的に最後に述べられるものだ。ここでは安全対策について問われている

第 2 章 ヒントつき！模擬問題と解答・解説 パート 7

289

153-154　訳

オフィスでランチを

昼食時間の半分を並んで過ごすことに飽き飽きしてますか？ でしたら、私どもの新しいサービスは、あなたにピッタリです。サンドイッチはできたばかりの新しい厨房で注文を受け、作られます。そして皆様のオフィスに直接配達されます。

新鮮！ おいしい！ ヘルシー！ 大きめのサイズ

電話でのご注文は 555-9098 へお電話を（注文は午前 11 時までに）
Ｅメールでのご注文は LATO@email.com（注文は午前 10 時半までに）

合計 10 ドル以上のご注文は無料配達
サンドイッチ 3 個以上のご注文は 5％引き

for 以下については、オンラインで http://www.lunchlato.com をご覧ください（for 以下 ➡ 当店で十分な品揃えがあるオーガニックで脂肪抜きのサンドイッチの具と豊富な低カロリーの添え料理）。当店の特別レシピ、低脂肪デザートをお試しあれ。

また最初の 1 カ月間は、サンドイッチ 1 つのご注文ごとに缶入りソーダを差し上げます。

重要語彙 🖊

- □ **be tired of ...**：〜に飽き飽きしている
- □ **spend+** 時間［お金］ **+ ... ing**：〜して時間［お金］を過ごす［費やす］
- □ **stand in line**：立って並ぶ
- □ **made to order**：注文してから作られる
- □ **brand-new**：ピカピカの
- □ **facilities**：（通常、複数形で）施設、設備
- □ **direct**：直接に（ここでは **directly** の意味の副詞）
- □ **generous**：寛大な、豊富な
- □ **range**：幅、範囲
- □ **organic**：有機の、オーガニックの
- □ **fat free**：脂肪なしの
- □ **fillings**：詰め物、具
- □ **give away**：ただで配る

153. 正答 (A) 　🖥 Web音声講座　　　　　　　　　　　　　　　　　　普

この広告の目的は何か？　　　　　　　(A) 食べ物の新配達サービスを知らせる ○
　　　　　　　　　　　　　　　　　　(B) オンラインのレシピサイトを宣伝する
　　　　　　　　　　　　　　　　　　(C) 新しいオーガニックのレストランを紹介する
　　　　　　　　　　　　　　　　　　(D) 会社員たちにヘルシーな食べ方を推進する

🔍のつけどころ

手紙を除いて、英語では一番言いたいことは最初の段落にあると心得る。ここでは中間にある大きい文字に感嘆符がついていることに注目し、消去法で解く。

154. 正答 (B) 　🖥 Web音声講座　　　　　　　　　　　　　　　　　　易

広告ではどのようなサービスが提供さ　(A) 特別に大きいもの［食べ物］
れていないか？　　　　　　　　　　　(B) 速い配達 ○
　　　　　　　　　　　　　　　　　　(C) 無料の飲み物
　　　　　　　　　　　　　　　　　　(D) 大量注文割引

🔍のつけどころ

スキミング（skimming）して解ければ理想。設問の NOT を指で隠して、正しいもの（○）を3つ探すのがよい。(A) は本文中の very generous sizes（とても気前のよいサイズ）を指す。(C) は一番最後の文。(D) は 5% off any order of 3 sandwiches or more を指す。(B) の fast delivery はいかにもありそうだが、本文中には出ていない。fast／quick などの文字がないこと注目。本文を読まずに適当にマークする者を引っかける選択肢。

EXTON Pro 3000 多機能プリンター。わずか 299 ドル 99 セント！

このオフィス必需品は皆様に 3 台の機器を素敵な 1 セットでご提供：
プリンター、ファックス、コピー機

プリンター：遠隔操作機能で書類をメール送信可能、どのような所からでも直接あなた
　　　　　　のプリンターに。
　　　　　　　　印刷スピード － 白黒 － 毎分 30 ページ
　　　　　　　　　　　　　　　 － カラー － 毎分 5 ページ

ファックス：高速ダイアル機能。また互換性のある光ファイバーケーブル。

コ ピ ー 機：強力なインクジェット方式。高画質プリント。自動原稿送り装置がほとん
　　　　　　どの用紙サイズに適合。
　　　　　　　　カラー 毎分 3 ページ　白黒 毎分 16 ページ

すばらしい 5 色をご用意 － いかなるオフィス内装にもピッタリ！

オフィスサイズ、小型サイズあり

さらなる詳細については、電器店または当社の地区代理店へおいでください。

重要語彙

□ **multifunction**：多機能の

□ **essential**：必需品

□ **neat**：すっきりした、コンパクトな

□ **package**：セット、包み、包装した商品

□ **allow** *A* **to ...**：A が~するのを許容する、認める

□ **compatible**：互換性のある

□ **optic**：光学の

□ **print resolution**：印字解像度

□ **adjust**：調節する

□ **document feeder**：原稿送り装置

□ **width**：幅

□ **suit**：~に適応する、合う

□ **decor**：装飾

□ **available**：入手可能で

□ **dealer**：販売店、特約店、代理店

□ **further**：さらに
　➡ far の比較級。「距離」の場合は farther だが、「程度」の比較級は further となる。

155. 正答 (A) 🖥 Web 音声講座　　　　　　　　　　　　　　　　　易

EXTON Pro 3000 はどのくらい速くカ　　(A) 毎分 3 ページ ○
ラーコピーができるか？　　　　　　　　(B) 毎分 5 ページ
　　　　　　　　　　　　　　　　　　　(C) 毎分 16 ページ
　　　　　　　　　　　　　　　　　　　(D) 毎分 30 ページ

🔍のつけどころ

印刷（プリント）と早とちりすると、(B) にしてしまう。出題者はもちろんそれを狙っている。ppm は
page per minute（1 分当り〜ページ）。

156. 正答 (D) 🖥 Web 音声講座　　　　　　　　　　　　　　　　　易

顧客はこの機器についてどうやって　　　(A) E メールで
もっと情報を手に入れられるか？　　　　(B) ファックスで
　　　　　　　　　　　　　　　　　　　(C) 電話で
　　　　　　　　　　　　　　　　　　　(D) 直接に ○

🔍のつけどころ

詳細情報の入手方法は、常に最後に出てくると当たりをつける。頻出表現 in person（本人と直接に）
は覚えておこう。【例】I haven't met her in person.（彼女に直接に会ったことはない）

From：営業部長〈アドレス省略〉
To：グループ〈アドレス省略〉
件名：価格リスト変更

皆様へ、

皆様のほとんどは、この前の営業会議で手渡した価格リストの間違いに気づかれたと思います。皆様に to 以下しないように、と念を押す必要はないと思っています（to 以下 ➡ 現在の価格リストをお客様に渡す）。どうぞ that 以下である旨、お客様にお伝えください（that 以下 ➡ できるだけ早く訂正版を出すと）。さしあたり、皆様は下記の訂正済みの価格リストをご覧ください。

次の品目は今年の価格でなく、昨年の価格が印刷されてしまいました。

FP 345　　カタログ中の価格　　　3 ドルは、3 ドル 50 セントになります。
FG 500　　　　　　　　　　　　　4 ドル 25 セントは、4 ドル 50 セントになります。
FG 750　　　　　　　　　　　　　5 ドルは、5 ドル 25 セントになります。

加えて、生産コスト値上がりのため、次の品目を変更したいと思います。
FR 455　　カタログ中の価格　　　2 ドル 75 セントは、2 ドル 80 セントになります。
FT 234　　　　　　　　　　　　　4 ドル 55 セントは、4 ドル 60 セントになります。

私はジェームスに to 以下するように頼みました（to 以下 ➡ 価格リストに目を通し、ほかに間違って印刷された価格があるかどうかを調べるように）。もし皆様が何か間違いにお気づきになりましたら、どうぞ彼に直接メール願います。彼と私は印刷会社に出向き、印刷のやり直しをきちんと見届けます。

この機会に謝罪させていただきたいと思います。私には that 以下が分かっております（that 以下 ➡ 適切なる販売ツールを持っていないと皆様の仕事がさらに困難になると）。ご辛抱いただき感謝します。

フィリップ・ロバートソン

重要語彙 🖉
□ **I'm sure (that) ...**：きっと～だと思います。　□ **notice**：気づく
□ **hand out**：(手渡しで) 配る　□ **recent**：最近の
□ **remind** A **to ...**：A に～するように思い出させる　□ **give ... out**：発表する、公表する
□ **current**：今の、現在の　□ **assure**：保証する、請け合う　□ **version**：版
□ **in the meanwhile**：その間、当座　□ **item**：品目、商品　□ **instead of ...**：～の代わりに
□ **in addition**：さらに、付け加えて　□ **due to ...**：～のせいで
□ **look over ...**：～に目を通す　□ **see if ...**：～かどうか確かめる　□ **supervise**：監督する
□ **opportunity**：機会　□ **apologize**：謝る　□ **make** A B：A を B にする
□ **patience**：忍耐

157. 正答 (D) 💻 Web音声講座   普

このEメールは誰に向けられている か？	(A) 会社の顧客
	(B) 会社の全社員
	(C) 印刷会社
	(D) 営業担当者 ○

🔍 目のつけどころ

「メールが誰に向けられているか？」という問題は、たいてい第1段落に答えがある。2行目の sales meeting と3行目の you 以下がポイント。3行目に「customer に〜しないで」とあるので、(A) と (C) はすぐ消去できる。(B) と (D) を比較すれば、sales meeting から、(B) が落ちる。また、メールの差出人と宛先を見れば、「営業部長」から「営業グループ」へのメールだと分かる。

---

158. 正答 (B) 💻 Web音声講座   普

どうして FR 455 番の価格は変更され たのか？	(A) それはバージョンアップした品目だ。
	(B) 作るのにより費用がかかるようになった。○
	(C) 昨年の価格が誤って印刷された。
	(D) 顧客が値段の高いことに不満を述べた。

🔍 目のつけどころ

サービス問題。FR 455 とキーワードが出ているので、これを「捜し物は何ですか？」ゲームとして問題文に探し、その前後3行をスキミングする。直前に「生産コストが上がったので〜」とあるので、(B) がその言い換えになっていると分かる。

---

159. 正答 (A) 💻 Web音声講座   普

フィリップはジェームスに何をするよ う頼んだか？	(A) ほかのミスがないか価格をチェックする ○
	(B) 違う印刷会社を見つける
	(C) すべての顧客に謝罪文を送る
	(D) 製造部門と話す

🔍 目のつけどころ

これもサービス問題。フィリップはメールを書いた人。だからキーワードである I（＝フィリップ）と James を「捜し物は何ですか？」ゲームで問題文中に探す。下から2番目の段落にある文を読めば楽勝。

160-162 の訳

ブラウンズ大学 – オープンキャンパス情報

月曜 17 日：フレーザー学部長が入学希望者に入門講義を行う。同窓生の何名かが加わり、that 以下の利点について話し合う（that 以下 ➡ ブラウンズ大の教育がもたらす、仕事社会での利点）。
会場：メインホール　収容人員：800 人　時間：午後 2 時 - 午後 4 時

木曜 20 日：ロバートソン氏 – 現在、応用数学の修士号取得を目指して勉強中 – が大学院プログラムについて話します。同氏は to 以下に対して提供されている財政的支援の選択肢についてお話します（to 以下 ➡ ブラウンズ大において研究を続けたいと願っている人達へ）。
会場：数学科棟　収容人員：200 人　時間：午後 2 時 - 午後 3 時

火曜日 18 日 – 金曜日 21 日：ジェームス教授 – 彼は理学部長ですが – 学生たちに about 以下について話します（about 以下 ➡ 理学部が提供している種々のコース）。教授はまた to 以下するために、これらの日の午後、都合をつけてくれます（to 以下 ➡ まだどのコースに申し込もうか決めかねている学生たちと 1 対 1 の面談をするため）
会場：科学研究所　収容人員：400 人　時間：午前 10 時 - 正午

火曜日 18 日 – 金曜日 21 日：ラーマ教授とグレイ博士が現代言語学部、英語学部それぞれで受講できる全科目にわたってディスカッションを行います。ラーマ教授は現代ヨーロッパ言語を学ぶ際の海外学習要件の説明を行います。グレイ博士は彼の指導するコースの 1 年目に研究する、文学の 3 つの時代に焦点を合わせて話します。
会場：シアター（階段教室）　収容人員：1200 人　時間：午後 2 時～午後 4 時

重要語彙 🖊

□ **introductory**：入門の　□ **lecture**：講演、講義
□ **prospective**：見込みのある
□ **alumni**：アラムナイ、同窓生　□ **advantage**：利点
□ **venue**：会場、開催地　□ **capacity**：（収容）能力
□ **currently**：現在は　□ **master's degree**：修士号
□ **applied**：応用される　□ **post-graduate**：大学院の
□ **deal with ...**：～を扱う　□ **funding**：資金を調達すること　□ **option**：選択肢
□ **on offer**：申し出られている　□ **continue**：続ける　□ **faculty**：学部
□ **available**：応じられる、有効な、役立つ
□ **be undecided on ...**：～について決めかねている
□ **which courses to apply for = which courses they should apply for**
　：どのコースに申し込むべきか
□ **the full range of ...**：一連の～　□ **respectively**：それぞれに
□ **explain**：説明する　□ **overseas**：海外の、海外に（形容詞、副詞両方ある）
□ **requirement**：（資格）必要要件　□ **literature**：文学　□ **explore**：探求する

160. 正答 (B) 🖥 Web音声講座 　　　　　　　　　　　　　　　易

学生によってなされるトークはどこで
催されるか？

(A) ホール
(B) 数学科棟 ○
(C) 科学研究所
(D) シアター（階段教室）

📖のつけどころ

キーワードは where と student。まず、student に該当する欄を探す。Dean は学部長。2つ目の欄の
Mr. Robertson があてはまる。Mr. と書いてあっても学生だ。ここでは大学院生。

161. 正答 (C) 🖥 Web音声講座 　　　　　　　　　　　　　　　易

ジェームス教授はいつ個人面接を行う
だろうか？

(A) 月曜午後
(B) 火曜午前
(C) 水曜午後 ○
(D) 木曜午前

📖のつけどころ

やさしそうで難しい問題。時間に追われて焦るとできない。まず (A) と (B) が×だとすぐに出せるか？
ジェームス教授は火曜日から金曜日まで 10 時〜12 時、科学研究所での全体会に出席することになって
いる。

162. 正答 (D) 🖥 Web音声講座 　　　　　　　　　　　　　　　易

英語のカリキュラムについて誰が話す
か？

(A) フレーザー学部長
(B) ジェームス教授
(C) ラーマ教授
(D) グレイ博士 ○

📖のつけどころ

キーワードが English だから、一番最後の予定表だと分かる。respectively（それぞれに）の単語の意
味が分かれば簡単。

ピーター・ラム様
マーケティング部長
グーリーンウエイ（株）
シカゴ 34876

10 月 28 日

拝啓
ラム様、

先週ドイツでの見本市でお会いできて、とても光栄でした。貴社の素晴らしい新製品シリーズについて楽しくお話を伺いました。貴社が基本デザインに対してなされました最近の変更は当社の分析機器とさらに互換性が高まると思います。

私はあなたに that 以下をお伝えしようと手紙を書いています（that 以下 ➡ 私は 11 月 11 日から 16 日まで合衆国におります。そして貴社製品についてもっと知るために貴社工場を訪問する機会があれば嬉しいのです）。

最初の会合で申しましたように、当社は北米にビジネスを拡張しようと考えており、貴社は to 以下するために良い場所にあります（to 以下 ➡ 当社が必要とする部品を供給していただくのに）。私は当社の新オフィスのために数カ所候補地を調べてシカゴにいると思います。それで if 以下であれば、大変ありがたいのです（if 以下 ➡ もしあなたが忙しいスケジュールの中、私と会う時間を見つけて下されば）。

私は 12 日の午前中、13 日の午後、もしくは 15 日は終日、自由時間がとれます。どの日があなたに最も好都合かお知らせください。お返事をお待ちしております。

チャールズ・グレイス
営業部長
アナリテク社 PLC
ロンドン SW14 5GH

重要語彙✎

□ **line**：(ある一連の製品の) 品揃え、種類　□ **make a change**：変更をする
□ **compatible with ...**：～と互換性がある　□ **analysis**：分析
□ **equipment**：装備、機材 (数えられない名詞)
□ **expand**：拡張する
□ **supply** A **with** B：A に B を供給する
□ **location**：(工場、会社などを設置するための) 場所、用地
□ **grateful**：ありがたい
□ **suit**：～に適合する、合う、似合う　□ **look forward to ...**：～を楽しみに待つ

163. 正答 (A) 🖥 Web音声講座 普

グレイス氏の合衆国訪問の主な目的は
何か？

(A) 彼は物件を見ようとしている。〇
(B) 彼は工場で新しい仕事がある。
(C) 彼は見本市に出ようとしている。
(D) 彼はデザインを勉強しようとしている。

👁 のつけどころ

英語で言いたいこと（大切なこと・目的・要旨など）は、普通は最初の段落にある。しかし、手紙文は
第1段落には「挨拶」「これまでの成りゆきなどの報告」がなされ、第2段落で初めて用件に入ること
が多いので注意。

164. 正答 (C) 🖥 Web音声講座 易

グレイス氏はいつが都合つかないか？

(A) 12日の午前
(B) 13日の午後
(C) 14日の午前 〇
(D) 15日の午後

👁 のつけどころ

この手の問題は通常は NOT を指で隠して正しいものを3つ探す「柳の下にドジョウが3匹」作戦でい
くが、今回は日時なのでドジョウがどこにいるかすぐにわかる。一つひとつを吟味するだけで解ける、
簡単な問題。初級者は必ず164番から解くこと！

第2章 ヒントつき！ 模擬問題と解答・解説 パート7

火災安全対策

全従業員の皆さんは次の通知を再確認し、必ず that 以下していただきたいと思います（that 以下 ➡ どなたも最新の火災安全アドバイスを十分に知っておくように）。

防火対策
・各部長は必ず that 以下を確認すること（that 以下 ➡ それぞれの部署とコピー室に煙探知機が取り付けられていること）。
・退出する前にすべての電子機器のスイッチを切ること（これには待機状態にしておいてはならないコンピューターのモニターも含まれる）。
・すべてのオフィス家具は資材調達部を通じて購入されなければならない。so that 以下できるように（so that 以下 ➡ それらが現行の火災予防規則に準じていると会社が確証できるように）。
・建物内ではいかなる場所でも禁煙。これには応接エリアも含まれる。

火災訓練
・各部署は to 以下するための職員 1 名を選出しなければならない（to 以下 ➡ 火災予防管理者として務める）。
・火災予防管理者は 2 カ月に 1 回の安全対策会議に出席することを要求される。
・各部署は年 2 回の火災訓練を実施することとする。これらは予告されない。

緊急時の手続き
・火事だと思ったら、非常ベルを押してください。これらは各階、スタッフ用キッチン付近にあります。
・ビルから即座に離れてください、階段を使って。エレベーターは when 以下のとき自動的に閉鎖されます（when 以下 ➡ 警報ベルが押されたときに）。
・プライバシーを守るために as 以下にご自分のコンピューターのモニターを切ってください。（as 以下 ➡ 退去する際に）。しかしながら、自分のコートやバッグを持ち出すために立ち止まってはいけません。
・直接行ってください、あなたが指定されている外の緊急時集合地点へ。そして火災予防管理者に自分の名前を告げてください。

重要語彙 🖉

□ **safety**：安全
□ **employee**：従業員
□ **make sure (that) ...**：確実に～する
□ **procurement**：調達
□ **comply with ...**：～に準拠する
□ **be required to ...**：～することが要求される
□ **carry out ...**：～を実行する
□ **immediately**：ただちに

165. 正答 (B) 💻 Web音声講座　　　　　　　　　　　普

火災予防管理者の責務は何か？

(A) 耐火性のある家具を買うこと
(B) 火事の場合には職員の名前をチェックすること ○
(C) すべての部屋に煙探知機が設置されているか確認すること
(D) 警報が鳴ったらエレベーターのスイッチを切ること

のつけどころ

まずは fire safety officer のある Fire Drills（火災訓練）の項目を見るが、そこには述べられていない。最初からスキミングしていれば (A)(C)(D) はすべて最初の Fire Prevention（防火）のところで述べられる一般論で fire safety officer がするとは書かれていない。(B) は何と！ 一番最後の行に出ている！ 正しいものを探すと時間がかかる！ 消去法がベストだ。

166. 正答 (C) 💻 Web音声講座　　　　　　　　　　　易

火災予防管理者は何回会合するか？

(A) 毎週
(B) 1カ月ごとに
(C) 2カ月ごとに ○
(D) 1年に2回

のつけどころ

簡単。bi-monthly の bi- は自転車 (bicycle) の bi- と一緒。「2つ」という意味。よって bi-monthly は2カ月ごと。

167. 正答 (A) 💻 Web音声講座　　　　　　　　　　　易

警報ベルはどこにあるか？

(A) スタッフ用キッチンのそば ○
(B) 1階のみ
(C) エレベーターの近く
(D) 応接エリア

のつけどころ

alarm bell は本文中では emergency bell と言い換えられている。それに気が付けば簡単。

168. 正答 (C) 💻 Web音声講座　　　　　　　　　　　普

この告知では何をしないよう伝えているか？

(A) 警報ベルを押す
(B) コンピューターの電源を切る
(C) コートを着る ○
(D) 外で集まる

のつけどころ

このタイプの問題は NOT を指で隠して、正しいものを3つ探す消去法作戦がベスト。

テストラ・ライフ（保険会社名）
私書箱 2345
オーストラリア

2011 年 3 月 11 日

ポール・ファウラー様
アルトンリアガーデンズ 19
メイドンヘッド
メルボルン 3456

拝啓
ファウラー様、

当社の記録は that 以下を示しています（that 以下 ➡ あなたの車保険の保証が 5 月末で切れる）。そこで私どもは if 以下であればお役に立てる素晴らしいオファーについてお話しさせていただきたいと思います（if 以下 ➡ もし当社との保険契約を続けると決めていただければ）。

もし、もう 1 年更新していただければ、昨年と同じ低価格でご提供いたします。もし 3 年間の更新でしたら、10% の割引をさせていただき、もし 5 年間の更新でしたら、今年お支払いいただいている額のなんと 15%割引をご提供できます。

今年の 4 月以降、who 以下の皆様のために特別お得なお取引きも提供いたします（who 以下 ➡ 種々の保険を組み合わせる）。detailing 以下のパンフレットを同封いたしました（detailing 以下 ➡ 私どもの住宅保険、ペット保険、そして旅行保険に関する、素晴らしい価格の詳細）。人生をより生きやすくするのに、あなたが必要とするすべてを提供いたします。

どうぞ that 以下をお忘れにならないでください（that 以下 ➡ これらの割引価格を受ける資格を得るには、保険契約が切れる前の更新が必要です）。もしこの期日後に更新されますと、正規額を請求させていただかねばなりません。

保険契約の更新は郵便、電話、インターネット、または全国の多くの支店で行えます。that 以下をお忘れならないでください（that 以下 ➡ ネットでの保険契約の更新をなさる方には、無料で自動車用ワックスのキットを差し上げます）。

敬具、

リー・アン・スミス

重要語彙 ✏️

□ **insurance**：保険　□ **indicate**：示す　□ **coverage**：保証
□ **run out**：尽きる　□ **available**：役立つ、手に入る、利用できる
□ **policy**：政策、方針、保険証書、保険契約　□ **amount**：額
□ **as of April**：4月現在で、4月以降は
□ **deal**：取引、お得なこと　□ **qualify for ～**：～に対して資格がある
□ **charge**：(お金を) 課す、請求する　□ **online**：【副】インターネットで

---

169. 正答 (C)　💻 Web 音声講座　　　　　　　　　　　　易

割引価格が提供される最終日はいつか？	(A) 3 月 28 日
	(B) 4 月 1 日
	(C) 5 月 31 日 ○
	(D) 6 月 1 日

📖 **のつけどころ**

「時」の問題は一番の得点源。必ず取る。第1パラグラフにある、最後の日＝at the end of May がポイント。

---

170. 正答 (C)　💻 Web 音声講座　　　　　　　　　　　　易

最大の割引を得るにはどの位の期間保険を続けなければならないか？	(A) 1 年
	(B) 3 年
	(C) 5 年 ○
	(D) 10 年

📖 **のつけどころ**

これも「時」の問題で簡単だ。最大の割引率とは書いてないが amazing（驚くほどの）がその言い換え。

---

171. 正答 (B)　💻 Web 音声講座　　　　　　　　　　　　普

どんな種類の保険が提供されていないか？	(A) 車保険
	(B) 生命保険 ○
	(C) ペット保険
	(D) 旅行保険

📖 **のつけどころ**

1 行目に car insurance だけが出ているが、あとの insurance を検索すると第 3 パラグラフに house / pet / travel insurance と「柳の下にドジョウが三匹！」状態だ。

---

172. 正答 (D)　💻 Web 音声講座　　　　　　　　　　　　普

手紙によれば、ウェブサイトを通して更新するのがなぜ最良なのか？	(A) そうするのが一番安いやり方だ。
	(B) 店に行くより便利だ。
	(C) 他のサービスについてのより多くの情報を得られる。
	(D) 会社から特別なギフトを得られる。○

📖 **のつけどころ**

website がネットのサイトのことだと知っていれば、手紙文中の online でピント来るはず。online ＝ through the Internet である。　via ＝ through だ。

　when 以下しようとするとき、よく調べるべき数多くの選択肢がある（when 以下 ➡ 自身の新規事業を始めるための金を求めようとするとき）。もしあなたが少額の金を借りようとするのであれば、その際には銀行が最も良い選択肢だ。しかし、よく見て回ることを忘れないように。それら銀行の取引は多岐にわたっていることがありうるからだ。もしより多額の金を借りる必要があれば、その際は、投資家を探す必要があろう。投資会社は、投資家のグループに代わって投資をするのだが、銀行よりも高いリスクを受け入れるだろう。しかしマイナス面は、彼らがしばしばその投資に関してハイリターン（高い見返り）を求めることだ。また、個人投資家もいて、英国ではビジネスエンジェル（ベンチャー投資家）と呼ばれている。彼らは通常 who 以下のとても富裕な人達である（who 以下 ➡ 新しい事業とかかわるスリルを楽しむ）。彼らは利益にはそれほど興味を持たないが、あなたが事業を運営するやり方に関して、少し口を出したいのかもしれない。

重要語彙

- □ **a number of ...**：数多くの〜
- □ **option**：選択肢
- □ **explore**：探索する、よく調べる
- □ **business venture**：新規事業
- □ **look to ...**：〜する予定である
- □ **borrow**：借りる ↔ **lend**：貸す
- □ **amount**：額
- □ **shop around**：色々品定めして回る
- □ **deal**：取引
- □ **vary**：異なる、変わる
- □ **sum**：金額
- □ **investor**：投資家
- □ **investment**：投資
- □ **invest**：投資する
- □ **on behalf of ...**：〜を代表して、〜に代わって
- □ **accept**：受け入れる
- □ **risk**：危険、リスク
- □ **downside**：マイナス面 ↔ **upside**：良い面
- □ **demand**：要求する
- □ **UK**：連合王国（英国）= United Kingdom
- □ **wealthy**：豊かな
- □ **be involved in ...**：〜にかかわる
- □ **enterprise**：企業、事業
- □ **profit**：利益
- □ **say**：图 言いたいこと
- □ **run**：経営する、運営する

173.　正答 (B)　💻 Web音声講座　　　　　　　　普

記事では銀行ローンについてどう述べられているか？	(A) すべての銀行が同じようなローンを提供している。
	(B) それらは少額の借り入れに最も適している。〇
	(C) それらは急いで返済されねばならない。
	(D) 英国の銀行が最も広範囲のローンを取り扱っている。

👁🗨 のつけどころ

第1段落に銀行ローンが述べられていることをつかめば、すぐ解ける。スキミング（ひろい読み）できれば最高！

174.　正答 (C)　💻 Web音声講座　　　　　　　　普

記事によると、投資会社は借り手に何を要求するか？	(A) それまでのビジネス経験
	(B) 完璧な事業計画
	(C) 利益の高配分 〇
	(D) 定期的な現状報告

👁🗨 のつけどころ

on behalf of ... や investment company / downside という単語が分からなくても、ひるまない。消去法でやればできる。

175.　正答 (A)　💻 Web音声講座　　　　　　　　普

記事によれば、「ビジネス エンジェル（ベンチャー投資家）」は何を最も好むか？	(A) 新しい事業の一翼を担うこと 〇
	(B) 自分たち自身の事業を運営すること
	(C) 多くの金を稼ぐこと
	(D) 他者を助けること

👁🗨 のつけどころ

business angels とキーワードがズバリに出ている。消去法でやれば確実。

第2章　ヒントつき！模擬問題と解答・解説　パート7

176-180 の訳

地方の会社、成功

グラスゴー発 — 本日、オシアンズ PLC（公開責任有限会社）は新しい段階の成功へと到達した、一株 3.50 ポンドでロンドン証券取引所に上場したときに。オシアンズの始まりは 1996 年にさかのぼる、マーガレット・オシアンさんのアイディアとして。「私はちょうど夫の仕事のために新しい町へ移ったところでした」とオシアンさんは説明した。「私は退屈していました。でも地元の図書館は to 以下する方法に対して、それほど多くの提案はしてくれませんでした (to 以下 ➡ 私の子どもたちを楽しませる)。だから私は、for 以下のアイディアを持って、ウェブサイトを立ち上げようと思いました」(for 以下 ➡ 地域においてやるべきことに対しての)。

最初のウェブサイトは即、成功とはいかなかった。一つには that 以下の事実のせいで、(that 以下 ➡ まだ大部分の人々が家庭用コンピューターを持っていなかった)。また一つには、ウェブサイトのデザインがひどかったから。しかし、主に明確に定義された焦点を持っていなかったからだった。「初めはめちゃくちゃでした」とオシアンさんは認めている。「そこには何でも少しだけはあるのですが、誰もそれが何のためなのか分からなかったんです」

1999 年、オシアンさんは地元の実業家ジョン・ピーターソン氏と共同経営者となった。ウェブサイトは as 以下として再定義された。(as 以下 ➡ 地元の事業を促進する手段として)。オシアンズは where 以下の場所になった (where 以下 ➡ 目抜き通りの大手事業者は歓迎されず、地元企業だけが宣伝できる)。「オシアンズ・イベント」から始まって、このウェブサイトはそれから where 以下のページを含むよう発展して行った (where 以下 ➡ 農産物供給者、劇団、ファッション製品の格安小売店、カフェ、そして地域住民サービスについての情報を人々が得ることができる)。もちろん、すべて地元のものだ。

そして 2005 年、EU 企業基金からの資金を得て、今度はこの資金が彼らの会社で働く人の数を倍にさせてくれたのだ。彼らはグラスゴー市役所からそのウェブサイトを運営する契約を勝ち取った。オシアンズは今やスコットランドの自治体の 5 つのホームページを運営している。

「ここ最近の発展は、豊富な機会を提供してくれますね」とパートナーのジョン・ピーターソン氏は言った、会社が株式を公開することに関しては。「しかし、当社は市場の小さき人のために意見を提供するという目標に専念しますよ」と話した。

重要語彙 🖊

□ **list on ...**：～ に株式上場する　□ **start life back in ...**：～にさかのぼって生まれる
□ **brainchild**：発案物　□ **runaway success**：あっと言う間の大成功　□ **initially**：初めには
□ **high street giant**：目抜き通りに店を構える大企業　□ **evolve into ...**：～へと発展する
□ **accommodate**：収容する、泊める　□ **theater group**：劇団　□ **enterprise**：企業
□ **in turn**：今度は　□ **authority**：官庁、権限、権威者　□ **a wealth of ...**：豊富な～
□ **go public**：株式を公開する、上場する　□ **be committed to ...**：～に専念する

176. 正答 (D) 🖥 Web音声講座 　　普

どうしてオシアンさんはウェブサイト
を立ち上げたのか？

(A) 地元の事業家が彼女にそれを立ち上げるよう頼んだ。
(B) 彼女の夫が新しい仕事を必要とした。
(C) それは彼女の子どもたちの勉強を手助けするのに良い手段だった。
(D) 彼女は何もすることがないことにイライラしていた。〇

📗 のつけどころ

当然第1段落にある。brainchild は分からなくてよい。bored（退屈している）が分かればできる問題。
(C) がひっかけになっている。study でなく entertain だと〇になる。

177. 正答 (C) 🖥 Web音声講座 　　易

EU からの助成金は会社に何をさせてく
れたか？

(A) 地方自治体へ (自由に) 出入りできる
(B) スコットランド外に契約を得る
(C) 職員数レベルを上げる 〇
(D) 利益を5倍に上げる

📗 のつけどころ

EU というキーワードがあるので、本文中ですぐに見つけられるはず。第4パラグラフに答えがある。

178. 正答 (D) 🖥 Web音声講座 　　普

オシアンさんによれば、当初成功でき
なかった主な理由は何だったか？

(A) コンピューターが一般的に使われていなかった。
(B) 彼女に十分な資金がなかった。
(C) ウェブサイトがプロ風に見えなかった。
(D) それらには、はっきりした方向性がなかった。〇

📗 のつけどころ

段落の順番通りになっていないので注意。否定表現は第2段落に多いと気がつくとよい。ただ、(A)(C) とも
に部分的には正しいので、注意が必要。in part / partly / mostly という単語の意味をきちんと理解しておく。

179. 正答 (B) 🖥 Web音声講座 　　普

どんな種類の店がウェブサイト上の広
告として触れられていないか？

(A) 衣料店
(B) パソコン供給業者 〇
(C) コーヒー
(D) 食料品市場

📗 のつけどころ

「柳の下にドジョウが三匹」作戦で advertising にちなんだところを検索するだけで、5匹も見つか
る！　produce は集合的に不加算名詞で「農産物」という意味があるので注意（加算名詞としては、
product：農産物品）。

180. 正答 (B) 🖥 Web音声講座 　　難

第4段落2行目の 'in turn' という句は、
次のどれと最も意味が近いか？

(A) 組織的に
(B) 結果として 〇
(C) 順序正しく
(D) 順番に

📗 のつけどころ

これは難しい。語彙を知らなければできない。多くの人は (D) にしてしまうだろう。

181-185 の訳

資料 1- 訳

From：kfowler@recruit.com
To: abenton@recruit com
件名：South Sea 石油会社
添付：Pbell doc. Dsalter.doc (doc = document)

アビー、

今朝 South Sea 石油会社のボブ・スミス氏から電話があった。彼は to 以下する人を探している（to 以下 ➡ ニジェールにおける、彼らの新しい東アフリカオフィスを率いる人を）。ボブは石油産業で勤務経験のある人を探しているんだ、できればね。マネジメント経験は不可欠だ。また、フランス語の基礎知識も要求される。できればだが、彼は工学に精通している人を望んでいる。しかし、これは総務畑のポジションなので、必須ではないとのこと。

ボブは採用になった応募者のためにビザの書類作業をする時間が必要で、できるだけ早く人選したいそうだ。僕は名簿に目を通して、2 人のふさわしい候補者を見つけた。インタビューの席を設けるために、彼らに電話してくれないかな？ ボブは来週、出張で不在だ。だから、彼は今週金曜日正午前のインタビューを望んでいる。

ありがとう

ケン
ケン・ファウラー　シニアコンサルタント
AI リクルーティング

重要語彙

□ **head up ...**：〜の先頭に立つ

□ **knowledge**：知識

□ **preferably ...**：できれば、好ましくは

□ **be familiar with ...**：〜に精通している

□ **admin**：総務、管理（**administrative** の略語）

□ **essential**：必須の（= **a must**）

□ **get the visa paperwork done: get + O + C**（O を C の状態にする）の構文

□ **successful**：成功している

□ **applicant**：応募者

□ **look through ...**：〜 に目を通す

□ **book**：名簿

□ **suitable**：適切な

□ **get them on the phone**：彼らに電話する（= **call them**）

□ **set up**：立ち上げる、用意する

□ **away**：不在で

ポール・ベル

資格：
土木工学修士　シドニー工科大

職歴：
1998-2002　プロ・ドリリング社
石油掘削プロジェクトチームリーダー
2002-2010　キャピタル・デザインズ社
上級設計技師

言語：（英語以外）
フランス語（高校レベル）
ドイツ語（会話ができるレベル）

注：
ポールは現在派遣会社で仕事をしているので、平日・週末の午前 10 時前しかインタビューの都合がつかない。

ディーン・ソルター

資格：
経営学修士号 - メルボルン大

職歴：
1997-2005　TK トレーディング社
財務部長
2005-2010　TK マニュファクチェアリング社
工場長

言語：（英語以外）
フランス語（ビジネスレベル）

注：
現在は仕事をしていないので、インタビューはいつでも都合がつく。

重要語彙
- □ **MSc**：理学修士、工学修士（= **Master of Science**）
- □ **drill**：（石油）を掘る
- □ **temping agency**：人材派遣会社
- □ **available**：都合がつく

181. 正答 (B) 💻 Web音声講座　　　　　　　　　　　　　　易

この役職には何が必要か？
- (A) フランス語の流暢さ
- (B) 管理職経験 ○
- (C) 営業経験
- (D) 有効なビザ

📖 のつけどころ

第一段落目の a must（絶対に必要なもの）がカギ。

182. 正答 (A) 💻 Web音声講座　　　　　　　　　　　　　　普

ケンはアビーに何をしてほしいのか？
- (A) 2人の求職者に電話する ○
- (B) 最良の候補者を選ぶ
- (C) ボブからもっと情報を得る
- (D) さらに多くのファイルを引き出す

📖 のつけどころ

最初の資料で依頼する文をスキャンする。このような依頼は通常メールの後半にあるものだ。

183. 正答 (B) 💻 Web音声講座　　　　　　　　　　　　　　易

ディーン・ソルターはどこで働いていたか？
- (A) 銀行
- (B) 工場 ○
- (C) 派遣会社
- (D) 大学

📖 のつけどころ

ディーン・ソルターの職歴で 2010 年のほうを見る。factory は plant や facility（施設）と言い換えて出題されることが多い。

184. 正答 (D) 💻 Web音声講座　　　　　　　　　　　　　　易

ポール・ベルについて当てはまるものは？
- (A) 彼は2カ国語を話す。
- (B) 彼は現在仕事をしていない。
- (C) 彼はフランスの高校へ行った。
- (D) 彼は工学の学位を持っている。○

📖 のつけどころ

ポールの履歴を見ていけば解ける。

185. 正答 (A) 💻 Web音声講座　　　　　　　　　　　　　　易

ボブ・スミスが金曜日にポール・ベルに会えるベストな時間は？
- (A) 午前 8 時に ○
- (B) 午前 10 時に
- (C) 正午に
- (D) 午後 2 時に

📖 のつけどころ

両方の資料を見る必要があるが、簡単な問題。ポールの項目の Notes の内容に着目しよう。

資料1- 訳

From: MGoldsbury@email.com
To: Group <allstaff@email.com>
件名：毎年恒例の家族ピクニック
添付：restaurantinfo.doc

皆様へ、

皆様ご存知のように、部門マネージャーのケンが because of 以下のために、今年は毎年恒例の家族ピクニックを戸外ではやらないと決めました（because of 以下 ➡ これまでずっと続いてきた、ひどい天候のために）。デービッドがパーティーのテーマを選ぶ担当になっており、私はご家族の皆さんにふさわしいレストランを見つけるよう依頼を受けています。

2つの素晴らしいレストラン情報を添付しておきました。個人的には私は because 以下ですから、Café54 が好きです（because 以下 ➡ 80テーブルあって、より大きい会場だから）。また、メニューにある、料理のバラエティーがより豊富なのです。しかし、The Tunnels もまた一見の価値あります。より安く上げる場合は、代わりになる店ですね。そして、電車で来るスタッフにとっては、駅からより近いのです。どちらがより良い選択とお考えか、お知らせ下さいますか？

もうすでに7月2日で、ピクニックは26日に予定されています。だから、早急にレストランを決めなければなりません。遅くとも7月15日までに予約しないとなりません。そのことを念頭に置いて、出席する社員の最終人数と皆様が何名のご家族をお連れになるか、把握したいと思います。今週末（7/7）までに補佐のメアリーまでメールで、ご出席の可否をお知らせ下さいませんか？

敬具、
マーティン

重要語彙 ✏️

□ **manager**：マネージャー、課長、部長　□ **hold**：開催する
□ **annual**：毎年恒例の
□ **in charge of ...**：～の担当で（= **responsible for ...**）
□ **theme**：テーマ　□ **be suitable for ...**：～にぴったりの　□ **attach**：添付する
□ **venue**：会場、開催地
□ **a variety of ...**：多様な～
□ **worth ... ing**：～する価値がある　□ **alternative**：代替品、物
□ **decide on ...**：～を決める　□ **book**：予約する。
□ **by July 15th**：7月15日までに ➡ 対して、**till July 15th** は「7月15日までずっと」
□ **at the latest**：遅くとも
□ **with that in mind**：それに留意して

はやりのスタイルであなたのパーティーを Café 54 で。広々とした 80 席のレストランで。誕生日、記念日、会社パーティー、卒業パーティーなどにうってつけ。

Café 54

お一人様 15 ドルという少額から、パーティープランをご用意させていただきます。基本メニューには、次のものを含んでいます。
–スターター
– 3 つのメインディッシュの中からの選択（ベジタリアンのお料理を 1 つ含みます）
–飲み物
–ケーキ
–果物大皿盛り合わせ

予約の際に払い戻し不可の 10%の保証金を請求させていただきます。

イベントまで 2 週間になりましたら、キャンセルはお受けできかねることをご了承下さい。当レストランでは禁煙となっております。

The Tunnels

✓ 低価格　お一人様 12 ドル
✓ 素晴らしい立地、市の中心部
✓ お子様メニューあり
✓ 60 席

パーティーのご予定がありますか？　皆様に代わって、すべて私どもが手配を承るのはいかがでしょう？　皆様のニーズに合わせて、メニューを調整できます。

皆様のお望みのテーマに合わせて、パーティー会場を飾ることができます。ご要望があれば、カラオケやディスコをご用意できます。割増料金でちょっとした花火大会も企画できます。

The Tunnels でパーティーを忘れられない魅惑の今宵（こよい）になさってください。

重要語景
□ **celebrate**：祝う　□ **in style**：流行している（＝ **in fashion**）　□ **spacious**：広々とした
□ **anniversary**：記念日　□ **as little as** ～：わずか～ほどで
□ **non-refundable**：返済できない ⟷ **refundable**：返済可能な
□ **deposit**：前受金、保証金
□ **Why not ...?**：～するのはいかがでしょう？
□ **arrange**：準備する、手配する　□ **tailor**：カスタマイズする、（お客様に）合うようにする
□ **suit**：～に適合する　□ **theme**：テーマ、主題
□ **upon request**：要請があり次第　□ **put on ...**：～を催す、上演する
□ **fireworks display** 花火大会　□ **extra fee**：割増料金

186. 正答 (C)　🖥 Web音声講座　　　　　　　　　　　　　　易

誰が会場選びを担当しているのか？
- (A) デイビッド
- (B) ケン
- (C) マーティン ○
- (D) メアリー

👁 のつけどころ

最初の問題だから、資料１の冒頭部分にヒントがあると思ってよい。venue が「会場」という意味だと知っていれば、すぐに「場所」の担当とピンと来るだろう。知らなくても消去法で解ける！

187. 正答 (C)　🖥 Web音声講座　　　　　　　　　　　　　　易

マーティンは Café 54 の何が気に入っているのか？
- (A) 健康に良いメニュー
- (B) 場所が素晴らしい
- (C) スペースが広い ○
- (D) 低価格

👁 のつけどころ

マーティンが Cafe 54 を好き、というところを探す。好き ➡ like / love / prefer / be fond of ... / be crazy on ... などを知っておくと役立つ。言い換えが分かれば、正解は簡単。

188. 正答 (C)　🖥 Web音声講座　　　　　　　　　　　　　　易

彼らはいつまでにレストラン予約をするだろうか？
- (A) ７月２日
- (B) ７月７日
- (C) ７月 15 日 ○
- (D) ７月 26 日

👁 のつけどころ

「予約する」は reserve のほかに book もある。必ず覚えておこう。

189. 正答 (C)　🖥 Web音声講座　　　　　　　　　　　　　　易

Café 54 においてキャンセルはいつまで可能か？
- (A) イベントの３カ月前に
- (B) イベントの１カ月前に
- (C) イベントの２週間前に ○
- (D) イベントの１日前に

👁 のつけどころ

資料２を見る。キャンセル、問い合わせ、締め切りなどの項目は、常に最後にあることを知っておく。

190. 正答 (C)　🖥 Web音声講座　　　　　　　　　　　　　　易

The Tunnels によって提供されていないサービスは何か？
- (A) 子どものメニュー
- (B) 装飾
- (C) 手品師 ○
- (D) 音楽

👁 のつけどころ

資料２の The Tunnels を見る。「柳の下にドジョウが３匹」作戦は当然として、言い換えに注意する。children = kids や music = karaoke, disco など。magical night（魔法のように魅力的な夜）を見て magician（魔法使い、手品師）が出てくると思わないように。ひっかけだ！

資料 1- 訳 （＊From と To のアドレスは省略）

件名：住居選択肢

山田様へ、

ここブラウン & メイザー アソシエイツのインターンシッププログラムをお受けになられること、おめでとうございます。8月から仕事をお始めになる前に、that 以下の3カ月に対して、住居の手続きをする必要があります（that 以下 ➡ 弊社で一緒にお仕事をする）。そのため、あなたの（住居の）選択肢に関しまして、情報を添付致しました。

先週の電話会議でお話ししましたように、宿泊費用はあなたが所属する、東京の会社から払われます。簡略化のために、B&M が前もってその宿泊費用をお支払いし、10月にあなたがインターンシップを終了されるときに、グローバル・ファイナンス東京から払い戻しを受けることになります。

もしそれとは異なる選択肢に関しましてご質問がございましたら、資料にある電話番号におかけになるよりも、むしろ私にお電話ください。下記の番号で直接私への連絡が可能です。5月23日から25日まで国民の休日のため、弊社はクローズとなりますのでご注意ください。

敬具、
ケイト・ゴーワン
インターンコーディネーター
人事部
ブラウン & メイザー アソシエイツ
（電話）555-3458、内線 344

重要語彙

□ **position**：ポスト、役職　□ **make an arrangement for ...**：～に対して手配をする
□ **for the three months**：その3カ月に対して ➡ for three months（3カ月間）と混合しないように。
□ **to that end**：これを受けて　□ **attach**：添付する　□ **accommodation**：宿泊
□ **cover**：（費用を）負担する　□ **in order to ...**：～するために　□ **simplify**：簡単にする
□ **in advance**：前もって（= beforehand）　□ **reimburse**：払い戻しをする
□ **regarding**：～に関して　□ **rather than ...**：～よりむしろ　□ **note**：留意する
□ **regards**：敬具（手紙の最後に使う言葉）

資料 2- 訳

住居交換

これはホームエクスチェンジという会社により準備されている一つのプランです。at 以下で、東京に旅行しようとする人をバンクーバーで見つけようとするものです（at 以下 ➡ あなたがバンクーバーに滞在するのと同じときに）。そのようにして、住居を交換できるわけです。言い換えますと、あなたが彼らの家に滞在し、彼らがあなたの家に滞在するというわけです。ホームエクスチェンジ社に支払う少額の料金はございます。

これを選択される利点は、大きくて家具調度品の行き届いた家、またはアパートに滞在でき、多くの観光客が見過ごすカナダの一面を見られることです。

ホームエクスチェンジ
www.homeexchange.net
電話＆ファックス 555-3489

B&M 寮
ブラウン & メイザーアソシエイツは、バンクーバー郊外に for 以下のための広大な複合住宅施設を所有しております（for 以下 ➡ わが社の職員専用の）。これまでの研修生の皆さんは that 以下とコメントしています。(that 以下 ➡ ここに滞在することは新しい仕事仲間を知る素晴らしい方法だ）。このモダンな地所には 80 部屋を持つ寮があり、12 の高級アパートがあり、24 の家族住宅があります。弊社は that 以下の無料のシャトルバスをこの施設と会社の間に走らせております（that 以下 ➡ 1 時間に数回運行する）。3 カ所セルフサービスのカフェテリアがあり、お選びいただけます。クリーニングのサービスもあります。

ブラウンホール
私どもは to 以下するために、地元の大学と協定を結んでいます（to 以下 ➡ その学生宿泊施設を活用するために）。研修生はブラウンホールにおいて、個室か相部屋を選択できます。建物自体はかなり古く、各部屋はとてもシンプルです。しかしながら、このビクトリア調の建物は中心街にあり、弊社から徒歩でわずか 5 分の距離にあります。近辺のほかの施設には、ジム、図書館、そして大きなショッピングモールがあります。当ホールを選択されましたら、バンクーバーの活気あふれるシティーライフを満喫できます。

さらなる詳細は：カナダ大学　555-3490

重要語彙 ✏️

□ **swap**：交換する（= **exchange**）　□ **scheme**：計画、機構
□ **organize**：準備する、組織する　□ **fee**：料金　□ **furnished**：家具、調度品の備わった
□ **get to ...**：～するようになる　□ **miss**：見損なう、見そびれる　□ **suburbs**：郊外
□ **housing**：(集合的に) 住宅　□ **complex**：複合施設、総合ビル
□ **exclusive**：独占的な、専有の、高級な　□ **previous**：前の、先の
□ **comment**：意見を言う、論評する　□ **estate**：地所、不動産、財産
□ **executive**：上級職、役員　□ **choose from ...**：～から選ぶ
□ **as well as ...**：～はもちろんのこと
□ **a laundry and dry cleaning service**：クリーニングサービス
　➡ a が一つしかついていないのでセットで一つのサービスと考える
□ **make use of ...**：～を活用する　□ **choose between** A **and** B：A と B のどちらかを選ぶ
□ **basic**：基本的な、シンプルな　□ **shopping mall**：ショッピングモール　□ **facility**：施設
□ **vibrant**：活気ある

191. 正答 (A) 🖥 Web音声講座 　　　　　　　　　　　　普

誰が山田氏の宿泊費を支払うのか？

(A) 山田氏の現在の雇用主 〇
(B) ブラウン＆メイザー アソシエイツ
(C) B&M とグローバル・ファイナンス東京が費用を折半する。
(D) 山田氏自身が支払う。

🔍 のつけどころ

お金、すなわち money / pay / cost / expense や数値などをすぐに検索。2 段落目にある。ここでは重要語句 reimburse（払い戻す）を必ず覚えておこう！

192. 正答 (A) 🖥 Web音声講座 　　　　　　　　　　　　普

第 3 段落 3 行目の 'please note' という句が意味において最も近いのは ---

(A) 注意するように 〇
(B) 知らせるように
(C) 説明するように
(D) 書きとめておくように

🔍 のつけどころ

note は重要多義語なのでチェックしておこう。note that 節で「～を心に留めて置く、～を注意する」の意味。

193. 正答 (D) 🖥 Web音声講座 　　　　　　　　　　　　普

寮を利用する利点は何か？

(A) 会社（オフィス）にとても近い。
(B) ほかの選択肢よりも安価である。
(C) 無料の食べ物がある唯一の選択肢である。
(D) 同僚たちと親しくなる良い方法である。〇

🔍 のつけどころ

advantage（利点）という単語を必ず覚える。資料②の B&M Dormitory のところを探し読みすればよい。

194. 正答 (B) 🖥 Web音声講座 　　　　　　　　　　　　易

ブラウンホールに関してどのようなことが述べられているか？

(A) 新しい建物である。
(B) 市の中央に位置している。〇
(C) 相部屋のみある。
(D) 法学部学生専用である。

🔍 のつけどころ

この手の問題は意外と時間がかかる。資料 2 のブラウンホールのところをさっとスキミングして消去法で解くのがよい。

195. 正答 (B) 🖥 Web音声講座 　　　　　　　　　　　　普

ホームスワッププランについて尋ねるには、山田氏はどの番号に電話したらよいか？

(A) 555-3434
(B) 555-3458 〇
(C) 555-3490
(D) 555-3492

🔍 のつけどころ

資料 2 の最初が Home Swap だからその電話は 555-3489 だ！と早とちりしてはダメ。「あまりにも簡単。おかしい」と思うべき。資料 1 の最後を読むこと。

資料-1 訳

FAX
To: ロジャー・フリーマン、CEO　From: ティム、バトラー、人事部
Fax: 555-9878　Pages: 2
Re：管理職訓練ワークショップ　Date: 2011 年 12 月 5 日

ロジャーさん、

11 月 1 日の会合でのあなたのご指示により、to 以下へのより安価な代替策を見い出そうと検討して参りました（to 以下 ➡ 当社の毎年の管理職慰安旅行への）。

「ゼロ」という会社のパンフレットをファックスしております。手頃な値段に加えて、この会社は JKM、これは以前利用していた会社ですが、それ以上の利点を提供してくれます。より環境に優しく、そして多くのワクワクする選択肢があります。また、交通費の節約にもなります。大変近距離なので。

私は「上下あべこべ」が気に入っています。そして、当社の管理職クラスの幾人かは、いつもと違い指図されることから、多くのことを学べるかも知れないと思います。しかしながら、当社の管理職の方々数人は長い間うまくやってこられていることに留意すれば、私は「基本へ戻れ」をお選びになるようお勧めします。

私は about 以下について大変興奮しています（about 以下 ➡ 私たちが採ろうとしている新しい方向性について）、そして私は how 以下を見るのが待ち切れません（how 以下 ➡ 当社の管理職が、いつも通りのワークショップが変化することにどのように対処するのかを）。

ティム

重要語彙

□ **CEO**：最高経営責任者（= Chief Executive officer）
□ **workshop**：研修会、合宿研修　□ **as per ...**：~により
□ **instruction**：指示　□ **look into ...**：~をよく調べる
□ **alternative**：代替の、代替物　□ **getaway**：(慰安) 旅行、日常から解放されるための小旅行
□ **in addition to ...**：~に加えて
□ **reasonable**：納得のいく、妥当な、お手頃な　□ **advantage**：利点、有利な点
□ **previously**：以前に　□ **environmentally friendly**：環境にやさしい
□ **save on ...**：~を節約する　□ **transportation**：輸送、輸送機関
□ **close**：すぐ近く　□ **senior staff**：管理職 [者]
□ **take an order**：命令を受ける ⟷ **give an order**：命令をする
□ **for a change**：いつもと違って、気分転換に　□ **bear in mind**：心に留めて置く
□ **get on**：うまくやっていく　□ **go with ...**：~に決める、~と調和する
□ **take a new direction**：新しい方向に進む

ゼロ
that 以下の唯一の管理者トレーニング会社です（that 以下 ➡ 環境へマイナスの影響を全く与えない）。

チーム作りワークショップ

基本へ戻れ
このコースでは参加者は、19 世紀スタイルの経営管理にトライする！ それは、携帯なし、インターネットなし、コンピューターなしで、ただ昔ながらの旧式な知力だけを使うという意味です。この 3 日間にわたるワークショップの課題は、that 以下の実行可能なプランを提案することです（that 以下 ➡ 発展途上国の一地域が貧困の悪循環から抜け出す手助けとなる）。

コンクリート・ジャングル
この 4 日間の冒険的活動は、「基本へ戻れ」と同じ原理のもとに行われます。しかし、事業プランを立てるのではなくて、逃亡計画を立てなければならないのです。あなたは遠く離れた島へ飛行機で運ばれ、そこで that 以下の一連の障害物に遭遇します（that 以下 ➡ 本土に戻るためにあなたが乗り越えなければならない）。最もうまく協力し合うチームが、一番勝利を得る可能性があります。

上下あべこべ
この 1 週間にわたるワークショップでは、チームは農産物マーケットを運営しなければなりません。それには物流管理、販売促進、マーケティング、営業、そして会計が含まれます。何か裏があるのではですって？ 誰もいつもの役割はしないのです。管理職は平社員として働き、経理担当者は宣伝をするのです！ あなたの部門の職員を理解する最善のやり方は、彼らの目を通して世の中を見ることなのです。

＊すべての活動は十分訓練された医師によってしっかり管理されます。すべての参加者を監視するカメラがあり、そしてそれぞれのチームで仕事をする、有資格の安全対策指導者がいます。参加者は before 以下までに厳密な身体検査を終えなければなりません（before 以下 ➡ このコース申し込み受諾前に）。

重要語彙
□ **negative**：否定的な　□ **come up with ...**：～を提案する、持ち出す
□ **viable**：実行可能な（= **feasible** / **practicable**）　□ **help** A **(to) ...**：Aが～するのを手助けする
□ **poverty**：貧乏　□ **break out of ...**：～から脱出する　□ **run**：続く、行われる
□ **principle**：原理 ➡ principal（校長）と混同しないように。
□ **formulate**：（計画などを）立てる、定式化する　□ **airlift**：空輸する　□ **remote**：遠く離れた
□ **a series of ...**：一連の～　□ **obstacle**：障害物　□ **overcome**：～を克服する（= **get over**）
□ **pull together**：協力する　□ **catch**：（裏に潜む）問題、落とし穴　□ **logistics**：物流
□ **junior clerk**：部下、平社員　□ **supervise**：監督する、管理する
□ **qualified**：資格のある、適性の　□ **vigorous**：元気にあふれた、厳密に実施される
□ **physical**：身体検査（**a health check**）

196. 正答 (B) 🖥 Web音声講座 　　　　　　　　　　　　　　　　　　易

どうして CEO（経営最高責任者）は JKM を使うことをやめようと決めたのか？
(A) あまりにも退屈だった。
(B) あまりにも割高すぎた。○
(C) 遠すぎた。
(D) あまりにも無駄だった。

📖 のつけどころ

問題 196、197 は資料１からの出題だとすぐに分かるので、やるべき。ファックスやEメールなどでは、伝えたい大切なことはまず第 1、2 段落にある。2 行目に cheaper alternative（より安価な代替策）とあることに注目。

197. 正答 (B) 🖥 Web音声講座 　　　　　　　　　　　　　　　　　　普

Eメール中で、第 4 段落 2 行目の 'deal with' という句の意味に最も近いのは？
(A) 値段の駆け引きをする
(B) 取り扱う ○
(C) 解決する
(D) 商売する

📖 のつけどころ

語彙問題。知らなければできない。本番では時間を取られないよう注意。

198. 正答 (A) 🖥 Web音声講座 　　　　　　　　　　　　　　　　　　普

ティム・バトラーは「基本へ戻れ」について何を気に入っているのか？
(A) 年配の職員に適している。○
(B) 貧しい人々の手助けになる。
(C) 最も安い選択肢だ。
(D) 最も短いコースだ。

📖 のつけどころ

Basic to Basics とあるので、資料 2 の冒頭は見るだろう。しかし、資料１にも言及があることを見逃さないこと。

199. 正答 (D) 🖥 Web音声講座 　　　　　　　　　　　　　　　　　　普

主催者はゼロについて何を特に言っているか？
(A) 多くの開発途上国に支社がある。
(B) ワークショップを運営してきた多くの経験を持っている。
(C) 競合他社よりさらに手頃な価格を提供している。
(D) ユニークな環境にやさしいアプローチをしている。○

📖 のつけどころ

本文の要旨を尋ねる問題は難しいことが多いが、これは簡単。資料１の Zero の説明の部分がポイント。消去法で解く。設問で「claim（強く言う）」とわざわざ言っていることに注意。

200. 正答 (B) 🖥 Web音声講座 　　　　　　　　　　　　　　　　　　普

どんな安全対策が触れられていないか？
(A) すべての活動は撮影される。
(B) 設備は定期的に安全性がテストされる。○
(C) 参加者は健康診断に合格する必要がある。
(D) スタッフに医療従事者がいる。

📖 のつけどころ

NOT の問題はつい気を抜くと、正しいものを答えにしてしまうので注意。最後の小さい文字の文章から出題されることも多い。この問題のように常識に頼ればすべて○になりそうな選択肢の場合、消去法を用いないと落とし穴に落ちる。(A) は cameras monitoring (C) は complete a vigorous physical (D) は doctor が本文で言及されている。いかにもありそうな (B) が NOT に適合する。問題文をろくに読まずに「常識」で答えようとする受験者をひっかける出題方法は頻出！

山根和明（やまね・かずあき）

　プール学院大学国際文化学部教授として主に TOEIC 対策を指導。同時に多くの他大学、高校で TOEIC 集中講座を担当。授業はビートルズのヒット曲を中心としたギター弾き語りの大合唱で始まり、2人1組の台本ありのペア会話演習、そして本書のような CD 講義、E-learning 講義スタイルでの楽しい講義となる。学生たちに TOEIC を通して英語を楽しく学んでもらいたいというのが願い。毎回の熱い授業に学生たちの信頼は厚い。

　TOEIC 部門でのベストセラー第1位（紀伊国屋書店調べ）となった『新 TOEIC® テスト初めてでも 600 点が取れる』（成美堂出版）、ほか大学入試問題など数冊の著作がある。元山口大学経済学部准教授。TOEIC テスト 990点（満点）。

連絡先　yamane@poole.ac.jp

問題作成協力 **Eli Yonetsugi**（エリー・ヨネツギ）

　英グラスゴー大学にて英語学修士号。その後エジンバラ国際学校にて TEFL 取得。1992年来日し、ベルリッツにて講師、のちに統括部長。2001年に英国に帰国し、PDA，ITALL 取得（政府による成人に対する英語教育資格証明書）。英国政府に3年勤務後、2005年再来日し、非常勤講師として複数の大学で教鞭をとり今日に至る。

© Kazuaki Yamane, 2011, Printed in Japan

新 TOEIC® TEST 入門講座

2011 年 2 月 20 日　　初版第 1 刷発行

　著　者　山根 和明
　制　作　ツディブックス株式会社
　発行者　田中 稔
　発行所　株式会社 語研
　　　　　〒 101 - 0064
　　　　　東京都千代田区猿楽町 2 - 7 - 17
　　　　　電　話　03 - 3291 - 3986
　　　　　ファクス　03 - 3291 - 6749
　　　　　振替口座　00140 - 9 - 66728
　組　版　ツディブックス株式会社
　印刷・製本　日経印刷株式会社

ISBN978-4-87615-229-2 C0082
書　名　シントーイックテスト　ニュウモンコウザ
著　者　ヤマネ　カズアキ
著作者および発行者の許可なく転載・複製することを禁じます。

定価はカバーに表示してあります。
乱丁本、落丁本はお取り替えいたします。

株式会社語研
語研ホームページ http://www.goken-net.co.jp/

装丁：関原 直子

CD 吹き込み：Jack Merluzzi

　　　　　　　Helen Morrison

　　　　　　　Marcus Pittman

　　　　　　　Emma Howard

　　　　　　　Carolyn Miller

　　　　　　　Brad Holmes

付属の音声CDについて
　本書の付属音声 CD には，書名やトラック名などの文字情報は含まれておりません。本 CD をパソコンに読み込んだ際に表示される書名やトラック名などの文字情報は，弊社の管理下にない外部のデータベースを参照したものです。あらかじめご了承ください。

CD2 枚を同じ袋に収めています。
収録時間：66 分 26 秒（Disc 1）
収録時間：57 分 30 秒（Disc 2）

TOEIC test [Japanese version]

LC63.7/TOEIC/.Y363/2011 c. 1   imvi

新TOEIC® TEST
入門講座

別冊
実践模試200問

語研

『新 TOEIC® TEST 入門講座』別冊

　本書の第2章が「ヒント付きテスト」であるのに対して、別冊は「ヒントなし」で、本番同様の試験問題になっています。第2章と問題内容は同じですが、ヒントなしでどこまで解けるか試してみましょう。解答・解説については本書第2章の各パートをご覧ください。さらに理解を深めるために、特別にWeb音声講義も用意しています。ぜひ、活用してみてください。

⇨ http://www.poole.ac.jp/university_eigo/yamane.html　ヘアクセス

　（プール学院大学内の私のページです。上記URLに直接アクセスする以外に、まず、プール学院大学のウェブサイト　http://www.poole.ac.jp/　にアクセスし、国際文化学部・英語学科 ⇨ 教員のプロフィール ⇨ 山根和明、の順にクリックする方法もあります）

　初級者の方はまず本書の第1章と第2章でヒント付きの問題に取り組み、TOEICの問題傾向や解き方のコツを学ぶのがよいでしょう。中級以上の方、もしくは「まずはヒントなしで、自分の実力を把握しておきたい」と思う方は、この別冊から始めましょう。

　別冊テストは何度も繰り返し取り組み、内容を完ぺきに理解するようにしましょう。何冊も手を出すのではなく、1冊の繰り返しが実力をつける近道です。

LISTENING TEST

In the Listening test, you will be asked to demonstrate how well you understand spoken English. The entire Listening test will last approximately 45 minutes. There are four parts, and directions are given for each part. You must mark your answers on the separate answer sheet. Do not write your answers in your test book.

PART 1

Directions: For each question in this part, you will hear four statements about a picture in your test book. When you hear the statements, you must select the one statement that best describes what you see in the picture. Then find the number of the question on your answer sheet and mark your answer. The statements will not be printed in your test book and will be spoken only one time.

Sample Answer

Example

Statement (C), "They're standing near the table," is the best description of the picture, so you should select answer (C) and mark it on your answer sheet.

1.

2.

GO ON TO THE NEXT PAGE

3.

4.

5.

6.

GO ON TO THE NEXT PAGE

7.

8.

9.

10.

GO ON TO THE NEXT PAGE

PART 2

Directions: You will hear a question or statement and three responses spoken in English. They will not be printed in your test book and will be spoken only one time. Select the best response to the question or statement and mark the letter (A), (B), or (C) on your answer sheet.

Sample Answer

Example

Ⓐ ● Ⓒ

You will hear: Where is the meeting room?

You will also hear: (A) To meet the new director.
(B) It's the first room on the right.
(C) Yes, at two o'clock.

The best response to the question "Where is the meeting room?" is choice (B), "It's the first room on the right," so (B) is the correct answer. You should mark answer (B) on your answer sheet.

11. Mark your answer on your answer sheet.
12. Mark your answer on your answer sheet.
13. Mark your answer on your answer sheet.
14. Mark your answer on your answer sheet.
15. Mark your answer on your answer sheet.
16. Mark your answer on your answer sheet.
17. Mark your answer on your answer sheet.
18. Mark your answer on your answer sheet.
19. Mark your answer on your answer sheet.
20. Mark your answer on your answer sheet.
21. Mark your answer on your answer sheet.
22. Mark your answer on your answer sheet.
23. Mark your answer on your answer sheet.
24. Mark your answer on your answer sheet.
25. Mark your answer on your answer sheet.
26. Mark your answer on your answer sheet.
27. Mark your answer on your answer sheet.
28. Mark your answer on your answer sheet.
29. Mark your answer on your answer sheet.
30. Mark your answer on your answer sheet.
31. Mark your answer on your answer sheet.
32. Mark your answer on your answer sheet.
33. Mark your answer on your answer sheet.
34. Mark your answer on your answer sheet.
35. Mark your answer on your answer sheet.
36. Mark your answer on your answer sheet.
37. Mark your answer on your answer sheet.
38. Mark your answer on your answer sheet.
39. Mark your answer on your answer sheet.
40. Mark your answer on your answer sheet.

PART 3

Directions: You will hear some conversations between two people. You will be asked to answer three questions about what the speakers say in each conversation. Select the best response to each question and mark the letter (A), (B), (C), or (D) on your answer sheet. The conversations will not be printed in your test book and will be spoken only one time.

DISC 1 ---- 57-58

41. Who most likely is the woman?

(A) A dentist
(B) A doctor
(C) A patient
(D) A receptionist

42. What time is the man's appointment tomorrow?

(A) 1 p.m.
(B) 2 p.m.
(C) 3 p.m.
(D) 4 p.m.

43. What is the man's son doing tomorrow?

(A) Going to school
(B) Having his teeth checked
(C) Meeting his friend
(D) Playing sports

44. Where most likely are the speakers?

    (A) An airport

    (B) A department store

    (C) A holiday resort

    (D) A workplace.

45. When is the next meeting scheduled?

    (A) This Monday

    (B) Next week.

    (C) In three weeks.

    (D) Next year.

46. What will the woman likely do if there is a problem?

    (A) Call her boss overseas

    (B) Deal with it herself

    (C) E-mail the Asia office

    (D) Wait until the next meeting

47. What is the woman trying to do via the internet?

    (A) Buy some books

    (B) Check her finances

    (C) Open her e-mail account

    (D) Send a message

48. Why can't the woman get onto the website?

    (A) She is typing the wrong address.

    (B) Her password isn't working.

    (C) Her computer is broken.

    (D) They are repairing the website.

49. When should the woman try the website again?

    (A) As soon as possible

    (B) Not today

    (C) In two hours

    (D) When the man calls her back

50. Who most likely are the speakers?

(A) English teachers
(B) Bank clerks
(C) Graduate students
(D) University professors

51. What does the man ask the woman to do?

(A) Lend him some money
(B) Prepare the visual aids
(C) Draft the presentation
(D) Set up his new computer

52. What is the woman worried will happen?

(A) Their presentation will take too long.
(B) Their computer will break down.
(C) The man will forget what to say.
(D) The man will bring the wrong slides.

53. Why can't the woman board the plane?

(A) Her ticket is no longer valid.
(B) She has forgotten her passport.
(C) The plane is having engine trouble.
(D) The weather is too bad.

54. Why is the woman going to New York?

(A) She is going on a business trip.
(B) She is taking a vacation.
(C) She will visit family.
(D) She lives there.

55. What will the woman most likely do next?

(A) Catch a bus to New York
(B) Cancel her plans altogether
(C) Go to a hotel for the night
(D) Wait in the airport overnight

GO ON TO THE NEXT PAGE

56. Why is the woman calling the hotel?

    (A) To change her original reservation

    (B) To complain about her room

    (C) To inquire about room prices

    (D) To reserve a room for one person

57. How long will the woman stay?

    (A) 2 nights

    (B) 3 nights

    (C) 4 nights

    (D) 5 nights

58. What kind of room does the woman ask for?

    (A) A room close to the sports gym

    (B) A room near the top floor

    (C) A room with a free mini-bar

    (D) A room with a good view

59. Who most likely are the two speakers?

    (A) Husband and wife

    (B) Brother and sister

    (C) Colleagues

    (D) Roommates

60. Why does the man dislike the Black Hen?

    (A) It is too far.

    (B) It is too noisy.

    (C) The food is not delicious.

    (D) The food is not cheap.

61. What time will they meet for lunch?

    (A) 12:00

    (B) 12:30

    (C) 13:00

    (D) 13:30

62. What are the two people discussing?

(A) A Christmas party

(B) Company restructuring

(C) A department meeting

(D) Their retirement plans

63. When is the man planning his vacation?

(A) December

(B) January

(C) March

(D) April

64. Which department does the man likely work in?

(A) Sales

(B) Marketing

(C) Production

(D) Advertising

65. Who most likely is the woman?

(A) The man's sister

(B) The man's employee

(C) The man's neighbor

(D) The man's teacher.

66. How might the woman go to work in the future ?

(A) By bicycle

(B) By bus

(C) By car

(D) By train

67. What does the man like to do while commuting?

(A) Chat

(B) Read

(C) Sleep

(D) Work

GO ON TO THE NEXT PAGE

68. What is the man doing?

    (A) Complaining about a late delivery

    (B) Explaining a problem with a purchase

    (C) Ordering some furniture

    (D) Setting up a new internet service

69. What does the woman ask the man for?

    (A) His full name

    (B) His credit card details

    (C) The item number

    (D) The delivery number

70. What will the man do next?

    (A) Call the driver directly

    (B) Demand a full refund

    (C) Go home for his receipt

    (D) Tell the woman his birthday

PART 4

Directions: You will hear some talks given by a single speaker. You will be asked to answer three questions about what the speaker says in each talk. Select the best response to each question and mark the letter (A), (B), (C), or (D) on your answer sheet. The talks will not be printed in your test book and will be spoken only one time.

71. What is the purpose of this talk?

(A) To announce a new pension plan

(B) To explain changes in the salary system

(C) To detail job cuts

(D) To discuss the company's merger

72. Who most likely is the talk being made to ?

(A) Customers

(B) New employees

(C) Managers

(D) Suppliers

73. How can workers get more information about this issue?

(A) By telephone

(B) In meetings

(C) In person

(D) Via e-mail

GO ON TO THE NEXT PAGE

74. Where is this announcement being made?

(A) On a plane

(B) On a ship

(C) On a tour bus

(D) On a train

75. How long will it take to reach the Vancouver?

(A) Exactly 1 hour

(B) Under 3 hours

(C) About 6 hours

(D) Over 10 hours

76. What can passengers do in the restaurant area?

(A) Order a hot meal

(B) Smoke cigarettes

(C) Use cell phones

(D) Use computers

77. What is happening tonight at Brompton Park?

(A) A baseball game

(B) A music concert

(C) A sports competition

(D) A trade exhibition

78. What time will the roads be closed from?

(A) 8 p.m.

(B) 9 p.m.

(C) 10 p.m.

(D) 11 p.m.

79. What is the only type of vehicle allowed near the stadium tonight?

(A) Bus

(B) Car

(C) Motorbike

(D) Taxi

80. Who most likely are the speakers?

    (A) Parents

    (B) School children

    (C) Teachers

    (D) University students

81. Why can't Emily meet Jane as planned?

    (A) She is feeling sick today.

    (B) Her car is not running.

    (C) She has to help with her brother.

    (D) She has too many classes.

82. What does Emily ask Jane to do?

    (A) Borrow books

    (B) Call her back

    (C) Have lunch with her

    (D) Reserve a room

---

83. How often is this radio show broadcast?

    (A) Every day

    (B) Once a week

    (C) Once a month

    (D) Quarterly

84. Who is Graham Steele?

    (A) A business teacher

    (B) A radio presenter

    (C) A company president

    (D) A newspaper writer

85. What is the subject of today's show?

    (A) The downturn in British industry

    (B) The future of the world's economy

    (C) Increased export figures

    (D) The stock prices of major companies

GO ON TO THE NEXT PAGE

86. Why did no one answer the phone?

    (A) Every member of staff was busy.

    (B) It was a wrong number.

    (C) The office is closed today.

    (D) They only accept fax orders.

87. What kind of company most likely is Watson's?

    (A) A drinks supplier

    (B) A food vendor

    (C) A machine manufacturer

    (D) A restaurant chain

88. What can customers do by fax?

    (A) Ask for a different item

    (B) Complain about goods

    (C) Find out the latest prices

    (D) Put in their usual order

89. How much discount is being offered on bed frames?

    (A) 20%

    (B) 30%

    (C) 50%

    (D) 75%

90. When are bed sheets on sale?

    (A) Monday

    (B) Wednesday

    (C) Friday

    (D) Saturday

91. What time does Al's Bed Barn close?

    (A) 7 p.m.

    (B) 8 p.m.

    (C) 9 p.m.

    (D 10 p.m.

92. In which country is this plane about to land?

(A) France

(B) South Korea

(C) Switzerland

(D) The USA

93. What should passengers traveling within Europe do?

(A) Get their suitcases

(B) Go straight to their next plane

(C) Fill out a customs form

(D) Stamp their passports

94. When most likely is this announcement being made?

(A) In the morning

(B) At lunch time

(C) In the afternoon

(D) Late evening

95. What is the company planning to open?

(A) A department store

(B) Another factory

(C) A new office

(D) A supermarket

96. Where will it be located?

(A) By the river

(B) In the town center

(C) Just outside the city

(D) Near the ocean

97. When will it be finished?

(A) January

(B) March

(C) August

(D) December

GO ON TO THE NEXT PAGE

98. Who most likely are the listeners?

(A) People currently looking for work

(B) People employed in Human Resources

(C) People working as journalists

(D) People who work in recruitment companies

99. What will she talk about last?

(A) Contracts

(B) Interviews

(C) Negotiations

(D) Résumés

100. What should people do if they have a question?

(A) Ask at the end of the talk

(B) Interrupt during the presentation

(C) Send her an e-mail

(D) Speak to one of the other presenters.

This is the end of the Listening Test. Turn to Part 5 in your test book.

READING TEST

In the Reading test, you will read a variety of texts and answer several different types of reading comprehension questions. The entire Reading test will last 75 minutes. There are three parts, and directions are given for each part. You are encouraged to answer as many questions as possible within the time allowed.

You must mark your answers on the separate answer sheet. Do not write your answers in your test book.

PART 5

Directions: A word or phrase is missing in each of the sentences below. Four answer choices are given below each sentence. Select the best answer to complete the sentence. Then mark the letter (A), (B), (C), or (D) on your answer sheet.

101. The top executives ------- to Paris for global training a couple of years ago.
    (A) go
    (B) went
    (C) has gone
    (D) have been

102. The four employees ------- worked on the joint project with ITcorp have all been promoted
    (A) they
    (B) which
    (C) who
    (D) whom

103. Although moving to the suburbs means a bigger house, people do miss ------- all the conveniences of city life.
    (A) have
    (B) to have
    (C) having
    (D) had

GO ON TO THE NEXT PAGE

104. How to boost sales without lowering prices is a ------- faced by many companies.

(A) difference
(B) difficulty
(C) problematic
(D) trouble

105. There was an item on the traffic news ------- an accident on Main Street.

(A) about
(B) by
(C) for
(D) with

106. It is important for service staff to speak ------- on the telephone/ than they would in face-to-face communication.

(A) clear
(B) clearest
(C) more clearly
(D) most clearly

107. The fire department ------- that the explosion was caused by a gas leak.

(A) concluded
(B) conclusion
(C) conclusive
(D) conclusively

108. The CEO got to the office early ------- he could take part in a conference call with the New York office.

(A) because
(B) for
(C) since
(D) so

109. It takes about 15 minutes to get to the station from the hotel, so delegates ------- check out by 10:30 am tomorrow.

(A) have
(B) ought
(C) should
(D) would

110. The current machine settings are too narrow for the new parts; technicians will have to ------- them.

(A) lengthen
(B) strengthen
(C) shorten
(D) widen

111. People not used to ------- on the right should register for the European driving license refresher course.

(A) drive
(B) driving
(C) driven
(D) drove

112. Last year's sales figures were ------- the worst in the company's history.

(A) by far
(B) ever
(C) most
(D) twice

113. Our company and JKM Inc. have been competing against ------- in this market for years.

(A) each other
(B) our own
(C) ourselves
(D) themselves

GO ON TO THE NEXT PAGE

114. If the plant inspectors had spent more time checking all the data, this accident ------- never have happened.

(A) will
(B) won't
(C) would
(D) wouldn't

115. The police released a ------- of the criminal to see if anyone could identify him.

(A) description
(B) explanation
(C) recognition
(D) subscription

116. The office manager ------- to the staff that smoking was no longer permitted in the staff lounge.

(A) asked
(B) ordered
(C) said
(D) told

117. Despite their troubled history, the two Directors showed their ------- to work together on the merger.

(A) kindness
(B) friendliness
(C) unhappiness
(D) willingness

118. The children couldn't contain their ------- at the thought of their field trip.

(A) excited
(B) excitable
(C) exciting
(D) excitement

119. The parking lot behind the department store is open 24 hours a day
------- public holidays.

(A) but
(B) except
(C) unless
(D) without

120. As a result of the injuries he sustained to his shoulder, David was unable
to dress ------- for over a week.

(A) he
(B) him
(C) his
(D) himself

121. The magazine has been published ------- since 1923, not even missing
an issue during the war.

(A) continuously
(B) evenly
(C) stably
(D) tirelessly

122. Our full range of swimwear will be ------- sale, 25% off, for the first two
weeks in June.

(A) at
(B) in
(C) on
(D) up

123. The IT Department recommended ------- off the entire system overnight
while they carried out essential repairs.

(A) switch
(B) to switch
(C) switching
(D) switched

GO ON TO THE NEXT PAGE

124. As there are ------- storms on the island, resort employees are required to carry a torch and cell phone at all times.

(A) eloquent
(B) frequent
(C) delinquent
(D) subsequent

125. Difficulty in raising enough capital to fund new projects in times of poor cash flow is ------- many corporations rely on business loans from banks.

(A) where
(B) when
(C) who
(D) why

126. With only two weeks to go until the grand opening, the architect ------- had enough time to put the finishing touches to the building.

(A) barely
(B) highly
(C) plenty
(D) slightly

127. The new HT500 model is the most ------- photo copier on the market, making it great value for money.

(A) reliable
(B) reliant
(C) relied
(D) relying

128. Before any vacation time is approved, employees must have all outstanding work -------.

(A) do
(B) did
(C) done
(D) doing

129. All applications will be considered, on ------- that they are received by 5p.m. on April 30th.

(A) condition
(B) option
(C) requirement
(D) necessity

130. Goods will take at least 2 weeks to arrive ------- way they are shipped, due to the time it takes going through customs.

(A) however
(B) whenever
(C) wherever
(D) whichever

131. Despite the stock price falling more than 30% year on year, investors were not ------- from buying shares.

(A) discourage
(B) discouraged
(C) discouragement
(D) discouraging

132. While it is possible, ------- principle, to break the contract early, it involves a very arduous process.

(A) at
(B) by
(C) for
(D) in

133. According to our survey, most firms were unaware that energy costs ------- be slashed by taking just a few simple actions.

(A) can
(B) could
(C) were
(D) will

GO ON TO THE NEXT PAGE

134. The decision about who has won the construction contract -------
announced in a few days.

(A) was
(B) is
(C) has been
(D) will be

135. Union demands for a further wage increase were turned down because
management feared it would ------- the loss of their profit margin.

(A) caused by
(B) follow from
(C) lead to
(D) result of

136. The board of directors decided to put ------- naming a new chairman
until after the annual general meeting.

(A) away
(B) back
(C) down
(D) off

137. In an effort to increase -------, National Motors has introduced a quota
and bonus system.

(A) products
(B) producers
(C) productive
(D) productivity

138. Workers are entitled to a three ------- vacation which may be taken at
any time in July or August.

(A) days
(B) week
(C) months
(D) year

139. The new sales manager will have to work twice as hard to meet his targets because of the poor performance of his -------.

(A) former
(B) predecessor
(C) successor
(D) ancestor

140. The spiral of deflation is expected to ------- off once the new trade agreement with China comes into effect.

(A) hold
(B) level
(C) run
(D) slow

GO ON TO THE NEXT PAGE

PART 6

Directions: Read the texts that follow. A word or phrase is missing in some of the sentences. Four answer choices are given below each of the sentences. Select the best answer to complete the text. Then mark the letter (A), (B), (C), or (D) on your answer sheet.

Questions 141-143 refer to the following notice.

Notice

We hereby give notice that there will be construction on the stretch of highway between the junctions of Main Street and 26th Avenue. Starting Monday, July 3rd, it will continue until Friday, September 1st.
During this time only one lane will be open so please expect delays. We ------- in advance for any inconvenience this may cause.

141. (A) are apologizing
    (B) apologize
    (C) apologized
    (D) will apologize

To avoid affecting rush hour traffic, road works will be restricted to the hours ------- 10 a.m. and 3 p.m.

142. (A) between
    (B) both
    (C) from
    (D) until

For further details please call the City Council Department of Works on 555-9870 or ------- our website at www.acc.gov/roadworks

143. (A) ask
    (B) ring
    (C) visit
    (D) watch

Stoneywood Golf Club
Collings Valley
New Hampshire
NE 23678

Mr.James Morton
2378 Oak street
Collings Valley
New Hampshire
NE 23909
August 5th

Dear Mr. Morton,

Our records show that you have ------- to pay your golf club green

144. (A) decided
(B) failed
(C) managed
(D) wanted

fees for the last two months. As you know, any member who falls three months behind in their fees will lose their membership.

If our records are wrong, and you have paid, please bring proof of ------- to the club, at your earliest convenience.

145. (A) payable
(B) payee
(C) payer
(D) payment

If you do not pay within 30 days of receiving this letter, we ------- your

146. (A) suspend
(B) have suspended
(C) will suspend
(D) would suspend

membership privileges. However, we hope that we can resolve this matter to the satisfaction of all parties.

Yours sincerely

Grace Moir

Grace Moir
Member Services
Soneywood Golf Club

GO ON TO THE NEXT PAGE

Questions 147-149 refer to the following e-mail.

To: Farm Fresh Frozen Wholesalers bprescott@fffw.com
From: Vito's Cafe manu@vitos.com
Subject: Ice-cream Order of May 25th

Hey Bob,

I'm wondering if it's possible to ------- the order we sent over last week?

147. (A) cancel
(B) confirm
(C) revise
(D) submit

Because of the unexpected good weather we've been having over the past couple of weeks, our supply of ice-cream has almost sold out. I'd like to double our original order.

Could you e-mail me back confirming that this is OK ------- the end of business today?

148. (A) by
(B) on
(C) to
(D) until

Thanks

Manu

P.S. ------- forward to seeing you and Mary at our BBQ next Saturday.

149. (A) Looking
(B) To look
(C) Looked
(D) Will look

Questions 150-152 refer to the following article.

Baldness may become a thing of the past due to an exciting discovery by a group of four ------- at the University of Science. The four bright

150. (A) staff
(B) students
(C) parents
(D) professors

young graduates, who are actually still in the middle of their PHD course, discovered a cream that encourages new hair growth.

------- working on medicine to help people with dry skin, they realized

151. (A) During
(B) Despite
(C) While
(D) Without

that the cream which they'd created had the interesting side effect of causing rapid hair growth.

The team say they will change the course of their original research and will now concentrate on pinpointing what component in the cream is responsible for these amazing results. They hope ------- a cream that is

152. (A) have
(B) to have
(C) having
(D) will have

ready to put on the market within the next two years.

Several large pharmaceutical companies have already approached them with marketing ideas.

GO ON TO THE NEXT PAGE

Directions: In this part you will read a selection of texts, such as magazine and newspaper articles, letters, and advertisements. Each text is followed by several questions. Select the best answer for each question and mark the letter (A), (B), (C), or (D) on your answer sheet.

Questions 153 and 154 refer to the following advertisement.

Lunch At The Office

Tired of spending half your lunch hour standing in line? Then our new service is for you. Sandwiches made to order in our brand-new kitchen facilities, then delivered direct to your office.

Fresh! Delicious! Healthy! Very generous sizes.

Order by phone: Call 555-9098 (order by 11:00 a.m.)
Order by e-mail: LATO@email.com (order by 10:30 a.m.)

Free Delivery on all orders over $10.00.

5% off any order of 3 sandwiches or more.

See online at http://www.lunchlato.com for our full range of organic and fat free sandwich fillings and a great range of low calorie side dishes. Try our special recipe, low fat desserts.

For the first month we're also giving away a can of soda with every sandwich order.

153. What is the purpose of this advertisement?

(A) To announce a new food delivery service
(B) To publicize an on-line recipe website
(C) To introduce a new organic restaurant
(D) To promote healthy eating for office workers

154. What service is NOT offered in the advertisement?

(A) Extra big portions
(B) Fast delivery
(C) Free drinks
(D) Large order discounts

Questions 155-156 refer to the following advertisement.

EXTON Pro 3000 Multifunction Printer. Only $299.99

This office essential gives you three machines in one neat package: Printer/Fax/Copier

Printer: Remote function allows you to e-mail a document from any location straight to your printer.
Print speed —black and white —30 pages per minute
                —color   —5 pages per minute

Fax: High speed dial function. Also compatible fiber optic cable.

Copier: Powerful ink jet. High print resolution. Automatic document feeder adjusts to fit most paper widths.
Color 3 ppm   B/W 16 ppm
*ppm = pages per minute

Available in 5 great colors — to suit any office decor.

Office and Compact Sizes available.

Visit any electrical store or one of our local dealers for further details.

155. How fast can the Exton Pro 3000 make color copies?

(A) 3 pages per minute
(B) 5 pages per minute
(C) 16 pages per minute
(D) 30 pages per minute

156. How can customers get more information about this machine?

(A) By e-mail
(B) By fax
(C) By phone
(D) In person

GO ON TO THE NEXT PAGE

Questions 157-159 refer to the following e-mail.

From:	Sales <Director probertson@sales.email.com>
To:	Group <westcoastteam@sales.email.com>
Subject:	Price List Changes

Hi Everyone,

I'm sure most of you noticed the mistakes in the price list we handed out at our most recent sales meeting. I hope I don't need to remind you not to give the current price list out to any of our customers. Please assure them that we will have the corrected version as soon as possible. In the meanwhile, below you will find a list of corrected prices.

The following items were printed with last year's price instead of this year's:

FP 345	price in catalogue	$3.00 should be $3.50.
FG 500		$4.25 should be $4.50.
FF 750		$5.00 should be $5.25.

In addition, due to increased production costs, we would like to change the following items:

| FR 455 | price in catalogue | $2.75 should be $2.80. |
| FT 234 | | $4.55 should be $4.60. |

I've asked James to look over the price list and see if there are any other wrongly printed prices. If you've noticed any, please e-mail him directly. He and I will go to the printing company ourselves to supervise the reprint.

Let me take this opportunity to apologize. I know that not having the right sales tools makes your job more difficult. Thank you all for your patience.

Philip Robertson

157. Who is this e-mail intended for?

    (A) The company's customers

    (B) Everyone in the company

    (C) The printing company

    (D) The sales representatives

158.   Why was the price of item FR 455 changed?

    (A) It is an upgraded version of the item.

    (B) It has become more expensive to make.

    (C) Last year's price was printed by mistake.

    (D) Customers complained about the high price.

159. What did Philip ask James to do?

    (A) Check the price list for other mistakes

    (B) Find a different printing company

    (C) Send an apology to all the customers

    (D) Talk with the production department

GO ON TO THE NEXT PAGE

Questions 160-162 refers to the following information.

Browns College – Open Day Information	
Monday 17th	Dean Fraser will give at introductory lecture to prospective students. He will be joined by some of the alumni to discuss the advantages that a Browns education can bring you in the world of work. *Venue:* Main Hall　　　　　*Capacity:* 800 *Time:* 2:00 p.m. – 4:00 p.m.
Thursday 20th	Mr. Robertson, who is currently studying for his master's degree in applied mathematics, will give a talk on our post-graduate program. He will deal with the funding options on offer to those wishing to continue their studies at Browns. *Venue:* Math Bldg　　　　　*Capacity:* 200 *Time:* 2:00 p.m. – 3:00 p.m.
Tuesday 18th – Friday 21th	Professor James, Head of our Science Department, will talk to students about the various courses offered in the science faculty. He will also be available in the afternoons of these dates to schedule some one to one interviews with students who are still undecided on which courses to apply for. *Venue:* Science Lab　　　　　*Capacity:* 400 *Time:* 10:00 a.m. – 12:00 a.m.
Tuesday 18th – Friday 21th	Professor Lama and Doctor Grey will discuss the full range of subjects available in the Modern Languages and English departments respectively. Professor Lama will explain the overseas study requirements to study modern European Languages. Doctor Grey will focus on the three periods of literature explored in the first year of his course. *Venue:* Theater　　　　　*Capacity:* 1200 *Time:* 2:00 p.m. – 4:00 p.m.

160. Where will the talk given by the student be held?

(A) The Main Hall
(B) The Math Building
(C) The Science Lab
(D) The Theater

161. When will Professor James be holding private interviews?

(A) Monday afternoon
(B) Tuesday morning
(C) Wednesday afternoon
(D) Thursday morning

162. Who will discuss the English curriculum?

(A) Dean Fraser
(B) Professor James
(C) Professor Lama
(D) Doctor Grey

GO ON TO THE NEXT PAGE

Peter Lamb
Marketing Manager
Greenway Co Ltd.
Chicago 34876

October 28th

Dear Mr. Lamb,

It was very nice to meet you at the trade show in Germany last week.
I enjoyed hearing about your company's exciting new product line. I
think the recent changes you have made to the basic designs make
them more compatible with our analysis equipment.

I am writing to tell you that I will be in the US from November 11th
to the 16th and I would love the chance to visit your factory to learn
more about your products.

As I told you at our first meeting, our company is thinking about
expanding our business into North America and your factory is well
placed to supply us with the parts that we need. I will be in Chicago
looking at several locations for our new offices and I would be very
grateful if you could find some time in your busy schedule to meet
with me.

I have some free time on the morning of the 12th, the afternoon of the
13th or at any time on the 15th. Please let me know which date would
suit you best. I look forward to hearing from you.

Charles Grace
Charles Grace
Head of Sales
Analytech PLC
London SW14 5GH

163. What is the main purpose of Mr. Grace's trip to the US?

    (A) He is going to look at property.

    (B) He has a new job at a factory.

    (C) He is going to attend a trade show.

    (D) He is going to study design.

164. When is Mr. Grace NOT available?

    (A) The morning of the 12th

    (B) The afternoon of the 13th

    (C) The morning of the 14th

    (D) The afternoon of the 15th.

GO ON TO THE NEXT PAGE

Fire Safety

We would like all employees to review the following notice and make sure that everyone is fully updated on the latest fire safety advice.

Fire Prevention

- Managers must make sure there are smoke alarms fitted in each office and in the photocopy room.

- Switch off all electrical appliances before leaving the office (this includes computer monitors which should not be left on standby).

- All office furniture must be bought through the procurement department so that the company can ensure they comply with current fire safety regulations.

- There is NO smoking allowed anywhere in the building. This includes the reception area.

Fire Drills

- Each department must choose one member of staff to act as a fire safety officer.

- Fire safety officers will be required to attend bi-monthly safety meetings.

- Each department will carry out 2 fire drills per year. These will be unannounced.

Emergency Procedures

- If you suspect there is a fire, please press the emergency bell, these can be found, on each floor, near the staff kitchen area.

- Leave the building immediately using the stairs. The elevators will automatically shut down when the alarm bell is pressed.

- For privacy reasons please switch off your computer monitor as you leave. However, you should not stop to collect your coats and bags.

- Go directly to your assigned emergency meeting point outside and give your name to the fire safety officer.

165. What is the responsibility of the fire safety officers?

(A) To buy furniture which is fireproof

(B) To check the names of staff in the event of a fire

(C) To make sure smoke alarms are fitted in every room

(D) To switch off the elevators when the alarm is rung

166. How often will the fire safety officers meet?

(A) Each week

(B) Monthly

(C) Every two months

(D) Twice a year

167. Where are the alarm bells located?

(A) By the staff kitchens

(B) Only on the first floor

(C) Near the elevators

(D) In the reception area

168. What does the notice tell you NOT to do?

(A) Push the alarm bell

(B) Turn off your computer

(C) Put your coat on

(D) Gather outside

GO ON TO THE NEXT PAGE

Testra Life
PO Box 2345
Australia

March 28th, 2011

Paul Fowler
19 Altonrea Gardens
Maidenhead
Melbourne 3456

Dear Mr. Fowler

Our records indicate that your car insurance coverage will run out at the end of May and we would like to tell you about some of the great offers available if you decide to keep your policy with us.

If you renew for another year we will give you the same low price as last year. If you renew for 3 years we will give you a 10% discount and if you renew for 5 years we can offer an amazing 15% discount on the amount you are paying this year.

As of April this year we will also be offering special deals for those who combine different insurances. We have included brochures detailing our great prices for house insurance, pet insurance and travel insurance. Everything you need to make your life easier.

Please remember that to qualify for these discount prices you must renew your policy before your policy runs out. If you renew after this date then we will have to charge you full price.

You can renew your policy by post, by telephone, through our website or in one of our many branch offices around the country. Remember that we offer a free car wax kit for anyone who renews their policy online.

Yours truly,

Lee-Anne Smith

Lee-Anne Smith

169. When is the last day that a discount price is offered?

    (A) March 28th
    (B) April 1st
    (C) May 31st
    (D) June 1st

170. How long must insurance last to get the biggest discount?

    (A) 1 year
    (B) 3 years
    (C) 5 years
    (D) 10 years

171. What kind of insurance is NOT offered?

    (A) Car insurance
    (B) Life insurance
    (C) Pet insurance
    (D) Travel insurance

172. According to the letter, why is best to renew via the website?

    (A) It is the cheapest way to do it.
    (B) It is more convenient than going to a store.
    (C) You can get more information about other services.
    (D) You can get a special gift from the company.

GO ON TO THE NEXT PAGE

Questions 173-175 refer to the following excerpt from an article.

There are a number of options to explore when looking for money to start your own business venture. If you're looking to borrow a small amount, then banks are the best option. But remember to shop around because their deals can vary widely. If you need to borrow a larger sum, then you'll need to find investors. An investment company, which invests on behalf of a group of investors, will accept a higher risk than a bank. But the downside is that they often demand a high return on their investment. There are also private investors, called business angels in the UK. They are usually very wealthy people who enjoy the thrill of being involved in a new enterprise. They are less interested in profits but they may want some say in how you run your business.

173. What does the article say about bank loans?

(A) All banks offer similar kinds of loans.
(B) They are most suitable for smaller loans.
(C) They have to be paid back quickly.
(D) UK banks have the widest range of loans.

174. According to the article, what do investment companies require from borrowers?

(A) Previous business experience
(B) A complete business plan
(C) A high share of the profits
(D) Regular status reports

175. According to the article, what do "business angels" like most?

(A) Being part of a new business
(B) Running their own business
(C) Making a lot of money
(D) Helping other people

Local Company Makes Good

Glasgow—Today, Ossian's PLC reached a new level of success when it listed on the London Stock Exchange at £3.50 a share. Ossian's started life back in 1996 as the brainchild of Margaret Ossian. "I'd just moved to a new city through my husband's job," explained Ms. Ossian. "I was bored, but the local library didn't offer many suggestions for ways to entertain my children. So I decided to set up a website with ideas for things to do in the local area."

The original website was not a runaway success. In part, due to the fact that most people still didn't have home computers and, partly, because the website was badly designated, but mostly because there was no clearly defined focus. "Initially it was a mess" admits Ms. Ossian, "There was a bit of everything on there and no one really knew what it was for."

In 1999, Ms. Ossian became partners with local businessman John Peterson. The website redefined itself as a tool to promote local business. Ossian's became a space where the high street giants were not welcome and only locally owned businesses could advertise. Starting with 'Ossian's Events' the website then evolved into accommodating new pages where people could find information about produce suppliers, theater groups, fashion outlets, cafes and community services. All local, of course.

Then in 2005, after getting money from the EU enterprise fund, which in turn allowed them to double the number of people working in the company, they won a contract from Glasgow City Hall to run its website. Ossian's now runs the websites for five of Scotland's local authorities.

"This latest development offers a wealth of opportunities" said partner John Peterson, speaking about the company going public. "But we are committed to our goal of providing a voice for the small man in the marketplace."

176. Why did Ms Ossian set up her website?

(A) A local businessman asked her to set it up.

(B) Her husband needed a new job.

(C) It was a good tool to help her children study.

(D) She was frustrated at having nothing to do.

177. What did the grant from the EU allow the company to do?

(A) Gain access to local government

(B) Get contracts outside Scotland

(C) Raise their staffing levels

(D) Increase their profits fivefold

178. According to Ms. Ossian, what was the main reason for her initial lack of success?

(A) Computers were not in common use.

(B) She didn't have enough funding.

(C) The website didn't look professional.

(D) They didn't have a clear direction.

179. What kind of store is NOT mentioned as advertising on the website?

(A) Clothing Stores

(B) Computer Suppliers

(C) Coffee Shops

(D) Food Markets

180. The phrase "in turn" in paragraph 4 line 2 is closest in meaning to?

(A) Systematically

(B) Subsequently

(C) In order

(D) In rotation

Questions 181 to 185 refer to the following e-mail and information.

From:	kfowler@recruit.com
To:	abenton@recruit com
Subject:	South Sea Oil Company
Attach:	Pbell.doc Dsalter.doc

Abby,

I had a call from Bob Smith over at South Sea Oil Company this morning. He is looking for someone to head up their new East African Office in Niger. Bob is looking for someone with a background in the oil industry, if possible. Management experience is a must. Basic knowledge of French is also required. Preferably he would like someone who is familiar with engineering, but, as this is an admin position, it is not essential.

Bob needs time to get the visa paperwork done for the successful applicant so he wants to choose someone as soon as possible. I looked through our books and found two people I thought were suitable. Could you get them on the phone to set up some interviews? Bob will be away next week on business so he would like to do the interviews this Friday before noon.

Thanks

Ken

Ken Fowler Senior Consultant
AI recruiting

GO ON TO THE NEXT PAGE

Paul Bell

Qualifications:
MSc in Engineering - Sydney Tech

Work History
1998—2002 *Pro Drilling*
Team leader of oil drilling project
2002—2010 *Capital Designs*
Senior design engineer

Languages (other than English)
French (High School Level)
German (Conversational Level)

Notes:
Paul is currently working for a temping agency so he is only available for interviews before 10 a.m. during the week or on weekends.

Dean Salter

Qualifications:
MBA - University of Melbourne

Work History
1997—2005 *TK Trading*
Director of Finance

2005—2010 *TK Manufacturing*
Plant manager

Languages (other than English)
French (Business fluency)

Notes:
Currently in between jobs so available any time for an interview.

181. What is necessary for this position?

    (A) Fluency in French
    (B) Management experience
    (C) Sales knowledge
    (D) A valid visa

182. What does Ken want Abby to do?

    (A) Call the two job seekers
    (B) Choose the best candidate
    (C) Get more information from Bob
    (D) Pull up some more files

183. Where did Dean Salter work?

    (A) A bank
    (B) A factory
    (C) A temp agency
    (D) A university

184. What is true about Paul Bell?

    (A) He can speak two languages.
    (B) He is not working currently.
    (C) He went to high school in France.
    (D) He has a degree in engineering.

185. When is the best time for Bob Smith to meet Paul Bell on Friday?

    (A) At 8 a.m.
    (B) At 10 a.m.
    (C) At noon
    (D) At 2 p.m.

GO ON TO THE NEXT PAGE

Questions 186-190 refer to the following e-mail and information.

From:	MGoldsbury@email.com
To:	Group <allstaff@email.com>
Subject:	Our annual family picnic
Attach:	restaurntinfo.doc

Hello everyone,

As you all know our department manager, Ken, decided not to hold our annual family picnic outdoors this year because of the terrible weather we've been having. David has been put in charge of choosing the theme for the party and I've been asked to find a restaurant that is suitable for the whole family.

I've attached some information from two great restaurants. Personally, I prefer Café 54 because it's a bigger venue with 80 tables. It also has a larger variety of dishes on its menu. But The Tunnels is worth looking at too. It is the cheaper alternative and they are closer to the station for those staff coming by train. Can you let me know which you think is the better option?

It is already July 2nd and the picnic is scheduled for the 26th so we must decide on a restaurant soon. We have to book it by July 15th at the latest. With that in mind, I would like to have the final numbers of employees coming and how many family members they are bringing. Could you all e-mail my assistant Mary by the end of this week (July 7th) and let her know if you are coming?

Yours truly,
Martin

Celebrate your party in style at Café 54. In our spacious 80-seat restaurant. Perfect for birthdays, anniversaries, office parties, graduation parties and more.

We have party plans starting from as little as $15 a head. The basic menu includes:

-Starters
-Choice of 3 main dishes (including one vegetarian dish)
-Soft drinks
-Cake
-Fruit platter

A non-refundable 10% deposit is required at the time of reservation.

Please note that cancellations are not accepted at in the two weeks leading up to the event. There's no smoking permitted in the restaurant.

The Tunnels

✔ Low prices - $12 per person
✔ Great, central location
✔ Kids menu available
✔ Seating for 60

Having a party? Why not let us arrange it all for you? We can tailor the menu to suit your needs.

We can decorate our party room to a theme of your choice. Provide a karaoke machine or a disco upon request. We can also put on a small fireworks display for an extra fee.

Make it a magical night to remember at the Tunnels.

GO ON TO THE NEXT PAGE

186. Who is in charge of choosing the venue?

 (A) David
 (B) Ken
 (C) Martin
 (D) Mary

187. What does Martin like about Café 54?

 (A) The healthy menu
 (B) The great location
 (C) The large space
 (D) The low prices

188. When will they make a restaurant reservation?

 (A) July 2nd
 (B) July 7th
 (C) July 15th
 (D) July 26th

189. How late can cancellations be made at Café 54

 (A) 3 months before the event
 (B) 1 month before the event
 (C) 2 weeks before the event
 (D) 1 day before the event

190. What service is NOT offered by The Tunnels?

 (A) Children's menu
 (B) Decorations
 (C) A magician
 (D) Music

From:	kyamada@globalfinance.tokyo.co.jp
To:	interncoordinator@BM.com
Subject:	Housing Options

Dear Mr. Yamada,

Congratulations on being accepted into the internship program here at Brown & Mather Associates. Before starting your position in August, you will need to make living arrangements for the three months that you will be working with us. To that end, I have attached some information on your options.

As we discussed at our teleconference last week, the cost of your accommodation will be covered by your employer in Tokyo. In order to simplify things, B&M will pay for your accommodation in advance and then we will be reimbursed by Global Finance Tokyo at the end of your internship in October.

If you have any questions regarding the different options please call me rather than using the numbers on the information document. You can contact me directly on the number below. Please note, our office will be closed for the Public Holiday May 23rd to 25th.

Regards,
Kate Gowan
Intern Coordinator
Human Resources Department
Brown and Mather Associates
(tel) 555-3458, ext344

GO ON TO THE NEXT PAGE

Home Swap

This is a scheme organized by a company called Home Exchange. They try to find people in Vancouver traveling to Tokyo at the same time that you will be in Vancouver. That way you can swap homes. In other words, you will stay in their home and they will stay in yours. There is a small fee to pay to Home Exchange.

The advantage of this option is that you can stay in a large, well furnished house or apartment and get to see a side of Canada that many visitors miss.

Home Exchange
www.homeexchange.net
Tel & Fax 555-3489

B&M Dormitory

In the suburbs of Vancouver, Brown and Mather Associates have a large housing complex for the exclusive use of our staff. Previous interns have commented that staying here is a great way to get to know your new colleagues. This modern estate includes an 80-room dormitory, 12 executive apartments and 24 family homes. The company has a free shuttle bus between the complex and the office that runs several times an hour. There are three self service cafeterias to choose from, as well as a laundry and dry cleaning service.

Brown Hall

We have an agreement with the local university to make use of their student accommodation. Interns can choose between single or shared rooms at Brown Hall. The building itself is rather old and the rooms are very basic. However, this Victorian building is located downtown, only a 5-minute walk from our office. Other facilities located nearby include a gym, a library and a large shopping mall. This option allows you to enjoy the vibrant city life of Vancouver.

For more details: University of Canada 555-3490

191. Who will pay for Mr.Yamada's accommodation?

    (A) Mr.Yamada's current employer

    (B) Brown and Mather Associates

    (C) B&M and Global Finance Tokyo will split the cost.

    (D) Mr.Yamada will pay for it himself.

192. The phrase 'please note' in Paragraph 3, line 3 is closest in meaning to

    (A) be careful

    (B) notify

    (C) explain

    (D) write down

193. What's the advantage of using the dormitory?

    (A) It's very close to the office.

    (B) It's cheaper than the other options

    (C) It's the only option that includes free food.

    (D) It's a good way to get close to coworkers.

194. What is indicated about Brown Hall?

    (A) It's a new building.

    (B) It's centrally located.

    (C) It has shared rooms only.

    (D) It's only for law students.

195. Which number should Mr. Yamanda call to inquire about the home swap scheme?

    (A) 555-3434

    (B) 555-3458

    (C) 555-3490

    (D) 555-3492

GO ON TO THE NEXT PAGE

FAX

To:	Roger Freeman, CEO	**From:**	Tim Butler, HR Dept.
Fax:	555-9878	**Pages:**	2
Re:	Management training workshops	**Date:**	December 5, 2011

Roger,

As per your instructions in our meeting of November 1st, I've looked into finding a cheaper alternative to our usual yearly management getaway.

I'm faxing a copy of a brochure from a company called "Zero." In addition to the reasonable rates, it offers several advantages over JKM, the company we previously used. It's more environmentally friendly and it has many exciting options. Also, we'll save on transportation because it is so close.

I like "Upside Down" and I think some of our senior staff could learn a lot from taking orders for a change. However, bearing in mind that several of our managers are getting on in years, I would advise going with the "Back to Basics" option.

I am very excited about this new direction we are taking and I can't wait to see how our managers deal with the change to their usual workshops.

Tim

Zero — The only management training company that makes zero negative impact on the environment.

Team Building Workshops

Back to Basics

In this course, participants try management 19th century style! That means no cell phones, no internet, and no computers —just good old fashioned brain power. The challenge of this 3-day workshop is to come up with a viable business plan that will help a community in the developing world break out of the poverty cycle.

The Concrete Jungle

This 4-day action adventure runs on the same principle as Back to Basics, but instead of formulating a business plan, you have to formulate an escape plan. You are airlifted to a remote island where you will meet a series of obstacles that you have to overcome in order to get back to the mainland. The team that can pull together the best will have the best chance of winning.

Upside Down

In this week-long workshop, teams have to run a farmers' market. That includes logistics, promotion, marketing, sales, and accounting. The catch? No one plays their usual role. Senior managers work as junior clerks, and accountants do the advertising! The best way to understand your staff is to see the world through their eyes.

* All activities are closely supervised by fully trained doctor. We have cameras monitoring all participants and a qualified safety instructor working with each team. Participants must complete a vigorous physical before being accepted on to this course.

GO ON TO THE NEXT PAGE

196. Why did the CEO decide to stop using JKM?

(A) It was too boring.

(B) It was too expensive.

(C) It was too far.

(D) It was too wasteful.

197. In the e-mail, the phrase "deal with" in paragraph 4, line 2, is closest in meaning to?

(A) bargain

(B) handle

(C) solve

(D) trade

198. What does Tim Butler like about "Back to Basics"?

(A) It is suitable for older staff.

(B) It will help poor people.

(C) It is the cheapest option.

(D) It is the shortest course.

199. What do the organizers claim about "Zero"?

(A) It has branches in many developing countries.

(B) It has a lot of experience running workshops.

(C) It has more reasonable prices than the competition.

(D) It has a unique eco-friendly approach.

200. What safety measure is NOT mentioned?

(A) All the activities are filmed.

(B) Equipment is regularly safety tested.

(C) Participants need to pass a health check.

(D) They have medical personnel on staff.

Stop! This is the end of the test. If you finish before time is called, you may go back to Part 5, 6 and 7 and check your work.

PRACTICE TEST ANSWER SHEET

LISTENING SECTION

Part 1

NO.	ANSWER A B C D
1	Ⓐ Ⓑ Ⓒ Ⓓ
2	Ⓐ Ⓑ Ⓒ Ⓓ
3	Ⓐ Ⓑ Ⓒ Ⓓ
4	Ⓐ Ⓑ Ⓒ Ⓓ
5	Ⓐ Ⓑ Ⓒ Ⓓ
6	Ⓐ Ⓑ Ⓒ Ⓓ
7	Ⓐ Ⓑ Ⓒ Ⓓ
8	Ⓐ Ⓑ Ⓒ Ⓓ
9	Ⓐ Ⓑ Ⓒ Ⓓ
10	Ⓐ Ⓑ Ⓒ Ⓓ

Part 2

NO.	ANSWER A B C D
11	Ⓐ Ⓑ Ⓒ
12	Ⓐ Ⓑ Ⓒ
13	Ⓐ Ⓑ Ⓒ
14	Ⓐ Ⓑ Ⓒ
15	Ⓐ Ⓑ Ⓒ
16	Ⓐ Ⓑ Ⓒ
17	Ⓐ Ⓑ Ⓒ
18	Ⓐ Ⓑ Ⓒ
19	Ⓐ Ⓑ Ⓒ
20	Ⓐ Ⓑ Ⓒ

NO.	ANSWER A B C D
21	Ⓐ Ⓑ Ⓒ
22	Ⓐ Ⓑ Ⓒ
23	Ⓐ Ⓑ Ⓒ
24	Ⓐ Ⓑ Ⓒ
25	Ⓐ Ⓑ Ⓒ
26	Ⓐ Ⓑ Ⓒ
27	Ⓐ Ⓑ Ⓒ
28	Ⓐ Ⓑ Ⓒ
29	Ⓐ Ⓑ Ⓒ
30	Ⓐ Ⓑ Ⓒ

Part 3

NO.	ANSWER A B C D
31	Ⓐ Ⓑ Ⓒ Ⓓ
32	Ⓐ Ⓑ Ⓒ Ⓓ
33	Ⓐ Ⓑ Ⓒ Ⓓ
34	Ⓐ Ⓑ Ⓒ Ⓓ
35	Ⓐ Ⓑ Ⓒ Ⓓ
36	Ⓐ Ⓑ Ⓒ Ⓓ
37	Ⓐ Ⓑ Ⓒ Ⓓ
38	Ⓐ Ⓑ Ⓒ Ⓓ
39	Ⓐ Ⓑ Ⓒ Ⓓ
40	Ⓐ Ⓑ Ⓒ Ⓓ

NO.	ANSWER A B C D
41	Ⓐ Ⓑ Ⓒ Ⓓ
42	Ⓐ Ⓑ Ⓒ Ⓓ
43	Ⓐ Ⓑ Ⓒ Ⓓ
44	Ⓐ Ⓑ Ⓒ Ⓓ
45	Ⓐ Ⓑ Ⓒ Ⓓ
46	Ⓐ Ⓑ Ⓒ Ⓓ
47	Ⓐ Ⓑ Ⓒ Ⓓ
48	Ⓐ Ⓑ Ⓒ Ⓓ
49	Ⓐ Ⓑ Ⓒ Ⓓ
50	Ⓐ Ⓑ Ⓒ Ⓓ

NO.	ANSWER A B C D
51	Ⓐ Ⓑ Ⓒ Ⓓ
52	Ⓐ Ⓑ Ⓒ Ⓓ
53	Ⓐ Ⓑ Ⓒ Ⓓ
54	Ⓐ Ⓑ Ⓒ Ⓓ
55	Ⓐ Ⓑ Ⓒ Ⓓ
56	Ⓐ Ⓑ Ⓒ Ⓓ
57	Ⓐ Ⓑ Ⓒ Ⓓ
58	Ⓐ Ⓑ Ⓒ Ⓓ
59	Ⓐ Ⓑ Ⓒ Ⓓ
60	Ⓐ Ⓑ Ⓒ Ⓓ

NO.	ANSWER A B C D
61	Ⓐ Ⓑ Ⓒ Ⓓ
62	Ⓐ Ⓑ Ⓒ Ⓓ
63	Ⓐ Ⓑ Ⓒ Ⓓ
64	Ⓐ Ⓑ Ⓒ Ⓓ
65	Ⓐ Ⓑ Ⓒ Ⓓ
66	Ⓐ Ⓑ Ⓒ Ⓓ
67	Ⓐ Ⓑ Ⓒ Ⓓ
68	Ⓐ Ⓑ Ⓒ Ⓓ
69	Ⓐ Ⓑ Ⓒ Ⓓ
70	Ⓐ Ⓑ Ⓒ Ⓓ

Part 4

NO.	ANSWER A B C D
71	Ⓐ Ⓑ Ⓒ Ⓓ
72	Ⓐ Ⓑ Ⓒ Ⓓ
73	Ⓐ Ⓑ Ⓒ Ⓓ
74	Ⓐ Ⓑ Ⓒ Ⓓ
75	Ⓐ Ⓑ Ⓒ Ⓓ
76	Ⓐ Ⓑ Ⓒ Ⓓ
77	Ⓐ Ⓑ Ⓒ Ⓓ
78	Ⓐ Ⓑ Ⓒ Ⓓ
79	Ⓐ Ⓑ Ⓒ Ⓓ
80	Ⓐ Ⓑ Ⓒ Ⓓ

NO.	ANSWER A B C D
81	Ⓐ Ⓑ Ⓒ Ⓓ
82	Ⓐ Ⓑ Ⓒ Ⓓ
83	Ⓐ Ⓑ Ⓒ Ⓓ
84	Ⓐ Ⓑ Ⓒ Ⓓ
85	Ⓐ Ⓑ Ⓒ Ⓓ
86	Ⓐ Ⓑ Ⓒ Ⓓ
87	Ⓐ Ⓑ Ⓒ Ⓓ
88	Ⓐ Ⓑ Ⓒ Ⓓ
89	Ⓐ Ⓑ Ⓒ Ⓓ
90	Ⓐ Ⓑ Ⓒ Ⓓ

NO.	ANSWER A B C D
91	Ⓐ Ⓑ Ⓒ Ⓓ
92	Ⓐ Ⓑ Ⓒ Ⓓ
93	Ⓐ Ⓑ Ⓒ Ⓓ
94	Ⓐ Ⓑ Ⓒ Ⓓ
95	Ⓐ Ⓑ Ⓒ Ⓓ
96	Ⓐ Ⓑ Ⓒ Ⓓ
97	Ⓐ Ⓑ Ⓒ Ⓓ
98	Ⓐ Ⓑ Ⓒ Ⓓ
99	Ⓐ Ⓑ Ⓒ Ⓓ
100	Ⓐ Ⓑ Ⓒ Ⓓ

READING SECTION

Part 5

NO.	ANSWER A B C D
101	Ⓐ Ⓑ Ⓒ Ⓓ
102	Ⓐ Ⓑ Ⓒ Ⓓ
103	Ⓐ Ⓑ Ⓒ Ⓓ
104	Ⓐ Ⓑ Ⓒ Ⓓ
105	Ⓐ Ⓑ Ⓒ Ⓓ
106	Ⓐ Ⓑ Ⓒ Ⓓ
107	Ⓐ Ⓑ Ⓒ Ⓓ
108	Ⓐ Ⓑ Ⓒ Ⓓ
109	Ⓐ Ⓑ Ⓒ Ⓓ
110	Ⓐ Ⓑ Ⓒ Ⓓ

NO.	ANSWER A B C D
111	Ⓐ Ⓑ Ⓒ Ⓓ
112	Ⓐ Ⓑ Ⓒ Ⓓ
113	Ⓐ Ⓑ Ⓒ Ⓓ
114	Ⓐ Ⓑ Ⓒ Ⓓ
115	Ⓐ Ⓑ Ⓒ Ⓓ
116	Ⓐ Ⓑ Ⓒ Ⓓ
117	Ⓐ Ⓑ Ⓒ Ⓓ
118	Ⓐ Ⓑ Ⓒ Ⓓ
119	Ⓐ Ⓑ Ⓒ Ⓓ
120	Ⓐ Ⓑ Ⓒ Ⓓ

NO.	ANSWER A B C D
121	Ⓐ Ⓑ Ⓒ Ⓓ
122	Ⓐ Ⓑ Ⓒ Ⓓ
123	Ⓐ Ⓑ Ⓒ Ⓓ
124	Ⓐ Ⓑ Ⓒ Ⓓ
125	Ⓐ Ⓑ Ⓒ Ⓓ
126	Ⓐ Ⓑ Ⓒ Ⓓ
127	Ⓐ Ⓑ Ⓒ Ⓓ
128	Ⓐ Ⓑ Ⓒ Ⓓ
129	Ⓐ Ⓑ Ⓒ Ⓓ
130	Ⓐ Ⓑ Ⓒ Ⓓ

NO.	ANSWER A B C D
131	Ⓐ Ⓑ Ⓒ Ⓓ
132	Ⓐ Ⓑ Ⓒ Ⓓ
133	Ⓐ Ⓑ Ⓒ Ⓓ
134	Ⓐ Ⓑ Ⓒ Ⓓ
135	Ⓐ Ⓑ Ⓒ Ⓓ
136	Ⓐ Ⓑ Ⓒ Ⓓ
137	Ⓐ Ⓑ Ⓒ Ⓓ
138	Ⓐ Ⓑ Ⓒ Ⓓ
139	Ⓐ Ⓑ Ⓒ Ⓓ
140	Ⓐ Ⓑ Ⓒ Ⓓ

Part 6

NO.	ANSWER A B C D
141	Ⓐ Ⓑ Ⓒ Ⓓ
142	Ⓐ Ⓑ Ⓒ Ⓓ
143	Ⓐ Ⓑ Ⓒ Ⓓ
144	Ⓐ Ⓑ Ⓒ Ⓓ
145	Ⓐ Ⓑ Ⓒ Ⓓ
146	Ⓐ Ⓑ Ⓒ Ⓓ
147	Ⓐ Ⓑ Ⓒ Ⓓ
148	Ⓐ Ⓑ Ⓒ Ⓓ
149	Ⓐ Ⓑ Ⓒ Ⓓ
150	Ⓐ Ⓑ Ⓒ Ⓓ

NO.	ANSWER A B C D
151	Ⓐ Ⓑ Ⓒ Ⓓ
152	Ⓐ Ⓑ Ⓒ Ⓓ
153	Ⓐ Ⓑ Ⓒ Ⓓ
154	Ⓐ Ⓑ Ⓒ Ⓓ
155	Ⓐ Ⓑ Ⓒ Ⓓ
156	Ⓐ Ⓑ Ⓒ Ⓓ
157	Ⓐ Ⓑ Ⓒ Ⓓ
158	Ⓐ Ⓑ Ⓒ Ⓓ
159	Ⓐ Ⓑ Ⓒ Ⓓ
160	Ⓐ Ⓑ Ⓒ Ⓓ

Part 7

NO.	ANSWER A B C D
161	Ⓐ Ⓑ Ⓒ Ⓓ
162	Ⓐ Ⓑ Ⓒ Ⓓ
163	Ⓐ Ⓑ Ⓒ Ⓓ
164	Ⓐ Ⓑ Ⓒ Ⓓ
165	Ⓐ Ⓑ Ⓒ Ⓓ
166	Ⓐ Ⓑ Ⓒ Ⓓ
167	Ⓐ Ⓑ Ⓒ Ⓓ
168	Ⓐ Ⓑ Ⓒ Ⓓ
169	Ⓐ Ⓑ Ⓒ Ⓓ
170	Ⓐ Ⓑ Ⓒ Ⓓ

NO.	ANSWER A B C D
171	Ⓐ Ⓑ Ⓒ Ⓓ
172	Ⓐ Ⓑ Ⓒ Ⓓ
173	Ⓐ Ⓑ Ⓒ Ⓓ
174	Ⓐ Ⓑ Ⓒ Ⓓ
175	Ⓐ Ⓑ Ⓒ Ⓓ
176	Ⓐ Ⓑ Ⓒ Ⓓ
177	Ⓐ Ⓑ Ⓒ Ⓓ
178	Ⓐ Ⓑ Ⓒ Ⓓ
179	Ⓐ Ⓑ Ⓒ Ⓓ
180	Ⓐ Ⓑ Ⓒ Ⓓ

NO.	ANSWER A B C D
181	Ⓐ Ⓑ Ⓒ Ⓓ
182	Ⓐ Ⓑ Ⓒ Ⓓ
183	Ⓐ Ⓑ Ⓒ Ⓓ
184	Ⓐ Ⓑ Ⓒ Ⓓ
185	Ⓐ Ⓑ Ⓒ Ⓓ
186	Ⓐ Ⓑ Ⓒ Ⓓ
187	Ⓐ Ⓑ Ⓒ Ⓓ
188	Ⓐ Ⓑ Ⓒ Ⓓ
189	Ⓐ Ⓑ Ⓒ Ⓓ
190	Ⓐ Ⓑ Ⓒ Ⓓ

NO.	ANSWER A B C D
191	Ⓐ Ⓑ Ⓒ Ⓓ
192	Ⓐ Ⓑ Ⓒ Ⓓ
193	Ⓐ Ⓑ Ⓒ Ⓓ
194	Ⓐ Ⓑ Ⓒ Ⓓ
195	Ⓐ Ⓑ Ⓒ Ⓓ
196	Ⓐ Ⓑ Ⓒ Ⓓ
197	Ⓐ Ⓑ Ⓒ Ⓓ
198	Ⓐ Ⓑ Ⓒ Ⓓ
199	Ⓐ Ⓑ Ⓒ Ⓓ
200	Ⓐ Ⓑ Ⓒ Ⓓ

PRACTICE TEST ANSWER SHEET

LISTENING SECTION

Part 1

NO.	ANSWER
1	A B C D
2	A B C D
3	A B C D
4	A B C D
5	A B C D
6	A B C D
7	A B C D
8	A B C D
9	A B C D
10	A B C D

Part 2

NO.	ANSWER
11	A B C
12	A B C
13	A B C
14	A B C
15	A B C
16	A B C
17	A B C
18	A B C
19	A B C
20	A B C

NO.	ANSWER
21	A B C
22	A B C
23	A B C
24	A B C
25	A B C
26	A B C
27	A B C
28	A B C
29	A B C
30	A B C

NO.	ANSWER
31	A B C
32	A B C
33	A B C
34	A B C
35	A B C
36	A B C
37	A B C
38	A B C
39	A B C
40	A B C

Part 3

NO.	ANSWER
41	A B C D
42	A B C D
43	A B C D
44	A B C D
45	A B C D
46	A B C D
47	A B C D
48	A B C D
49	A B C D
50	A B C D

NO.	ANSWER
51	A B C D
52	A B C D
53	A B C D
54	A B C D
55	A B C D
56	A B C D
57	A B C D
58	A B C D
59	A B C D
60	A B C D

NO.	ANSWER
61	A B C D
62	A B C D
63	A B C D
64	A B C D
65	A B C D
66	A B C D
67	A B C D
68	A B C D
69	A B C D
70	A B C D

Part 4

NO.	ANSWER
71	A B C D
72	A B C D
73	A B C D
74	A B C D
75	A B C D
76	A B C D
77	A B C D
78	A B C D
79	A B C D
80	A B C D

NO.	ANSWER
81	A B C D
82	A B C D
83	A B C D
84	A B C D
85	A B C D
86	A B C D
87	A B C D
88	A B C D
89	A B C D
90	A B C D

NO.	ANSWER
91	A B C D
92	A B C D
93	A B C D
94	A B C D
95	A B C D
96	A B C D
97	A B C D
98	A B C D
99	A B C D
100	A B C D

READING SECTION

Part 5

NO.	ANSWER
101	A B C D
102	A B C D
103	A B C D
104	A B C D
105	A B C D
106	A B C D
107	A B C D
108	A B C D
109	A B C D
110	A B C D

NO.	ANSWER
111	A B C D
112	A B C D
113	A B C D
114	A B C D
115	A B C D
116	A B C D
117	A B C D
118	A B C D
119	A B C D
120	A B C D

NO.	ANSWER
121	A B C D
122	A B C D
123	A B C D
124	A B C D
125	A B C D
126	A B C D
127	A B C D
128	A B C D
129	A B C D
130	A B C D

Part 6

NO.	ANSWER
131	A B C D
132	A B C D
133	A B C D
134	A B C D
135	A B C D
136	A B C D
137	A B C D
138	A B C D
139	A B C D
140	A B C D

NO.	ANSWER
141	A B C D
142	A B C D
143	A B C D
144	A B C D
145	A B C D
146	A B C D
147	A B C D
148	A B C D
149	A B C D
150	A B C D

Part 7

NO.	ANSWER
151	A B C D
152	A B C D
153	A B C D
154	A B C D
155	A B C D
156	A B C D
157	A B C D
158	A B C D
159	A B C D
160	A B C D

NO.	ANSWER
161	A B C D
162	A B C D
163	A B C D
164	A B C D
165	A B C D
166	A B C D
167	A B C D
168	A B C D
169	A B C D
170	A B C D

NO.	ANSWER
171	A B C D
172	A B C D
173	A B C D
174	A B C D
175	A B C D
176	A B C D
177	A B C D
178	A B C D
179	A B C D
180	A B C D

NO.	ANSWER
181	A B C D
182	A B C D
183	A B C D
184	A B C D
185	A B C D
186	A B C D
187	A B C D
188	A B C D
189	A B C D
190	A B C D

NO.	ANSWER
191	A B C D
192	A B C D
193	A B C D
194	A B C D
195	A B C D
196	A B C D
197	A B C D
198	A B C D
199	A B C D
200	A B C D

PRACTICE TEST ANSWER SHEET

LISTENING SECTION

Part 1

NO.	ANSWER			
	A	B	C	D
1	Ⓐ	Ⓑ	Ⓒ	
2	Ⓐ	Ⓑ	Ⓒ	Ⓓ
3	Ⓐ	Ⓑ	Ⓒ	Ⓓ
4	Ⓐ	Ⓑ	Ⓒ	Ⓓ
5	Ⓐ	Ⓑ	Ⓒ	Ⓓ
6	Ⓐ	Ⓑ	Ⓒ	Ⓓ
7	Ⓐ	Ⓑ	Ⓒ	Ⓓ
8	Ⓐ	Ⓑ	Ⓒ	Ⓓ
9	Ⓐ	Ⓑ	Ⓒ	Ⓓ
10	Ⓐ	Ⓑ	Ⓒ	Ⓓ

Part 2

NO.	ANSWER		
	A	B	C
11	Ⓐ	Ⓑ	Ⓒ
12	Ⓐ	Ⓑ	Ⓒ
13	Ⓐ	Ⓑ	Ⓒ
14	Ⓐ	Ⓑ	Ⓒ
15	Ⓐ	Ⓑ	Ⓒ
16	Ⓐ	Ⓑ	Ⓒ
17	Ⓐ	Ⓑ	Ⓒ
18	Ⓐ	Ⓑ	Ⓒ
19	Ⓐ	Ⓑ	Ⓒ
20	Ⓐ	Ⓑ	Ⓒ

NO.	ANSWER		
	A	B	C
21	Ⓐ	Ⓑ	Ⓒ
22	Ⓐ	Ⓑ	Ⓒ
23	Ⓐ	Ⓑ	Ⓒ
24	Ⓐ	Ⓑ	Ⓒ
25	Ⓐ	Ⓑ	Ⓒ
26	Ⓐ	Ⓑ	Ⓒ
27	Ⓐ	Ⓑ	Ⓒ
28	Ⓐ	Ⓑ	Ⓒ
29	Ⓐ	Ⓑ	Ⓒ
30	Ⓐ	Ⓑ	Ⓒ

Part 3

NO.	ANSWER			
	A	B	C	D
31	Ⓐ	Ⓑ	Ⓒ	Ⓓ
32	Ⓐ	Ⓑ	Ⓒ	Ⓓ
33	Ⓐ	Ⓑ	Ⓒ	Ⓓ
34	Ⓐ	Ⓑ	Ⓒ	Ⓓ
35	Ⓐ	Ⓑ	Ⓒ	Ⓓ
36	Ⓐ	Ⓑ	Ⓒ	Ⓓ
37	Ⓐ	Ⓑ	Ⓒ	Ⓓ
38	Ⓐ	Ⓑ	Ⓒ	Ⓓ
39	Ⓐ	Ⓑ	Ⓒ	Ⓓ
40	Ⓐ	Ⓑ	Ⓒ	Ⓓ

NO.	ANSWER			
	A	B	C	D
41	Ⓐ	Ⓑ	Ⓒ	Ⓓ
42	Ⓐ	Ⓑ	Ⓒ	Ⓓ
43	Ⓐ	Ⓑ	Ⓒ	Ⓓ
44	Ⓐ	Ⓑ	Ⓒ	Ⓓ
45	Ⓐ	Ⓑ	Ⓒ	Ⓓ
46	Ⓐ	Ⓑ	Ⓒ	Ⓓ
47	Ⓐ	Ⓑ	Ⓒ	Ⓓ
48	Ⓐ	Ⓑ	Ⓒ	Ⓓ
49	Ⓐ	Ⓑ	Ⓒ	Ⓓ
50	Ⓐ	Ⓑ	Ⓒ	Ⓓ

NO.	ANSWER			
	A	B	C	D
51	Ⓐ	Ⓑ	Ⓒ	Ⓓ
52	Ⓐ	Ⓑ	Ⓒ	Ⓓ
53	Ⓐ	Ⓑ	Ⓒ	Ⓓ
54	Ⓐ	Ⓑ	Ⓒ	Ⓓ
55	Ⓐ	Ⓑ	Ⓒ	Ⓓ
56	Ⓐ	Ⓑ	Ⓒ	Ⓓ
57	Ⓐ	Ⓑ	Ⓒ	Ⓓ
58	Ⓐ	Ⓑ	Ⓒ	Ⓓ
59	Ⓐ	Ⓑ	Ⓒ	Ⓓ
60	Ⓐ	Ⓑ	Ⓒ	Ⓓ

NO.	ANSWER			
	A	B	C	D
61	Ⓐ	Ⓑ	Ⓒ	Ⓓ
62	Ⓐ	Ⓑ	Ⓒ	Ⓓ
63	Ⓐ	Ⓑ	Ⓒ	Ⓓ
64	Ⓐ	Ⓑ	Ⓒ	Ⓓ
65	Ⓐ	Ⓑ	Ⓒ	Ⓓ
66	Ⓐ	Ⓑ	Ⓒ	Ⓓ
67	Ⓐ	Ⓑ	Ⓒ	Ⓓ
68	Ⓐ	Ⓑ	Ⓒ	Ⓓ
69	Ⓐ	Ⓑ	Ⓒ	Ⓓ
70	Ⓐ	Ⓑ	Ⓒ	Ⓓ

Part 4

NO.	ANSWER			
	A	B	C	D
71	Ⓐ	Ⓑ	Ⓒ	Ⓓ
72	Ⓐ	Ⓑ	Ⓒ	Ⓓ
73	Ⓐ	Ⓑ	Ⓒ	Ⓓ
74	Ⓐ	Ⓑ	Ⓒ	Ⓓ
75	Ⓐ	Ⓑ	Ⓒ	Ⓓ
76	Ⓐ	Ⓑ	Ⓒ	Ⓓ
77	Ⓐ	Ⓑ	Ⓒ	Ⓓ
78	Ⓐ	Ⓑ	Ⓒ	Ⓓ
79	Ⓐ	Ⓑ	Ⓒ	Ⓓ
80	Ⓐ	Ⓑ	Ⓒ	Ⓓ

NO.	ANSWER			
	A	B	C	D
81	Ⓐ	Ⓑ	Ⓒ	Ⓓ
82	Ⓐ	Ⓑ	Ⓒ	Ⓓ
83	Ⓐ	Ⓑ	Ⓒ	Ⓓ
84	Ⓐ	Ⓑ	Ⓒ	Ⓓ
85	Ⓐ	Ⓑ	Ⓒ	Ⓓ
86	Ⓐ	Ⓑ	Ⓒ	Ⓓ
87	Ⓐ	Ⓑ	Ⓒ	Ⓓ
88	Ⓐ	Ⓑ	Ⓒ	Ⓓ
89	Ⓐ	Ⓑ	Ⓒ	Ⓓ
90	Ⓐ	Ⓑ	Ⓒ	Ⓓ

NO.	ANSWER			
	A	B	C	D
91	Ⓐ	Ⓑ	Ⓒ	Ⓓ
92	Ⓐ	Ⓑ	Ⓒ	Ⓓ
93	Ⓐ	Ⓑ	Ⓒ	Ⓓ
94	Ⓐ	Ⓑ	Ⓒ	Ⓓ
95	Ⓐ	Ⓑ	Ⓒ	Ⓓ
96	Ⓐ	Ⓑ	Ⓒ	Ⓓ
97	Ⓐ	Ⓑ	Ⓒ	Ⓓ
98	Ⓐ	Ⓑ	Ⓒ	Ⓓ
99	Ⓐ	Ⓑ	Ⓒ	Ⓓ
100	Ⓐ	Ⓑ	Ⓒ	Ⓓ

READING SECTION

Part 5

NO.	ANSWER			
	A	B	C	D
101	Ⓐ	Ⓑ	Ⓒ	Ⓓ
102	Ⓐ	Ⓑ	Ⓒ	Ⓓ
103	Ⓐ	Ⓑ	Ⓒ	Ⓓ
104	Ⓐ	Ⓑ	Ⓒ	Ⓓ
105	Ⓐ	Ⓑ	Ⓒ	Ⓓ
106	Ⓐ	Ⓑ	Ⓒ	Ⓓ
107	Ⓐ	Ⓑ	Ⓒ	Ⓓ
108	Ⓐ	Ⓑ	Ⓒ	Ⓓ
109	Ⓐ	Ⓑ	Ⓒ	Ⓓ
110	Ⓐ	Ⓑ	Ⓒ	Ⓓ

NO.	ANSWER			
	A	B	C	D
111	Ⓐ	Ⓑ	Ⓒ	Ⓓ
112	Ⓐ	Ⓑ	Ⓒ	Ⓓ
113	Ⓐ	Ⓑ	Ⓒ	Ⓓ
114	Ⓐ	Ⓑ	Ⓒ	Ⓓ
115	Ⓐ	Ⓑ	Ⓒ	Ⓓ
116	Ⓐ	Ⓑ	Ⓒ	Ⓓ
117	Ⓐ	Ⓑ	Ⓒ	Ⓓ
118	Ⓐ	Ⓑ	Ⓒ	Ⓓ
119	Ⓐ	Ⓑ	Ⓒ	Ⓓ
120	Ⓐ	Ⓑ	Ⓒ	Ⓓ

NO.	ANSWER			
	A	B	C	D
121	Ⓐ	Ⓑ	Ⓒ	Ⓓ
122	Ⓐ	Ⓑ	Ⓒ	Ⓓ
123	Ⓐ	Ⓑ	Ⓒ	Ⓓ
124	Ⓐ	Ⓑ	Ⓒ	Ⓓ
125	Ⓐ	Ⓑ	Ⓒ	Ⓓ
126	Ⓐ	Ⓑ	Ⓒ	Ⓓ
127	Ⓐ	Ⓑ	Ⓒ	Ⓓ
128	Ⓐ	Ⓑ	Ⓒ	Ⓓ
129	Ⓐ	Ⓑ	Ⓒ	Ⓓ
130	Ⓐ	Ⓑ	Ⓒ	Ⓓ

Part 6

NO.	ANSWER			
	A	B	C	D
131	Ⓐ	Ⓑ	Ⓒ	Ⓓ
132	Ⓐ	Ⓑ	Ⓒ	Ⓓ
133	Ⓐ	Ⓑ	Ⓒ	Ⓓ
134	Ⓐ	Ⓑ	Ⓒ	Ⓓ
135	Ⓐ	Ⓑ	Ⓒ	Ⓓ
136	Ⓐ	Ⓑ	Ⓒ	Ⓓ
137	Ⓐ	Ⓑ	Ⓒ	Ⓓ
138	Ⓐ	Ⓑ	Ⓒ	Ⓓ
139	Ⓐ	Ⓑ	Ⓒ	Ⓓ
140	Ⓐ	Ⓑ	Ⓒ	Ⓓ

NO.	ANSWER			
	A	B	C	D
141	Ⓐ	Ⓑ	Ⓒ	Ⓓ
142	Ⓐ	Ⓑ	Ⓒ	Ⓓ
143	Ⓐ	Ⓑ	Ⓒ	Ⓓ
144	Ⓐ	Ⓑ	Ⓒ	Ⓓ
145	Ⓐ	Ⓑ	Ⓒ	Ⓓ
146	Ⓐ	Ⓑ	Ⓒ	Ⓓ
147	Ⓐ	Ⓑ	Ⓒ	Ⓓ
148	Ⓐ	Ⓑ	Ⓒ	Ⓓ
149	Ⓐ	Ⓑ	Ⓒ	Ⓓ
150	Ⓐ	Ⓑ	Ⓒ	Ⓓ

Part 7

NO.	ANSWER			
	A	B	C	D
151	Ⓐ	Ⓑ	Ⓒ	Ⓓ
152	Ⓐ	Ⓑ	Ⓒ	Ⓓ
153	Ⓐ	Ⓑ	Ⓒ	Ⓓ
154	Ⓐ	Ⓑ	Ⓒ	Ⓓ
155	Ⓐ	Ⓑ	Ⓒ	Ⓓ
156	Ⓐ	Ⓑ	Ⓒ	Ⓓ
157	Ⓐ	Ⓑ	Ⓒ	Ⓓ
158	Ⓐ	Ⓑ	Ⓒ	Ⓓ
159	Ⓐ	Ⓑ	Ⓒ	Ⓓ
160	Ⓐ	Ⓑ	Ⓒ	Ⓓ

NO.	ANSWER			
	A	B	C	D
161	Ⓐ	Ⓑ	Ⓒ	Ⓓ
162	Ⓐ	Ⓑ	Ⓒ	Ⓓ
163	Ⓐ	Ⓑ	Ⓒ	Ⓓ
164	Ⓐ	Ⓑ	Ⓒ	Ⓓ
165	Ⓐ	Ⓑ	Ⓒ	Ⓓ
166	Ⓐ	Ⓑ	Ⓒ	Ⓓ
167	Ⓐ	Ⓑ	Ⓒ	Ⓓ
168	Ⓐ	Ⓑ	Ⓒ	Ⓓ
169	Ⓐ	Ⓑ	Ⓒ	Ⓓ
170	Ⓐ	Ⓑ	Ⓒ	Ⓓ

NO.	ANSWER			
	A	B	C	D
171	Ⓐ	Ⓑ	Ⓒ	Ⓓ
172	Ⓐ	Ⓑ	Ⓒ	Ⓓ
173	Ⓐ	Ⓑ	Ⓒ	Ⓓ
174	Ⓐ	Ⓑ	Ⓒ	Ⓓ
175	Ⓐ	Ⓑ	Ⓒ	Ⓓ
176	Ⓐ	Ⓑ	Ⓒ	Ⓓ
177	Ⓐ	Ⓑ	Ⓒ	Ⓓ
178	Ⓐ	Ⓑ	Ⓒ	Ⓓ
179	Ⓐ	Ⓑ	Ⓒ	Ⓓ
180	Ⓐ	Ⓑ	Ⓒ	Ⓓ

NO.	ANSWER			
	A	B	C	D
181	Ⓐ	Ⓑ	Ⓒ	Ⓓ
182	Ⓐ	Ⓑ	Ⓒ	Ⓓ
183	Ⓐ	Ⓑ	Ⓒ	Ⓓ
184	Ⓐ	Ⓑ	Ⓒ	Ⓓ
185	Ⓐ	Ⓑ	Ⓒ	Ⓓ
186	Ⓐ	Ⓑ	Ⓒ	Ⓓ
187	Ⓐ	Ⓑ	Ⓒ	Ⓓ
188	Ⓐ	Ⓑ	Ⓒ	Ⓓ
189	Ⓐ	Ⓑ	Ⓒ	Ⓓ
190	Ⓐ	Ⓑ	Ⓒ	Ⓓ

NO.	ANSWER			
	A	B	C	D
191	Ⓐ	Ⓑ	Ⓒ	Ⓓ
192	Ⓐ	Ⓑ	Ⓒ	Ⓓ
193	Ⓐ	Ⓑ	Ⓒ	Ⓓ
194	Ⓐ	Ⓑ	Ⓒ	Ⓓ
195	Ⓐ	Ⓑ	Ⓒ	Ⓓ
196	Ⓐ	Ⓑ	Ⓒ	Ⓓ
197	Ⓐ	Ⓑ	Ⓒ	Ⓓ
198	Ⓐ	Ⓑ	Ⓒ	Ⓓ
199	Ⓐ	Ⓑ	Ⓒ	Ⓓ
200	Ⓐ	Ⓑ	Ⓒ	Ⓓ

PRACTICE TEST ANSWER SHEET

LISTENING SECTION

Part 1

NO.	ANSWER (A B C D)
1	Ⓐ Ⓑ Ⓒ Ⓓ
2	Ⓐ Ⓑ Ⓒ Ⓓ
3	Ⓐ Ⓑ Ⓒ Ⓓ
4	Ⓐ Ⓑ Ⓒ Ⓓ
5	Ⓐ Ⓑ Ⓒ Ⓓ
6	Ⓐ Ⓑ Ⓒ Ⓓ
7	Ⓐ Ⓑ Ⓒ Ⓓ
8	Ⓐ Ⓑ Ⓒ Ⓓ
9	Ⓐ Ⓑ Ⓒ Ⓓ
10	Ⓐ Ⓑ Ⓒ Ⓓ

Part 2

NO.	ANSWER (A B C)
11	Ⓐ Ⓑ Ⓒ
12	Ⓐ Ⓑ Ⓒ
13	Ⓐ Ⓑ Ⓒ
14	Ⓐ Ⓑ Ⓒ
15	Ⓐ Ⓑ Ⓒ
16	Ⓐ Ⓑ Ⓒ
17	Ⓐ Ⓑ Ⓒ
18	Ⓐ Ⓑ Ⓒ
19	Ⓐ Ⓑ Ⓒ
20	Ⓐ Ⓑ Ⓒ
21	Ⓐ Ⓑ Ⓒ
22	Ⓐ Ⓑ Ⓒ
23	Ⓐ Ⓑ Ⓒ
24	Ⓐ Ⓑ Ⓒ
25	Ⓐ Ⓑ Ⓒ
26	Ⓐ Ⓑ Ⓒ
27	Ⓐ Ⓑ Ⓒ
28	Ⓐ Ⓑ Ⓒ
29	Ⓐ Ⓑ Ⓒ
30	Ⓐ Ⓑ Ⓒ
31	Ⓐ Ⓑ Ⓒ
32	Ⓐ Ⓑ Ⓒ
33	Ⓐ Ⓑ Ⓒ
34	Ⓐ Ⓑ Ⓒ
35	Ⓐ Ⓑ Ⓒ
36	Ⓐ Ⓑ Ⓒ
37	Ⓐ Ⓑ Ⓒ
38	Ⓐ Ⓑ Ⓒ
39	Ⓐ Ⓑ Ⓒ
40	Ⓐ Ⓑ Ⓒ

Part 3

NO.	ANSWER (A B C D)
41	Ⓐ Ⓑ Ⓒ Ⓓ
42	Ⓐ Ⓑ Ⓒ Ⓓ
43	Ⓐ Ⓑ Ⓒ Ⓓ
44	Ⓐ Ⓑ Ⓒ Ⓓ
45	Ⓐ Ⓑ Ⓒ Ⓓ
46	Ⓐ Ⓑ Ⓒ Ⓓ
47	Ⓐ Ⓑ Ⓒ Ⓓ
48	Ⓐ Ⓑ Ⓒ Ⓓ
49	Ⓐ Ⓑ Ⓒ Ⓓ
50	Ⓐ Ⓑ Ⓒ Ⓓ
51	Ⓐ Ⓑ Ⓒ Ⓓ
52	Ⓐ Ⓑ Ⓒ Ⓓ
53	Ⓐ Ⓑ Ⓒ Ⓓ
54	Ⓐ Ⓑ Ⓒ Ⓓ
55	Ⓐ Ⓑ Ⓒ Ⓓ
56	Ⓐ Ⓑ Ⓒ Ⓓ
57	Ⓐ Ⓑ Ⓒ Ⓓ
58	Ⓐ Ⓑ Ⓒ Ⓓ
59	Ⓐ Ⓑ Ⓒ Ⓓ
60	Ⓐ Ⓑ Ⓒ Ⓓ
61	Ⓐ Ⓑ Ⓒ Ⓓ
62	Ⓐ Ⓑ Ⓒ Ⓓ
63	Ⓐ Ⓑ Ⓒ Ⓓ
64	Ⓐ Ⓑ Ⓒ Ⓓ
65	Ⓐ Ⓑ Ⓒ Ⓓ
66	Ⓐ Ⓑ Ⓒ Ⓓ
67	Ⓐ Ⓑ Ⓒ Ⓓ
68	Ⓐ Ⓑ Ⓒ Ⓓ
69	Ⓐ Ⓑ Ⓒ Ⓓ
70	Ⓐ Ⓑ Ⓒ Ⓓ

Part 4

NO.	ANSWER (A B C D)
71	Ⓐ Ⓑ Ⓒ Ⓓ
72	Ⓐ Ⓑ Ⓒ Ⓓ
73	Ⓐ Ⓑ Ⓒ Ⓓ
74	Ⓐ Ⓑ Ⓒ Ⓓ
75	Ⓐ Ⓑ Ⓒ Ⓓ
76	Ⓐ Ⓑ Ⓒ Ⓓ
77	Ⓐ Ⓑ Ⓒ Ⓓ
78	Ⓐ Ⓑ Ⓒ Ⓓ
79	Ⓐ Ⓑ Ⓒ Ⓓ
80	Ⓐ Ⓑ Ⓒ Ⓓ
81	Ⓐ Ⓑ Ⓒ Ⓓ
82	Ⓐ Ⓑ Ⓒ Ⓓ
83	Ⓐ Ⓑ Ⓒ Ⓓ
84	Ⓐ Ⓑ Ⓒ Ⓓ
85	Ⓐ Ⓑ Ⓒ Ⓓ
86	Ⓐ Ⓑ Ⓒ Ⓓ
87	Ⓐ Ⓑ Ⓒ Ⓓ
88	Ⓐ Ⓑ Ⓒ Ⓓ
89	Ⓐ Ⓑ Ⓒ Ⓓ
90	Ⓐ Ⓑ Ⓒ Ⓓ
91	Ⓐ Ⓑ Ⓒ Ⓓ
92	Ⓐ Ⓑ Ⓒ Ⓓ
93	Ⓐ Ⓑ Ⓒ Ⓓ
94	Ⓐ Ⓑ Ⓒ Ⓓ
95	Ⓐ Ⓑ Ⓒ Ⓓ
96	Ⓐ Ⓑ Ⓒ Ⓓ
97	Ⓐ Ⓑ Ⓒ Ⓓ
98	Ⓐ Ⓑ Ⓒ Ⓓ
99	Ⓐ Ⓑ Ⓒ Ⓓ
100	Ⓐ Ⓑ Ⓒ Ⓓ

READING SECTION

Part 5

NO.	ANSWER (A B C D)
101	Ⓐ Ⓑ Ⓒ Ⓓ
102	Ⓐ Ⓑ Ⓒ Ⓓ
103	Ⓐ Ⓑ Ⓒ Ⓓ
104	Ⓐ Ⓑ Ⓒ Ⓓ
105	Ⓐ Ⓑ Ⓒ Ⓓ
106	Ⓐ Ⓑ Ⓒ Ⓓ
107	Ⓐ Ⓑ Ⓒ Ⓓ
108	Ⓐ Ⓑ Ⓒ Ⓓ
109	Ⓐ Ⓑ Ⓒ Ⓓ
110	Ⓐ Ⓑ Ⓒ Ⓓ
111	Ⓐ Ⓑ Ⓒ Ⓓ
112	Ⓐ Ⓑ Ⓒ Ⓓ
113	Ⓐ Ⓑ Ⓒ Ⓓ
114	Ⓐ Ⓑ Ⓒ Ⓓ
115	Ⓐ Ⓑ Ⓒ Ⓓ
116	Ⓐ Ⓑ Ⓒ Ⓓ
117	Ⓐ Ⓑ Ⓒ Ⓓ
118	Ⓐ Ⓑ Ⓒ Ⓓ
119	Ⓐ Ⓑ Ⓒ Ⓓ
120	Ⓐ Ⓑ Ⓒ Ⓓ
121	Ⓐ Ⓑ Ⓒ Ⓓ
122	Ⓐ Ⓑ Ⓒ Ⓓ
123	Ⓐ Ⓑ Ⓒ Ⓓ
124	Ⓐ Ⓑ Ⓒ Ⓓ
125	Ⓐ Ⓑ Ⓒ Ⓓ
126	Ⓐ Ⓑ Ⓒ Ⓓ
127	Ⓐ Ⓑ Ⓒ Ⓓ
128	Ⓐ Ⓑ Ⓒ Ⓓ
129	Ⓐ Ⓑ Ⓒ Ⓓ
130	Ⓐ Ⓑ Ⓒ Ⓓ

Part 6

NO.	ANSWER (A B C D)
131	Ⓐ Ⓑ Ⓒ Ⓓ
132	Ⓐ Ⓑ Ⓒ Ⓓ
133	Ⓐ Ⓑ Ⓒ Ⓓ
134	Ⓐ Ⓑ Ⓒ Ⓓ
135	Ⓐ Ⓑ Ⓒ Ⓓ
136	Ⓐ Ⓑ Ⓒ Ⓓ
137	Ⓐ Ⓑ Ⓒ Ⓓ
138	Ⓐ Ⓑ Ⓒ Ⓓ
139	Ⓐ Ⓑ Ⓒ Ⓓ
140	Ⓐ Ⓑ Ⓒ Ⓓ
141	Ⓐ Ⓑ Ⓒ Ⓓ
142	Ⓐ Ⓑ Ⓒ Ⓓ
143	Ⓐ Ⓑ Ⓒ Ⓓ
144	Ⓐ Ⓑ Ⓒ Ⓓ
145	Ⓐ Ⓑ Ⓒ Ⓓ
146	Ⓐ Ⓑ Ⓒ Ⓓ
147	Ⓐ Ⓑ Ⓒ Ⓓ
148	Ⓐ Ⓑ Ⓒ Ⓓ
149	Ⓐ Ⓑ Ⓒ Ⓓ
150	Ⓐ Ⓑ Ⓒ Ⓓ

Part 7

NO.	ANSWER (A B C D)
151	Ⓐ Ⓑ Ⓒ Ⓓ
152	Ⓐ Ⓑ Ⓒ Ⓓ
153	Ⓐ Ⓑ Ⓒ Ⓓ
154	Ⓐ Ⓑ Ⓒ Ⓓ
155	Ⓐ Ⓑ Ⓒ Ⓓ
156	Ⓐ Ⓑ Ⓒ Ⓓ
157	Ⓐ Ⓑ Ⓒ Ⓓ
158	Ⓐ Ⓑ Ⓒ Ⓓ
159	Ⓐ Ⓑ Ⓒ Ⓓ
160	Ⓐ Ⓑ Ⓒ Ⓓ
161	Ⓐ Ⓑ Ⓒ Ⓓ
162	Ⓐ Ⓑ Ⓒ Ⓓ
163	Ⓐ Ⓑ Ⓒ Ⓓ
164	Ⓐ Ⓑ Ⓒ Ⓓ
165	Ⓐ Ⓑ Ⓒ Ⓓ
166	Ⓐ Ⓑ Ⓒ Ⓓ
167	Ⓐ Ⓑ Ⓒ Ⓓ
168	Ⓐ Ⓑ Ⓒ Ⓓ
169	Ⓐ Ⓑ Ⓒ Ⓓ
170	Ⓐ Ⓑ Ⓒ Ⓓ
171	Ⓐ Ⓑ Ⓒ Ⓓ
172	Ⓐ Ⓑ Ⓒ Ⓓ
173	Ⓐ Ⓑ Ⓒ Ⓓ
174	Ⓐ Ⓑ Ⓒ Ⓓ
175	Ⓐ Ⓑ Ⓒ Ⓓ
176	Ⓐ Ⓑ Ⓒ Ⓓ
177	Ⓐ Ⓑ Ⓒ Ⓓ
178	Ⓐ Ⓑ Ⓒ Ⓓ
179	Ⓐ Ⓑ Ⓒ Ⓓ
180	Ⓐ Ⓑ Ⓒ Ⓓ
181	Ⓐ Ⓑ Ⓒ Ⓓ
182	Ⓐ Ⓑ Ⓒ Ⓓ
183	Ⓐ Ⓑ Ⓒ Ⓓ
184	Ⓐ Ⓑ Ⓒ Ⓓ
185	Ⓐ Ⓑ Ⓒ Ⓓ
186	Ⓐ Ⓑ Ⓒ Ⓓ
187	Ⓐ Ⓑ Ⓒ Ⓓ
188	Ⓐ Ⓑ Ⓒ Ⓓ
189	Ⓐ Ⓑ Ⓒ Ⓓ
190	Ⓐ Ⓑ Ⓒ Ⓓ
191	Ⓐ Ⓑ Ⓒ Ⓓ
192	Ⓐ Ⓑ Ⓒ Ⓓ
193	Ⓐ Ⓑ Ⓒ Ⓓ
194	Ⓐ Ⓑ Ⓒ Ⓓ
195	Ⓐ Ⓑ Ⓒ Ⓓ
196	Ⓐ Ⓑ Ⓒ Ⓓ
197	Ⓐ Ⓑ Ⓒ Ⓓ
198	Ⓐ Ⓑ Ⓒ Ⓓ
199	Ⓐ Ⓑ Ⓒ Ⓓ
200	Ⓐ Ⓑ Ⓒ Ⓓ